GERHARD OBERHAMMER

# MATERIALIEN ZUR GESCHICHTE DER RĀMĀNUJA-SCHULE VII

ÖSTERREICHISCHE AKADEMIE DER WISSENSCHAFTEN
PHILOSOPHISCH-HISTORISCHE KLASSE
SITZUNGSBERICHTE, 710. BAND

Veröffentlichungen zu den Sprachen und Kulturen Südasiens
Heft 36

# MATERIALIEN ZUR GESCHICHTE DER RĀMĀNUJA-SCHULE

# VII

VERLAG DER
ÖSTERREICHISCHEN AKADEMIE DER WISSENSCHAFTEN
WIEN 2004

ÖSTERREICHISCHE AKADEMIE DER WISSENSCHAFTEN
PHILOSOPHISCH-HISTORISCHE KLASSE
SITZUNGSBERICHTE, 710. BAND

GERHARD OBERHAMMER

# ZUR SPIRITUELLEN PRAXIS DES ZUFLUCHTNEHMENS BEI GOTT (*ŚARAṆĀGATIḤ*) VOR VEṄKAṬANĀTHA

VERLAG DER
ÖSTERREICHISCHEN AKADEMIE DER WISSENSCHAFTEN
WIEN 2004

Vorgelegt von w. M. GERHARD OBERHAMMER
in der Sitzung am 8. Oktober 2003

Umschlagbild:

Dreiköpfiger, vierarmiger Viṣṇu, Bronze-Statuette (48,5 cm Gesamthöhe), Nordwestindien/Kaśmir, Mitte 7. Jh. n. Chr.; Museum für Indische Kunst Berlin, Staatliche Museen Preußischer Kulturbesitz, IC 43411



ISBN 3-7001-3253-0



Druck: Ferdinand Berger & Söhne GesmbH., A-3580 Horn

# INHALT

| | |
|---|---|
| AhirS | Ahirbudhnya-Saṃhitā of the Pāñcarātrāgama. Ed. by M.D. RAMANUJACHARYA under the Supervision of F. OTTO SCHRADER. Revised by V. KRISHNAMACHARYA. 2 vols. (The Adyar Library Series 4). Madras 1986 (repr.). |
| BĀU | Bṛhadāraṇyakopaniṣad |
| BhG | Bhagavadgītā, in: Gītārthasaṃgraharakṣā, Gītābhāṣyatātparyacandrikā ca. [Ed. by] AṆṆAṄGARĀCĀRYA. (Śrīmadvedāntadeśikagranthamālā, vyākhyānavibhāge 2). Madras 1941. |
| BhGBh | Bhagavadgītābhāṣyam des Rāmānuja, siehe BhG |
| BrSū | Brahmasūtram, siehe Śrībh |
| ChU | Chāndogyopaniṣad |
| CŚ | Catuḥślokī des Yāmuna, in: Srimad Vedanta Desika's Chatusslokibhashyam, Sthothraratnabhashyam and Gadyatrayabhashyam. Ed. by V. SRIVATSANKACHARYAR. Madras o.J. |
| GītārthaS | Gītārthasaṃgrahaḥ des Yāmuna, siehe BhG |
| ĪśaU | Īśopaniṣad |
| JS | Jayākhyasaṃhitā. Crit. Ed. with an Introduction in Sanskrit, Indices etc. by EMBAR KRISHNAMACHARYA. (Gaekwad's Oriental Series 54). Baroda 1931. |
| JSt | Jitaṃtestotram. In: Bṛhatstotraratnāvaliḥ. prathamabhāgaḥ dvāṣaṣṭhistotrātmakaḥ. Bombay 1948, 79-89. |
| JSt[1] | Jitante Stotram. With commentaries of Periavacchan Pillai, Puthankottakam Srinivasacharya and Madurantakam T.E. Veeraraghavacharya. Devasālapurī 1958. |
| KaṭhU | Kaṭhopaniṣad |
| LESTER, Rāmānuja | ROBERT C. LESTER, Rāmānuja on the Yoga. (The Adyar Library Series 106). Madras 1976. |

| | |
|---|---|
| LT | Lakṣmī-Tantra. A Pāñcarātra Āgama. Ed. with Skt. Gloss and Introd. by V. KRISHNAMACHARYA. (The Adyar Library Series 87). Madras 1959. |
| Manu | Manusmṛtiḥ |
| MBh | Mahābhāratam |
| MNārU | Mahānārāyaṇopaniṣad. In: Upaniṣat-Saṁgrahaḥ. Containing 188 Upaniṣads. Ed. with Sanskrit Introduction by J.L. SHASTRI. Delhi, Varanasi, Patna 1970, 152-165. |
| MUMME, Mumukṣuppaṭi | PATRICIA Y. MUMME, The *Mumukṣuppaṭi* of Piḷḷai Lokācārya with Maṇavāḷamāmuni's Commentary. (Ananthacharya Indological Research Institute Series 19). Bombay 1987. |
| MuṇḍU | Muṇḍakopaniṣad |
| NārS | Nāradīya Saṁhitā. Ed. by RĀGHAVA PRASĀDA CHAUDHARY. (Kendriya Sanskrita Vidyapeetha 15). Tirupati 1971. |
| NDy | Nayadyumaṇiḥ des Meghanādārisūri: Nayadyumaṇiḥ by Meghanādārisūri. Crit. ed. with introduction and notes by V. KRISHNAMACHARYA and T. VIRARAGHAVACHARYA. Madras 1956. |
| NM | Nītimālā des Nārāyaṇārya: Nītimālā by Nārāyaṇārya. Ed. with introduction and notes by R. RAMANUJACHARI and K. SRINIVASACHARYA. (Annamalai University Philosophy Series 2). Annamalai 1940. |
| NPr | Nayaprakāśikā des Meghanādārisūri, in: Srī-Bhāṣya or Brahmasūtrabhāṣya by Bhagavad-Rāmānuja with 1. S'rutaprakáśiká by Sudarśanabhaṭṭáraka, 2. Bhāvaprakāśikā by Raṅgarāmānujamuni, 3. S'rutapradìpiká by Sudarśanabhaṭṭâraka, 4. Nayaprakáśiká by Méghanádáriśúri, 5. Tattvaṭiká by Védántadéśika, 6. Mūlabhávaprakáśiká by Raṅgarāmānujamuni, 7. Nyáyasudarśana by Varadanáráyaṇabhaṭṭàraka, 8. Adhikaraṇasárávali by Védántadeśika, 9. Adhikaraṇacintámaṇi by Varadanáthasúri, 10. Viṣayavákyadípiká by Raṅgarámánujamuni. [3 vols]. Ed. by V. ANANTACHARYA. Madras 1937-1941. |

| | |
|---|---|
| $\mathrm{NyS}_1$ | Nyāyasiddhāñjanam des Veṅkaṭanātha, in: Veṅkaṭanāthārya Vedāntadeśika viracitaṃ Nyāyasiddhāñjanam. Daśopaniṣadbhāṣyakāra Śrīraṅgarāmānujaviracitasaralaviśadavyākhyayā catuśśāstrādhyāpanasuprasiddha Kṛṣṇatātayārya [sic] viracitayā Ratnapeṭikākhyayā vyākhyayā ca sametaṃ saṃpadakīya bhūmikā ṭipaṇasahitam. [o. O.] 1976. |
| Oberhammer, Ahirbudhnyasaṃhitā 37 | Gerhard Oberhammer, Ahirbudhnyasaṃhitā 37. Ein Beitrag zur Geschichte der *śaraṇāgatiḥ*. In: Eli Franco, Karin Preisendanz (hg.), Halbfaß Memorial Volume (in Druck). |
| Oberhammer, Materialien VI | – Materialien zur Geschichte der Rāmānuja-Schule VI. Die Lehre von der Göttin vor Veṅkaṭanātha. (ÖAW, phil.-hist. Kl. Sb 696). Wien 2002. |
| ÖAW, phil.-hist. Kl. Sb | Österreichische Akademie der Wissenschaften, philosophisch-historische Klasse, Sitzungsberichte |
| PādS | Padma Samhita. Part I: Crit. Ed. by Seetha Padmanabhan and R.N. Sampath. Part II: Crit. ed. by Seetha Padmanabhan and V. Varadachari. (Pancaratra Parisodhana Parisad Series 3-4). Madras 1974, 1982. |
| ParS | Paramasaṃhitā [of the Pāñcarātra]. Ed. and transl. into English by S. Krishnaswami Aiyangar. (Gaekwad's Oriental Series 86). Baroda 1940. |
| PraP | Prapannapārijātam des Varadaguru: Prapanna Parijata in Sanskrit with Translation in English by Nadadoor Ammal [= Varadaguru]. Madras 1971. |
| PraśU | Praśnopaniṣad |
| Rām | The Vālmīki-Rāmāyaṇa. Critical Edition. Baroda 1969-1975. |
| Ratnapeṭikā | Ratnapeṭikā des Kṛṣṇatātācārya, siehe $\mathrm{NyS}_1$ |
| Ṛgvidh | Ṛgvidhānam. [Ed.] Rudolf Meyer. Berlin 1878. |
| SanatS | Sanatkumāra-Saṃhitā of the Pāñcarātrāgama. Ed. by V. Krishnamacharya. (The Adyar Library Series 95). Adyar 1969. |
| ŚarG | Śaraṇāgatigadyam des Rāmānuja, siehe CŚ |

| | |
|---|---|
| ŚarGBh | Śaraṇāgatigadyabhāṣyam des Veṅkaṭanātha, siehe CŚ |
| SātS | Sātvata-Saṁhitā. With Commentary by Alaśiṅga Bhaṭṭa ed. VRAJA VALLABHA DWIVEDI. (Library Rare Texts Publication Series 6). Varanasi 1982. |
| ŚeṣaS | Shesha Samhita of Pancharatna Agama. Ed. by G.R. JOSYER. Mysore 1981. |
| SMITH, Bibliography | H. DANIEL SMITH, A Descriptive Bibliography of the Printed Texts of the Pāñcarātrāgama. Vol. 1. (Gaekwad's Oriental Series 158). Baroda 1975. |
| Śrībh | Śrībhāṣyam des Rāmānuja: OLIVIER LACOMBE, La Doctrine morale et métaphysique de Rāmānuja. Traduction (accompagnée du texte sanskrit) et notes. Paris 1938. |
| ŚrīpraśnaS | Śrīpraśna Saṃhitā. Ed. by SEETHA PADMANABHAN with the Foreword of V. RAGHAVAN. (Kendriya Sanskrit Vidyapeetha Series 12). Tirupati 1969. |
| ŚrīraṅgG | Śrīraṅgagadyam des Rāmānuja, siehe CŚ |
| StR | Stotraratnam des Yāmuna, siehe CŚ |
| StRBh | Stotraratnabhāṣyam des Veṅkaṭanātha, siehe CŚ |
| Studies in Hinduism II | G. OBERHAMMER (ed.), Studies in Hinduism II. Miscellanea to the Phenomenon of Tantras. (ÖAW, phil.-hist. Kl. Sb 662). Wien 1998. |
| Studies in Hinduism III | GERHARD OBERHAMMER, MARION RASTELLI (eds.), Studies in Hinduism III. Pāñcarātra and Viśiṣṭādvaitavedānta. (ÖAW, phil.-hist. Kl. Sb 694). Wien 2002. |
| ŚvetU | Śvetāśvataropaniṣad |
| TaitĀ | Taittirīyāraṇyaka |
| TaitS | Taittirīyasaṃhitā |
| TaitU | Taittirīyopaniṣad |
| TC | Tātparyacandrikā des Veṅkaṭanātha, siehe BhG |
| VaikG | Vaikuṇṭhagadyam des Rāmānuja, siehe CŚ |
| VARENNE, Mahā Nārāyaṇa Upaniṣad | J. VARENNE, La Mahā Nārāyaṇa Upaniṣad. Édition critique, avec une traduction française, une étude, des notes et, an annexe, la Prāṇāgnihotra Upaniṣad. 2 Tomes. (Publications de l'institut de civilisation indienne 8/11 & 13). Paris 1960. |

| | |
|---|---|
| VedS | Vedārthasaṃgrahaḥ des Rāmānuja: Rāmānuja's Vedārthasaṃgraha. Introduction, Crit. ed. and annotated transl. by J.A.B. VAN BUITENEN. Poona 1956. |
| ViP | Viṣṇupurāṇam |
| YMD | Yatīndramatadīpikā des Śrīnivāsācārya, in: In: Śrî Bhâshya Vârtika, A Treatise on Viśisthâdvaita Philosophy; Also Yatîndra Mat Dîpikâ, By Nivâsâ Chârya son of Govindâ Chârya, And Sakalâchâryamat Saṅgrah. Ed. by RATNA GOPÂL BHAṬṬA. (Benares Sanskrit Series 123 & 133). Benares 1907. |

## *Nārāyaṇāryas Lehre von den Mitteln des Heils*

Der älteste überlieferte Autor der scholastischen Sanskrit-Tradition der Schule, der die Lehre vom *prapadanam*, dem Zufluchtnehmen bei Gott, als Mittel, das höchste Heil zu gewinnen (*niḥśreyasasādhanam*), bezeugt, ist wohl Nārāyaṇārya, der von Meghanādārisuri[1] zitiert wird[2] und älter als Vātsya Varadaguru zu sein scheint. Im 9. Kapitel seiner Nītimālā („Blumenkranz [rechter] Lebensführung") behandelt er die Frage, wodurch der Mensch des höchsten Heils (*niḥśreyasam*) teilhaftig werden könne, und erwähnt in seinem Siddhānta ausdrücklich auch die Lehre vom *prapadanam* als Mittel des Heils.

Der Text des Kapitels gliedert sich in vier Abschnitte: (a) die advaitisch-vedāntische Meditation über Aussagen der Śruti (pp. 62, 9 – 63, 19) und (b) der in der Verbindung von *sāṃkhyam* und *yogaḥ* bestehende Heilsweg (pp. 63, 20 – 64, 20), die beide zurückgewiesen werden. Im dritten Abschnitt (c) wird jenes [erfahrende] Erkennen (*vedanam*) als Mittel, das höchste Heil zu erlangen, erörtert, das vom Autor als die spirituelle Praxis der Bhakti verstanden wird, (pp. 64, 21– 67, 14) und anschließend wird (d) die Lehre vom „Zufluchtnehmen" (*prapadanam*) als Möglichkeit des Heils erwähnt und als Alternative zur Bhakti vertreten (pp. 67, 15 – 68, 18).

Am Aufbau dieses Kapitels fällt auf, daß Nārāyaṇārya im wesentlichen Rāmānujas Erörterung der Frage im Śrībhāṣyam aufgreift, der er in der Abfolge der Gedanken und auch inhaltlich folgt. So entspricht der Abschnitt (a) Śrībhāṣyam pp. 6, 15 – 9, 4 und der Abschnitt (c) Śrībhāṣyam pp. 9, 5 – 12, 6. Bemerkenswert

---

[1] Die Datierung Meghanādārisuris ist nur ungefähr möglich. Er ist jedenfalls nach Śrīharṣa anzusetzen, dessen Khaṇḍanakhaṇḍakhadyam er zitiert (NDy pp. 196, 24 – 195, 3). Zu seiner Datierung vgl. NDy pp. XXIVf. Er ist der Schüler Ātreyanāthas und ist ein wichtiger Vertreter der Schule im 13. Jh. n. Chr., vermutlich ein jüngerer Zeitgenosse Vātsya Varadagurus.

[2] Siehe NDy p. 97, 24f., wo er als *asmadīyaikadeśī* qualifiziert wird.

ist, daß Nārāyaṇārya, auch wenn er sich im wesentlichen eng an Rāmānuja anschließt, von diesem insofern abweicht, als er im Pūrvapakṣa den Abschnitt (b) einfügt, der eine *sāṃkhyam* genannte Meditation in Verbindung mit einer religiös-spirituellen Praxis (*karmayogaḥ*) als Mittel des Heils bespricht und zurückweist, sowie in seinem Siddhānta auch einen Abschnitt (d) über das *prapadanam*, das bei Gott Zufluchtnehmen, aufnimmt. Beide Lehren lassen sich im Augenblick keinen bestimmten Vertretern zuweisen.[3]

(a) Nārāyaṇāryas Referat der advaitisch-vedāntischen Heilserkenntnis bringt jene andere Auffassung des vedāntischen, zum Heil führenden Wissens zum Ausdruck, gegen die sich die Rāmānuja-Schule mit ihrem Bhaktiyoga deutlich absetzt. In seiner knappen Darstellung läßt er diesen Typus der advaitischen Heilserkenntnis und deren meditative Struktur besser erkennen als die entsprechende Darstellung des Śrībhāṣyam: „Zufolge der Aussagen der Śruti: ‚Die Aszeten, deren entschiedenes Ziel die Kenntnis des Vedānta ist, sind wegen [ihrer] Entsagung reinen Wesens. Bei [ihrem] Tode sind diese alle, die den Tod überwunden haben, in der Welt des Brahma emanzipiert‘[4] [und]: „Der Ātmā-Kenner überwindet das Leid‘[5] u.a. ergibt sich, daß das Wissen, das aufgrund der Aussagen des Vedānta eintritt, das Mittel [zur Gewinnung] der im Schwinden des Nichtwissens (*avidyā*) bestehenden Emanzipation ist. Daher lassen die Aussagen des Vedānta dem, dessen Schuld durch Opfer usw. getilgt wurde, das Wissen entstehen, welches das Nichtwissen bezüglich des Brahma aufhören läßt. Diese Erkenntnis bleibt [jedoch] solange in ihrer Auswirkung behindert, als die Tätigkeit, die durch den inneren und äußeren [psychischen] Apparat entsteht, nicht zur Ruhe gekommen ist. Dabei läßt das durch die Worte hervorgebrachte Wissen, dem der Charakter der Unmittelbarkeit zukommt, das gesamte Nichtwissen bezüglich des Seienden [sowie] die durch dieses hervorgebrachte Unreinheit aufhören, wenn durch das Hören [der Aussagen der Śruti] Bedeutung und eigentlicher Sinn [der Worte] festgestellt wurde [und] durch Überdenken und wiederholtes Vergegenwär-

[3] Was die Lehre vom *sāṃkhyayogasamuccayaḥ* betrifft, vgl. unten p. 16ff.

[4] MuṇḍU 3, 2, 6.

[5] ChU 7, 1, 3.

tigen (*manananididhyāsanābhyām*) Unverständnis und verkehrtes Verständnis ausgeschaltet wurden. Und man darf nicht sagen, daß das Wort nicht Ursache einer unmittelbaren Erkenntnis[6] sein kann, da [dies] aufgrund der Unterschiedlichkeit des Gegenstandes der Erkenntnis möglich ist; nämlich so: Etwas wie der Topf usw., das nicht der Ātmā ist, bedarf als Ergebnis eines Erkenntnismittels außer dem Aufhören des Nichtwissens hinsichtlich seiner selbst auch einer ihm zukommenden Bewußtheit, weil es nicht den Charakter des Selbstleuchtens hat. Ein Seiendes wie der Ātmā aber bedarf als Ergebnis eines Erkenntnismittels außer dem Aufhören des Nichtwissens hinsichtlich seiner selbst einer Verbindung mit Bewußtheit nicht, weil es Selbstleuchten ist. Daher ist das Brahma unmittelbar der Erkenntnis zugänglich (*aparokṣam*), wenn zufolge des aufgrund der festgestellten Bedeutung und der Gewißheit hinsichtlich des eigentlichen Sinnes [der Worte] aus den Worten entstandenen Wissens das Nichtwissen hinsichtlich seiner selbst geschwunden ist. Zufolge der Betrachtung (*dhyānena*) aber kommt es zu keinem Aufhören des Nichtwissens, weil [ihm] die Erkenntnis aufgrund eines Erkenntnismittels fehlt und weil der Saṃsāra, der [ontologisch] falsch ist, lediglich durch die Erkenntnis aufgrund eines Erkenntnismittels zum Schwinden gebracht wird. Daher, sagen einige, ist das aufgrund der Worte [der Śruti] entstandene Wissen das Mittel [zur Erlangung] des höchsten Heiles.“[7]

---

[6] *aparokṣa-* für *parokṣa-*.

[7] NM pp. 62, 9 – 63, 2: ‚*vedāntavijñānasuniścitārthās sannyāsayogād yatayaś śuddhasattvāḥ | te brahmaloke tu parāntakāle parāmṛtāt* (conj. *parāmṛtās*) *parimucyanti sarve*‘ ‚*tarati śokam ātmavit*‘ *ityādiśrutibhir vedāntavākyajanyaṃ jñānam avidyānivṛttilakṣaṇamokṣasādhanatayāvagatam. tasmād vedāntavākyāni yajñādinibarhitakalmaṣasya brahmaviṣayakāvidyānivartakaṃ jñānaṃ janayati* (conj. *janayanti*). *tajjñānaṃ yāvad antaḥkaraṇabahiḥkaraṇajanyaviparītaceṣṭā na śāmyati, tāvantaṃ kālaṃ pratibuddhaphalaṃ tiṣṭhati. tatra śravaṇena śaktitātparyāvadhāraṇe kṛte manananididhyāsanābhyām asambhāvanāviparītasambhāvanānirāse ca kṛte tad eva śabdajanyaṃ jñānam aparokṣarūpaṃ sadaśeṣājñānaṃ tatkāryanirlepaṃ nivartayati. na ca śabdasya parokṣajñānahetutvaṃ na sambhavatīti vācyam*; *prameyavaiṣamyād upapattteḥ. tathāhi – ghaṭādyānātmavastu svaviṣayājñānanivṛttivyatirekeṇa svasaṃsargiprakāśam api pramāṇaphalatvenāpekṣate*; *asvayamprakāśarūpatvāt. ātmavastu svayamprakāśatvāt svājñānanivṛttivyatirekeṇa prakāśasaṃsargaṃ pramāṇaphalatvena nāpekṣate. tataś cāvadharitaśaktitātparyaniścayaśabdajanyavijñānena svaviṣayājñānanivṛttau brahma svayam evāparokṣaṃ bhavati. na ca dhyānenāvidyānivṛttis sambhavati*; *tasya pramāṇajñānatvā-*

Der Text ist wichtig, weil er wenigstens andeutend die psychologische Tiefenstruktur der aufgrund der Aussagen der Śruti entstehenden Heilserkenntnis thematisiert. Sie entsteht allein aufgrund des Verstehens der Aussagen der Śruti und ist „unmittelbares Erkennen" (*aparokṣajñānam*), nicht „vergegenwärtigendes Meditieren" *über* den durch diese Offenbarungsaussagen vermittelten Inhalt. Ein solches Erkennen als ein unmittelbares Innewerden der geoffenbarten Wahrheit vom Ātmā ist möglich, weil dieses nicht davon abhängt, daß die durch die Aussagen vermittelte Erkenntnis im Ātmā als Wahrheit *vom* Ātmā bewußt zu werden braucht. Vielmehr tritt diese unmittelbar ein, sobald das Unverständnis (*asambhāvanā*) oder „verkehrte Verständnis" (*viparītabhāvanā*) des Wortsinnes beseitigt wurde, da der Ātmā, den die Aussagen betreffen, „selbstleuchtend" (*svayamprakāśaḥ*) ist und keines anderen Erkenntnismittels bedarf. Wenn nämlich das Nichtwissen durch den Wortsinn der Offenbarungsaussagen beseitigt wurde und durch *mananam* und *nididhyāsanam*[8] die psychologischen Hindernisse dieses „Innewerdens" beseitigt wurden, tritt der mit dem Brahma identische Ātmā unmittelbar in sein Wesen.

(b) Die von Nārāyaṇārya unter der Bezeichnung *sāṃkhyayogasamuccayaḥ* im Pūrvapakṣa referierte Lehre wird von Rāmānuja nicht, jedenfalls nicht als solche, diskutiert. Hat sie erst zur Zeit Nārāyaṇāryas solche Aktualität erhalten, daß dieser sie erwähnen und zurückweisen mußte? Er charakterisiert sie knapp, aber verhältnismäßig differenziert: „Andere hingegen sagen: Das Mittel [zur Erlangung] der Emanzipation sind *sāṃkhyam* und *yogaḥ*. *sāṃkhyam* ist das Erfassen (*avadhāraṇam*) der Wesenheiten. Dieses ist zweifach, [nämlich] ‚Hören' (*śravaṇam*) und

---

*bhāvān mithyābhūtasya saṃsārasya pramāṇajñānaikanivartyatvāc ca. tasmād vākyārthajñānaṃ niśśreyasasādhanam iti kecid āhuḥ.*

[8] Siehe Śrībh p. 6, 17-20: „Das mit Gründen zur Gewißheit Erheben des in dieser Weise vom Lehrer gelehrten Sinnes [der Aussagen der Śruti, indem man erkennt:] Genau so ist es für den Ātmā richtig, ist *mananam*. Das unermüdlich Vergegenwärtigen dieses Sinnes [der Aussagen], um die psychischen Eindrücke der anfanglosen, damit in Widerspruch stehenden Unterschiedlichkeit zum Schwinden zu bringen, ist *nididhyāsanam*." (*evam ācāryopadiṣṭārthasya svātmany evam eva yuktam iti hetutaḥ pratiṣṭhāpanaṃ mananam. etadvirodhyanādibhedavāsanānirasanāyāsyārthasyānavaratabhāvanā nididhyāsanam.*)

‚Überdenken' (*mananam*). Dabei wird die Meditation, die mit Hilfe von Bestimmungen [durchgeführt wird], ‚Zur Erscheinung Bringen' (*saṃbhūtiḥ*) genannt, jene Meditation, die ohne Bestimmungen [durchgeführt wird], wird ‚Zum Schwinden Bringen' (*vināśaḥ*) genannt. Der Werkyoga (*karmayoga*) aber ist jener, der durch die Sprache, den Körper und äußere Gegenstände zustande kommt. Dieser [geschieht] in einer dreifachen Ausübung: als Durchführung von Riten, die Gott zum Ziel haben, als Aufgeben anderer [Riten] und als Verzicht auf jede Frucht. Mit diesem *sāṃkhyam* und *yogaḥ* zusammen genommen erlangt man die Emanzipation, weil [in] der Śruti [gesagt] ist: ‚Die Ursache (*kāraṇam* = Gott) ist durch *sāṃkhyam* und *yogaḥ* zu erreichen'[9].

Die Verbindung von Jñānayoga und Karmayoga [gilt für [alle] außer den Aszeten (*parivrājakaḥ*). Diesen kommt [nur] der Jñānayoga zu. Für alle aber [gilt] die *saṃbhūti*- und *vināśa*- [Meditation]. Die Verbindung von Jñāna- und Karmayoga [beziehungsweise] von *saṃbhūtiḥ* und *vināśaḥ* ist durch die Śruti erwiesen: ‚Wer beides kennt, Wissen und Nichtwissen, genießt, wenn er durch das Nichtwissen den Tod überwunden hat, mit Hilfe des Wissens das Unsterbliche'[10] [und] ‚Wer beides kennt, *saṃbhūtiḥ* und *vināśaḥ*, der genießt, nachdem er mit Hilfe von *vināśaḥ* den Tod überwunden hat, mit Hilfe der *saṃbhūtiḥ* das Unsterbliche'[10]. Wie es heißt: ‚Drei Verbindungen lehrt man: [die] von *sāṃkhyam* und *yogaḥ*, das ist die erste. Die von Jñāna- und Kriyāyoga ist die zweite. Ebenso eine weitere, die sich aus *saṃbhūtiḥ* und *vināśaḥ* ergibt'[11]. Daher [tritt] zufolge von *sāṃkhyam* und *yogaḥ* die Emanzipation ein."[12]

---

[9] ŚvetU 6, 13.

[10] ĪśaU 11.

[11] Zitat unbekannt.

[12] NM pp. 63, 20 – 64, 7: *anye tu vadanti – sāṅkhyayogo 'pavargasya sādhanam. tattvānām avadhāraṇaṃ sāṅkhyam. tad dvividham, śravaṇaṃ mananañ ceti. tatra saviśeṣadhyānaṃ sambhūtir ity ucyate nirviśeṣadhyānaṃ vināśa ity ucyate. karmayogas tu vākkāyabāhyārthajaḥ. tac ca trividham anuṣṭhānam – īśvarārthānāṃ karmaṇāṃ karaṇam, itareṣāñ ca tyāgaḥ, sarvaphalasannyāsaś ceti. evaṃvidhābhyāṃ samuccitābhyāṃ sāṅkhyayogābhyām apavargaprāptiḥ. ‚tatkāraṇaṃ sāṅkhyayogādhigamyam' iti śruteḥ. jñānayogakarmayogayos tu samuccayo 'nyatra parivrājakebhyaḥ. teṣāṃ tu jñānayogaḥ. sambhūtivināśayos tu sarvatra samuccayo bhavati. jñānayogakarmayogayos*

Charakteristisch für diese hier von Nārāyaṇārya referierte Lehre ist, daß sie die „Kombination (*samuccayaḥ*) von Sāṃkhya und Yoga" als notwendiges Mittel des Heils betrachtet, wobei die Namen *sāṃkhya-* und *yoga-* nicht das klassische Sāṃkhya und den Yoga des Patañjali meinen. Aus der Bemerkung, daß das *sāṃkhyam* als „Erfassen [der Natur] der Wesenheiten" (*tattvānām avadhāraṇam*) durch „Hören" (*śravaṇam*) und „Überdenken" (*mananam*) charakterisiert sei, und aus den von dieser Lehre beigebrachten Zeugnissen der Śruti[13] kann man mit einiger Wahrscheinlichkeit schließen, daß es sich um eine vedāntische, auch das Ritual als Mittel der Emanzipation einbindende Tradition gehandelt hat. Aufgrund der Darstellung Nārāyaṇāryas möchte man annehmen, daß diese Tradition einen als „Sāṃkhya" bezeichneten Heilsweg der Erkenntnis (vgl. *jñānayogaḥ*) mit einer rituellen Spiritualität (vgl. *kriyāyogaḥ*)[14] verbindet.[15] Dieser Weg der Erkenntis selbst scheint im „hinhörenden Verstehen" (vgl. *tad dvividham śravaṇam mananam ceti*) von Offenbarungsaussagen bestanden zu haben, das konkret in zwei meditativen Schritten als „Meditation mit Bestimmungen" (*saviśeṣadhyānam*) und als „Meditation ohne Bestimmungen" (*nirviśeṣadhyānam*) vollzogen wurde, die *saṃbhūtiḥ* bzw. *vināśaḥ* genannt wurden.

Eine besondere Bedeutung kommt der Erwähnung der Lehre vom *prapadanam* als Mittel, das höchste Heil zu erlangen, zu, weil sie zeigt, daß diese spirituell-religiöse Praxis zur Zeit Nārāyaṇāryas in der Schule noch nicht allgemein vertreten war, und auch nicht auf Nārāyaṇārya selbst zurückgeht. Denn in den das vor-

---

*sambhūtivināśayoś ca samuccayaḥ śrutisiddhaḥ. ‚vidyāñ cāvidyāñ ca yas tad vedobhayaṃ saha‘, ‚avidyayā mṛtyuṃ tīrtvā vidyayāmṛtam aśnute‘. sambhūtiñ ca vināśañ ca yas tad vedobhayaṃ saha. vināśena mṛtyuṃ tīrtvā sambhūtyāmṛtam aśnute‘ iti. yathoktaṃ – ‚samuccayāṃs trīn iha varṇayanti sāṅkhyasya yogasya ca vai sa pūrvaḥ. jñānakriyāyogagato dvitīyas tathaiva sambhūtivināśajo 'nyaḥ.‘ iti. tasmāt sāṅkhyayogābhyām apavarga iti.*

[13] ŚvetU 6, 13 und ĪśaU 11.

[14] Rituelle Spiritualität möchte ich diesen *kriyāyogaḥ* nennen, weil ihn Nārāyaṇārya so charakterisiert, wenn er sagt: „Dieser [geschieht] in einer dreifachen Ausübung: als Durchführung von Riten, die Gott zum Ziel haben, als Aufgeben anderer [Riten] und als Verzicht auf jede Frucht [der Riten].".

[15] Eine solche Verbindung vertritt beispielsweise Bhāskara, wenn auch nicht in der hier beschriebenen Form.

liegende Kapitel eröffnenden Versen, in welchem er den Inhalt des Kapitels gibt, wird das *prapadanam* überhaupt nicht erwähnt, sondern ist nur von der advaitisch-vedāntischen Meditation und der Verbindung von *sāṃkhyam* und *yogaḥ* als Mittel des Heils die Rede sowie von der von ihm selbst vertretenen Lehre, daß das höchste Heil durch das als Bhakti verstandene erfahrende Erkennen (*vedanam*) erlangt wird.[16] Es ist wohl kaum denkbar, daß Nārāyaṇārya das *prapadanam* als Mittel des Heils in seinen Eröffnungsversen nicht erwähnt hätte und am Ende seines Siddhānta mit der Bemerkung eingeführt hätte: „Einige, die sich in [der Lehre von den] Perfektionen des Erhabenen auskennen, sagen diesbezüglich folgendermaßen"[17], wenn das *prapadanam* von Rāmānuja selbst gelehrt worden wäre oder allgemeine Praxis der Schule gewesen wäre.

Die von Nārāyaṇārya selbst vertretene Lehre greift das von Rāmānuja in Śrībhāṣyam Gesagte auf und entspricht genau dem von Rāmānuja dort[18] Gesagten. Nārāyaṇārya referiert sie nahezu unverändert, lediglich systematisch gestraffter im Abschnitt (c) seines Textes: „Die vorzüglichen Kenner des Vedānta[19] aber sagen folgendermaßen: ‚[Mit den Worten der Śruti]: ‚Der Brahmakenner erlangt das Höchste'[20] [und] ‚Den höchsten Puruṣa aber, den goldgleichen, der in der Traumerkenntnis erlangt wird, möge man

---

[16] „Die einen sagen, daß das durch die Aussagen der Upaniṣaden entstandene Wissen (*vedāntavākyajaṃ jñānam*) Mittel [zur Erlangung] der Emanzipation ist; die anderen aber [sagen], daß [es] die Verbindung von *sāṃkhyam* und *yogaḥ* (*sāṃkhyayogasamuccayaḥ*) sei. Die im Veda am meisten Bewanderten [hingegen sagen], daß es das durch die siebenfachen ursächlichen Elemente, die mit ‚Unterscheidung' (*vivekaḥ*) beginnen und mit ‚Nicht-Zufriedenheit' enden, bedingte unmittelbar [erfahrende] Erkennen (*vedanam*) sei, welches der Bhakti entspricht." (NM p. 62, 5-8: *vedāntavākyajaṃ jñānam apavargasya sādhanam | kecid āhur, athānye tu sāṃkhyayogasamuccayam || vivekādyair anuddharṣaparyantais saptahetubhiḥ | niṣpannaṃ bhaktiparyāyam vedanaṃ vedavittamāḥ ||*).

[17] NM p. 67, 15: *atra kecid bhagavadguṇapravīṇā evaṃ varṇayanti.*

[18] Śrībh pp. 9, 5 – 12, 6.

[19] Es ist naheliegend, daß er sich mit dem Ausdruck *trayyantavidagresarāḥ* auf Rāmānuja bezieht.

[20] TaitU 2, 1, 1.

erkennen'[21] wird das [erfahrende] Erkennen (*vedanam*), das von der Erkenntnis des Sinnes der [Offenbarungs]aussagen verschieden ist, diese zur Voraussetzung hat und durch das mit Hilfe von ‚Unterscheidung' (*vivekaḥ*) usw. gereinigte Denken (*manas*) entsteht, mit den Wörtern *dhyāna-*, *upāsana-*, *dhruvānusmṛti-* bezeichnet wird und der unmittelbaren Schau (*sākṣātkāraḥ*) ähnlich ist und das [als solches], da sein Gegenstand der wunderbare, höchste Puruṣa ist, der [dem Meditierenden] über alle Maßen liebenswert ist, auch selbst über alle Maßen lieb ist und deshalb mit dem Wort *bhakti-* bezeichnet wird, als Mittel, die Emanzipation zu erlangen, gefordert. Wenn [man fragt], woher man das erkennt[, antworten wir]: Infolge der [Aussagen der] Śruti: ‚Nachdem man verstanden hat, möge man erkennen'[22], ‚Nachdem man erkannt hat, möge man die Einsicht erlangen'[23] erkennt man, daß das [erfahrende] Erkennen (*vedanam*), welches dem *vijñānam* gleich ist, das Verständnis des Sinnes der [Upaniṣaden-]Aussagen zur Wurzel hat und eben deshalb von diesem unterschieden ist.

Die siebenfache Unterstützung des Denkens durch ‚Unterscheidung' (*vivekaḥ*) usw. ergibt sich durch die Aussagen des Śāstram wie z.B.: ‚Bei Reinheit der Nahrung ergibt sich die Reinheit des Seins (*sattvaśuddhiḥ*)',[24] ‚Zur Ruhe gekommen möge er [meditierend] verehren',[25] ‚In diesen Zustand ist er [für immer] gewandelt',[26] ‚Tätig ist er, der Beste der Brahmakenner',[27] ‚Durch Opfer, Schenkung, Aszese [und] Fasten',[28] ‚Durch Wahrheit wird

---

[21] Manu 12, 122.

[22] ChU 8, 12, 6.

[23] BĀU 4, 4, 21.

[24] ChU 7, 26, 2.

[25] ChU 3, 14, 1.

[26] BhG 8, 6.

[27] MuṇḍU 3, 1, 4.

[28] BĀU 4, 4, 22 .

er erlangt',[29] ,Nicht durch Lehre wird dieser Ātmā erlangt',[30] und ,Zur Ruhe gekommen und beherrscht'[31] usw.

Daß das [erfahrende] ,Erkennen' (*vedanam*) durch Unterscheidung (*vivekaḥ*) usw. erlangt wird, wurde von Brahmanandin [mit den Worten] gelehrt: ,Dessen Erlangung geschieht durch Unterscheidung (*vivekaḥ*), Freisein (*vimokaḥ*), Übung (*abhyāsaḥ*), Tun (*kriyā*), Tugend (*kalyāṇah*), Nicht-Entmutigtsein (*anavasādaḥ*) und durch Nicht-Freudigerregtsein (*anuddharṣaḥ*). Die Reinigung des Körpers und der Sinne durch den Genuß sattvahafter Nahrung ist ,Unterscheidung'. Das dem Begehren nicht Verfallensein ist ,Freisein'. Sich dem zu Verehrenden immer wieder Zuwenden ist ,Übung'. Das nach Kräften Befolgen des Dharma von Varṇa und Stand ist ,Tun'. Die Eigenschaften des Ātmā wie Lauterkeit usw. sind ,Tugend'. Das Freisein von Entmutigung, auch wenn es Anlässe zu Kummer gibt, ist ,Nicht-Entmutigtsein', [und] das Freisein von zu großer Befriedigung, auch wenn es Anlässe zur Freude gibt, ist ,Nicht-Freudigerregtsein'.

Daß das gereinigte Denken Mittel zur Verwirklichung eben dieses [erfahrenden] Erkennens (*vedanam*) ist, wird auf Grund der [Aussagen der] Śruti erkannt, wie z.B. ,Nur durch das Denken ist es zu erschauen',[32] ,Durch höchstes Erkennen wird es geschaut',[33] ,Nicht durch das Auge wird [es] erfaßt, noch auch durch das Wort',[34] ,Sondern durch gereinigtes Denken'[35]. Daß Meditation (*dhyānam*), ehrfürchtiges Überdenken (*upāsanam*), festes Gedenken (*dhruvānusmṛtiḥ*) gleichbedeutend mit [erfahrendem] Erkennen (*vedanam*) sind, ergibt sich daraus, daß die mit den jeweiligen Wörtern bezeichneten [Phänomene] als Mittel zur [Erlangung] der Emanzipation gelehrt sind, und aufgrund von [Aussagen der] Śruti, welche anderes als das [erfahrende] Erkennen als Mittel [dafür] verneinen.

---

[29] MuṇḍU 3, 1, 5.

[30] KaṭhU 2, 23.

[31] BĀU 4, 4, 23.

[32] BĀU 4, 4, 19.

[33] KaṭhU 3, 12.

[34] MuṇḍU 3, 1, 8.

[35] Zitat unbekannt.

Daß das unmittelbare Erkennen in den Zustand der Schau (*sākṣātkāradaśā*) tritt, wird aufgrund von Aussagen der Śruti wie z.B.: ,Wenn der Schauende den Goldfarbenen schaut',[36] ,Nachdem der Nah-Ferne geschaut wurde',[37] usw. [und] aufgrund [der Lehre] des Śāstram: ,Wen dieser erwählt, von dem wird er erlangt; diesem enthüllt dieser Atmā sein Wesen',[38] ,Er erlangt die höchste Bhakti zu mir'[39] usw. erkannt, daß dieses [unmittelbare Erkennen] die Form der Bhakti hat. Daher wird entschieden, daß das der Bhakti gleichkommende [erfahrende] Erkennen das Mittel [zur Erlangung] des höchsten Heils ist. In diesem Sinne stimmen Śruti und autoritative Überlieferung überein, [wenn gesagt ist:] ,Wer diesen so kennt, ist schon hier unsterblich'[40] [und] ,Durch Hingabe, [die auf keinen anderen] gerichtet ist, wird [Er] erlangt'[41]."[42]

---

[36] MuṇḍU 3, 1, 3.

[37] MuṇḍU 2, 2, 9.

[38] MuṇḍU 3, 2, 3.

[39] BhG 18, 54.

[40] TaitĀ 3, 12, 7.

[41] BhG 11, 54.

[42] NM pp. 64, 21 – 65, 17: *trayyantavidagresarās tv evam abhidadhati – ,brahmavid āpnoti param' ,rukmābhaṃ svapnadhīgamyaṃ vidyāt tu puruṣaṃ param' ityādibhir vākyārthajñānavilakṣaṇaṃ tanmūlaṃ vivekādipariśuddhamanojanyaṃ dhyānopāsanadhruvānusmṛtiśabdavācyaṃ sākṣātkārasadṛśañ cety adbhutaparamapuruṣārthapriyatvena svayam apy atyarthapriyatvam āpannaṃ tata eva bhaktiśabdavācyaṃ vedanam apavargasādhanatayā vidhīyate. kuta idam avagamyata iti cet, ,anuvidya vijānāti' ,vijñāya prajñāṃ kurvīta' iti śruteḥ vijñānaparyāyasya vedanasya vākyārthajñānamūlatvaṃ tata eva tadvailakṣaṇyaṃ cāvagamyate. ,āhāraśuddhau sattvaśuddhiḥ' ,śānta upāsīta' ,sadā tadbhāvabhāvitaḥ' ,kriyāvān eṣa brahmavidāṃ variṣṭhaḥ' ,yajñena dānena tapasānāśakena' ,satyena labhyaḥ' ,nāyam ātmā pravacanena labhyaḥ' ,śānto dāntaḥ' ityādiśāstrair vivekādisaptakasācivyaṃ manaso 'vagamyate. vivekādibhyo vedanalabdhir brahmanandinābhihitā – ,tallabdhir vivekavimokābhyāsakriyākalyāṇānavasādānuddharṣebhyaḥ' iti. sāttvikāhārasevayā śarīrendriyaśodhanaṃ vivekaḥ. kāmānabhiṣvaṅgo vimokaḥ. upāsyasaṃśīlanam abhyāsaḥ. yathāśakti varṇāśramadharmānuṣṭhānaṃ kriyā. ārjavādyātmaguṇāḥ kalyāṇāni. śokahetuṣūpasthiteṣv api manaso 'vasādarāhityam anavasādaḥ. harṣahetuṣūpasthiteṣv apy atisaṃtoṣarāhityam anuddharṣaḥ. pariśuddhaṃ mana evāsya vedanasya sādhanam iti ca ,manasaivānudraṣṭavyam' ,dṛśyate tv agryayā buddhyā' ,na cakṣuṣā gṛhyate nāpi vācā' ,manasā tu viśuddhena' iti śruter avagamyate. dhyānopāsanadhruvānusmṛtīnāṃ veda-*

## Exkurs zur Meditation der *bhaktiḥ* bei Rāmānuja

Um die Darstellung der spirituellen Praxis der Bhakti durch Nārāyaṇārya für eine Geschichte der Spiritualität der Schule auswerten und beurteilen zu können, ist es notwendig, die entsprechende Darstellung Rāmānujas in seinem Śrībhāṣyam, der sich Nārāyaṇārya engstens anschließt, zu kennen, und dieser gegenüber zu stellen.

Rāmānuja eröffnet seinen kleinen Siddhānta mit den Worten: „Wenn gesagt wurde, daß die Emanzipation (*mokṣaḥ*) gerade das Aufhören des Nichtwissens (*avidyā*) ist und dieses aufgrund der Erkenntnis des Brahma eintritt, [so] stimmen wir dem zu. Es bleibt aber festzustellen, welche Form diese Erkenntnis hat, die von den Aussagen des Vedānta zur Beseitigung des Nichtwissens zu fordern gewünscht ist. Handelt es sich lediglich um das aufgrund der Aussagen der Śruti entstandene Wissen und den Sinn [dieser] Aussagen oder um eine Erkenntnis, die im ehrfürchtigen Überdenken besteht [und] jenes zur Wurzel hat?“[43]

Die Worte verleihen der anschließenden Untersuchung einen grundsätzlichen Charakter, der jedenfalls ausschließt, daß Rāmānuja hier nicht seine eigentliche Meinung vertritt, so daß es kaum möglich ist, anzunehmen, daß Rāmānuja als alternative Praxis die Emanzipation zu erlangen die *śaraṇāgatiḥ* gelehrt hat. Nachdem Rāmānuja zunächst die erste der beiden Alternativen zurückgewiesen hat, setzt er mit der Darlegung der zweiten, seiner eigenen Lehre, fort: „Dieses als Mittel [zur Erlangung] der Emanzipation vorgeschriebene [erfahrende] Erkennen (*vedanam*) wird als ehr-

---

*naparyāyatvaṃ tattacchabdanirdiṣṭānām apavargasādhanatvopadeśād vedanavyatiriktasya sādhanatvaniṣedhaśruteś cāvagamyate. ‚yadā paśyaḥ paśyate rukmavarṇaṃ‘ ‚tasmin dṛṣṭe parāvare‘ ityādiśrutibhir vedanasya sākṣātkāradaśāpattir vijñāyate. ‚yam evaiṣa vṛṇute tena labhyas tasyaiṣa ātmā vivṛṇute tanūṃ svām‘ ‚madbhaktiṃ labhate parām‘ ityādiśāstrād asya bhaktirūpatvam avagamyate. tasmād bhaktiparyāyaṃ vedanaṃ niśśreyasasādhanam iti niścīyate. evaṃ sati ‚tam evaṃ vidvān amṛta iha bhavati‘ ‚bhaktyā labhyas tv ananyayā‘ ‚bhaktyā tv ananyayā śakyaḥ‘ iti śrutismṛtayas saṅgatā bhavanti.*

[43] Śribh p. 7, 9-13: *yad uktam avidyānivṛttir eva mokṣaḥ sā ca brahmavijñānād eva bhavatīti. tad abhyupagamyate. avidyānivṛttaye hi vedāntavākyair vidhitsitaṃ jñānaṃ kiṃrūpam iti vivecanīyam. kiṃ vākyād vākyārthajñānamātram uta tanmūlam upāsanātmakaṃ jñānam iti.*

fürchtiges Überdenken (*upāsanam*) verstanden, weil man Wissen (*vidyā*) und Verehrung/ehrfürchtiges Überdenken (*upāstiḥ*) [im Veda] vom Anfang bis zum Ende in ununterschiedener [Bedeutung] beobachtet. ... Und die Meditation (*dhyānam*)[44] in Form einer kontinuierlichen Reihe ununterbrochenen Erinnerns (*smṛtiḥ*), dem Fluß eines Ölrinnsals gleich, ist beständig festes Gedenken (*dhruvānusmṛtiḥ*), weil [in der Śruti] vernommen wird, daß das beständig feste Erinnern Mittel [zur Erlangung] der Emanzipation ist, [ist doch gesagt,] ‚bei Erlangen der Erinnerung (*smṛtilambhe*) tritt Befreiung von allen „Knoten" ein'.[45] Und dieses Erinnern hat die gleiche Form wie ein Schauen, weil es infolge der Worte [der Śruti]: ‚Der Knoten des Herzens wird durchtrennt, alle Zweifel werden zerstreut, und alle seine Werke schwinden, wenn dieser Nah-Ferne geschaut wurde'[46], denselben Sinn hat. Wenn dies so ist, wird mit den [Worten]: ‚Den Ātmā soll man schauen, meine Liebe'[47], gelehrt, daß die intensive Betrachtung (*nididhyāsanam*) den Charakter des Schauens hat; und dem Erinnern (*smṛtiḥ*) kommt der Charakter der Schau zu, [wenn ihm] ein Höchstmaß an Vergegenwärtigen eigen ist.

Das alles wurde vom Vākyakāra dargelegt: ‚Das ehrfürchtige Überdenken (*upāsanam*) dürfte [erfahrendes] Erkennen (*vedanam*) sein, weil diesbezüglich [Aussagen der Śruti] gehört werden'. In allen Upaniṣaden wird das als Mittel der Emanzipation geforderte [erfahrende] Erkennen (*vedanam*) ehrfürchtiges Überdenken (*upāsanam*) genannt. Nachdem er den Pūrvapakṣa [mit den Worten]: ‚Einmal ist [sein] Gebrauch vorzunehmen, weil [dann] der Sinn [der Offenbarungs]aussagen erfüllt ist, wie im Falle der Prayājas', ist [von ihm] entschieden, daß das [erfahrende] Erkennen (*vedanam*) [nur], wenn es mehrfach wiederholt wird, Mittel der Emanzipation ist, [wenn er nämlich sagt]: ‚Erwiesen ist [dies] aber aufgrund des Wortes ‚ehrfürchtiges Überdenken' (*upāsanam*). Ehrfürchtiges Überdenken (*upāsanam*) dürfte beständig festes Erinnern (*dhruvānusmṛtiḥ*) sein, weil man [es so] beobachtet

---

[44] Hier greift Rāmānuja den von ihm in Śrībh p. 9, 3 für das [erfahrende] Erkennen (*vedanam*) verwendeten Begriff des *dhyānam* auf.

[45] ChU 7, 26, 2.

[46] MuṇḍU 2, 2, 9.

[47] BĀU 2, 4, 5.

und [es im Veda] so dargelegt ist‘. [Mit diesen Worten] ist ausgeführt, daß das unmittelbare Erkennen in Form des ehrfürchtigen Überdenkens, das mehrfach wiederholt wird, [dieses] beständig feste Gedenken ist.

Von diesem Gedenken (*smṛtiḥ*) ist dargelegt, daß es die Form der Schau hat (*darśanarūpā*). [Diese] Form der Schau ist das in den Zustand der ‚Wahrnehmung‘ Eintreten. Dieses Gedenken im Zustand der Schau, das Mittel [zur Erlangung] der Emanzipation ist, hebt die Śruti mit den Worten hervor: ‚Nicht wird dieser Ātmā durch erklärendes Reden [und] Nachdenken noch durch vielfach von Ihm in der Śruti Gehörtes erlangt. Wen dieser [Ātmā] erwählt, von dem wird er erlangt; ihm enthüllt dieser seine konkrete Wirklichkeit‘.[48] Nachdem dadurch gesagt ist, daß das bloße Hören, das Überdenken und betrachtend intensive Erwägen [der Śruti] kein Mittel zur Erlangung des Ātmā sind, ist gesagt, daß [nur] von ihm, den dieser Ātmā erwählt, [dieser] Ātmā erlangt wird. Denn wem dieser [Ātmā] in besonderer Weise lieb ist, der kann [von Ihm] erwählt werden. Wem Er überaus lieb ist, der allein ist Ihm überaus lieb. Wie dieser in besonderer Weise Liebe den Ātmā erlangt, so gewährt sich der Erhabene eben selbst. So ist es vom Erhabenen selbst gesagt: ‚Denen, die beständig gesammelten [Geistes mir] in Hingabe anhangen, verleihe ich jene Anspannung des Geistes, die aus der Liebe kommt, durch die diese zu mir gelangen‘[49] und ‚Denn dem Weisen bin ich über alles lieb, und er ist mir lieb‘[50]. Daher ist nur er, dem [dieses] Gedenken in Form unmittelbarer Erkenntnis (*sākṣātkārarūpe*) zufolge dessen, daß der Gegenstand dieses Gedenkens über alles lieb ist, [auch] selbst über alles lieb ist, geeignet, erwählt zu werden, und daher ist gesagt, daß der höchste Ātmā nur von diesem erlangt wird.

Eben dieses beständig feste Gedenken (*dhruvānusmṛtiḥ*) in solcher Form wird mit dem Wort *bhakti-* bezeichnet, weil das Wort *bhakti-* gleichbedeutend mit ‚ehrfürchtigem Überdenken‘ (*upāsanam*) ist. Eben deshalb wird von Śruti und autoritativer Überlieferung gesagt: ‚Diesen erkannt habend gelangt er über den Tod

---

[48] KaṭhU 2, 23.

[49] BhG 10, 10.

[50] BhG 7, 17.

hinaus',[51] ,Wer diesen so erkannt hat, ist [schon] hier unsterblich. Es gibt keinen anderen Weg zu gehen',[52] ,Nicht durch Veden, noch durch Aszese, Gaben [oder] Opfer',[53] ,Durch Bhakti, die keinem anderen [gilt], kann ich auf diese Weise in Wahrheit erkannt und geschaut werden, Arjuna, und [kann der mir Anhangende zu Mir] eingehen, o Paraṃtapa',[54] ,Dieser höchste Puruṣa, o Pārtha, kann [nur] durch Bhakti erlangt werden, die keinem anderen [gilt]'[55].

[Das Sūtram: ,Bedarf an allem] wie Pferd usw. aufgrund der Śruti bezüglich des Opfers'[56] wird [in dem Sinn] erklärt werden, daß Opfer usw. Mittel [zur Erlangung] eines derartigen beständig festen Gedenkens (*dhruvā smṛtiḥ*) sind. Wenn auch [entsprechend der Aussage:] ,Sie begehren nach Wissen'[57] Opfer usw. nur im Hinblick auf das Entstehen [dieses] Begehrens zu wissen gebraucht werden, so sind dennoch [auch] bei dessen Entstehung alle Werke der [betreffenden] Lebensabschnitte lebenslang auszuführen, weil eben dieses [erfahrende] Erkennen (*vedanam*), welches die Form der Betrachtung hat (*dhyānarūpam*) und Tag für Tag zu verwirklichen ist, dessen höchste Intensität (*atiśayaḥ*) der wiederholten Übung zuzuschreiben ist, und das bis zum Tode fortgesetzt wird, Mittel zur Erlangung des Brahma ist. ...

Auch der Vākyakāra sagt, daß das beständig feste Gedenken (*dhruvānusmṛtiḥ*) nur auf Grund der ,Unterscheidung' (*vivekaḥ*) usw. entsteht: ,Seine Erlangung ergibt sich aufgrund von Unterscheidung (*vivekaḥ*), Freisein (*vimokaḥ*), Übung (*abhyāsaḥ*), Tun (*kriyā*), Tugend (*kalyāṇam*), Nicht-Entmutigtsein (*anavasādaḥ*) und Nicht-Freudigerregtsein (*anuddharṣaḥ*), da [sie daraus] entsteht und da es [im Veda] dargelegt ist'. Und er legt die Eigenform (*svarūpam*) von ,Unterscheidung' usw. dar:

,Die Reinheit des Körpers aufgrund von nach Varṇa, Stand und ursächlichen Umständen fehlerloser Nahrung ist ,Unterschei-

---

[51] ŚvetU 3, 8.

[52] TaitĀ 3, 12, 7.

[53] BhG 11, 53.

[54] BhG 11, 54.

[55] BhG 8, 22.

[56] BrSū 3, 4, 26.

[57] BĀU 4, 4, 22.

dung'. Die diesbezügliche Erklärung [im Veda] ist: ‚Bei Reinheit der Nahrung tritt Reinheit des Wesens ein, bei Reinheit des Wesens das beständig feste Gedenken'[58]. ‚Freisein' ist dem Begehren nicht Verfallensein. Die Erklärung [im Veda] ist: ‚Zur Ruhe gekommen möge er meditieren'[59]. Ein Unternehmen immer von neuem in Angriff zu nehmen, ist ‚Übung'. Die vom Bhāṣya-Verfasser herangezogene Darlegung in der Smṛti ist: ‚In diesen Zustand eingegangen'[60]. Das nach Kräften Ausführen der fünf ‚Großen Opfer'[61] ist ‚Tun'. [Dessen] Erklärung [im Veda]: ‚Der Beste der Brahmakenner ist der, welcher [die Riten] ausführt',[62] und: ‚Eben diesen verlangen die Brahmanen mit Hilfe von Opfern, Gaben, Aszese [und] Fasten zu erkennen'[63]. Die ‚Tugenden' sind Wahrheit, Aufrichtigkeit, Mitleid, Freigebigkeit, Gewaltlosigkeit [und] Nichtbegehren'. Die Erklärung: ‚Durch die Wahrheit wird er erlangt'[64] [und] ‚Nur diesen gehört diese reine Welt des Brahma'.[65] Mutlosigkeit des Geistes ergibt sich aufgrund unpassender Umstände von Ort und Zeit sowie aufgrund der Erinnerung an Dinge, die Kummer [bereitet haben, und] ist die Entmutigung und Unerleuchtetheit, die daraus entsteht. Die Erklärung: ‚Nicht kann dieser Ātmā von einem Kraftlosen erlangt werden'[66]. Die aus dem Gegenteil entstandene Befriedigung ist freudige Erregung. Deren Gegenteil ist ‚Nicht-Freudigerregtsein' (*anuddharṣaḥ*). Übergroße Zufriedenheit ist [nämlich] hinderlich. So ist der Sinn. Die ausdrückliche Erklärung ist: ‚Zur Ruhe gekommen [und] beherrscht' usw.[67]"[68].

---

[58] ChU 7, 26, 2.

[59] ChU 3, 14, 1.

[60] BhG 8, 6.

[61] *brahmayajñaḥ*, *devayajñaḥ*, *pitṛyajñaḥ*, *manuṣyayajñaḥ*, *bhūtayajñaḥ*, Manu 3, 69ff.

[62] MuṇḍU 3, 1, 4.

[63] BĀU 4, 4, 22.

[64] MuṇḍU 3, 1, 5.

[65] PraśU 1, 16.

[66] MuṇḍU 3, 2, 4.

[67] BĀU 4, 4, 23.

[68] Śrībh pp. 9, 5 – 12, 6: *tad idam apavargopāyatayā vidhitsitaṃ vedanam upāsanam ity avagamyate. vidyupāstyor avyatirekeṇopakramopasaṃhāradarśanāt. ... dhyānaṃ ca tailadhārāvad avicchinnasmṛtisaṃtānarūpam dhruvā smṛtiḥ. smṛtilambhe sarvagranthīnāṃ vipramokṣa iti dhruvāyāḥ smṛter apavargopāyatvaśravaṇāt. sā ca smṛtir darśanasamānākārā. bhidyate hṛdayagranthiś chidyante sarvasaṃśayāḥ | kṣīyante cāsya karmāṇi tasmin dṛṣṭe parāvare || ity anenaikārthyāt. evaṃ ca satyātmā vā are draṣṭavyaḥ ity anena nididhyāsanasya darśanarūpatā vidhīyate. bhavati ca smṛter bhāvanāprakarṣād darśanarūpatā. vākyakāreṇaitat sarvaṃ prapañcitam. vedanam upāsanaṃ syāt tadviṣaye śravaṇād iti. sarvāsūpaniṣatsu mokṣasādhanatayā vihitaṃ vedanam upāsanam ity uktam. sakṛtpratyayaṃ kuryāc chabdārthasya kṛtatvāt prayājādivad iti pūrvapakṣaṃ kṛtvā siddhaṃ tūpāsanaśabdād iti vedanam asakṛd āvṛttaṃ mokṣasādhanam iti nirṇītam. upāsanaṃ syād dhruvānusmṛtir darśanān nirvacanāc ceti tasyaiva vedanasyopāsanarūpasyāsakṛd āvṛttasya dhruvānusmṛtitvam upavarṇitam. seyaṃ smṛtir darśanarūpā pratipāditā. darśanarūpatā ca pratyakṣatāpattiḥ. evaṃ pratyakṣatāpannām apavargasādhanabhūtāṃ smṛtiṃ viśinaṣṭi. nāyam ātmā pravacanena labhyo na medhayā na bahunā śrutena. yam evaiṣa vṛṇute tena labhyas tasyaiṣa ātmā vivṛṇute tanūṃ svām iti. anena kevalaśravaṇamanananididhyāsanānām ātmaprāptyanupāyatvam uktvā yam evaiṣa ātmā vṛṇute tena labhya ity uktam. priyatama eva hi varaṇīyo bhavati. yasyāyaṃ niratiśayapriyaḥ sa evāsya priyatamo bhavati. yathāyaṃ priyatama ātmānaṃ prāpnoti tathā svayam eva bhagavān prayatata ity bhagavataivoktam. teṣāṃ satatayuktānāṃ bhajatāṃ prītipūrvakam | dadāmi buddhiyogaṃ taṃ yena mām upayānti te || iti. priyo hi jñāninotyartham ahaṃ sa ca mama priyaḥ | iti ca. ataḥ sākṣātkārarūpā smṛtiḥ smaryamāṇātyarthapriyatvena svayam atyarthapriyā yasya sa eva pareṇātmanā varaṇīyo bhavatīti tenaiva labhyate para ātmety uktaṃ bhavati. evaṃrūpā dhruvānusmṛtir eva bhaktiśabdenābhidhīyate. upāsanaparyāyatvād bhaktiśabdasya. ata eva śrutismṛtibhir evam abhidhīyate. tam eva viditvāti mṛtyum eti. tam evaṃ vidvān amṛta iha bhavati. nānyaḥ panthā ayanāya vidyate. nāhaṃ vedair na tapasā na dānena na cejyayā | bhaktyā tv ananyayā śakya aham evaṃvidhorjuna || jñātuṃ draṣṭuṃ ca tattvena praveṣṭuṃ ca paraṃtapa | puruṣaḥ sa paraḥ pārtha bhaktyā labhyas tv ananyayā || iti. evaṃrūpāyā dhruvānusmṛteḥ sādhanāni yajñādīni karmāṇīti yajñādiśruter aśvavat ity abhidhāsyate. yady api vividiṣantīti yajñādayo vividiṣotpattau viniyujyante. tathāpi tasyaiva vedanasya dhyānarūpasyāhar ahar anuṣṭhīyamānasyābhyāsādheyātiśayasyāprāyaṇād anuvartamānasya brahmaprāptisādhanatvāt tadutpattaye sarvāṇy āśramakarmāṇi yāvaj jīvam anuṣṭheyāni. ... vākyakāraś ca dhruvānusmṛter vivekādibhya eva niṣpattim āha. tallabdhir vivekavimokābhyāsakriyākalyāṇānavasādānuddharṣebhyaḥ saṃbhavān nirvacanāc ceti. vivekādīnāṃ svarūpaṃ cāha. jātyāśrayanimittāduṣṭād annāt kāyaśuddhir viveka iti. atra nirvacanam āhāraśuddhau sattvaśuddhiḥ sattvaśuddhau dhruvā smṛtir iti. vimokaḥ kāmānabhiṣvaṅga iti. śānta upāsīteti nirvacanam. ārambhaṇasaṃśīlanaṃ punaḥ punar abhyāsa iti. nirvacanaṃ ca smārtam udāhṛtaṃ bhāṣyakāreṇa sadā tadbhāvabhāvita iti. pañcamahāyajñādyanuṣṭhānaṃ*

Es ist dieser Text des Śrībhāṣyam, auf dem Nārāyanāryas Darstellung der Bhakti als Mittel der Emanzipation beruht und der daher für deren Beurteilung notwendigerweise eine nähere Betrachtung erfordert. Auffallend an diesem Text ist sein Rückgriff auf die Lehre des Vākyakāra, den Nārāyaṇārya als Brahmanandin zitiert,[69] und der jedenfalls, wie immer er datiert wird, einer alten Vedānta-Tradition brahmanischer Orthodoxie angehört. Bemerkenswert ist dies vor allem deshalb, weil Rāmānuja im Rückgriff auf die Lehre Brahmanandins der Bhakti der Bhagavadgītā eine an der brahmanischen Orthodoxie orientierte Struktur verleiht, wodurch die Bhakti im Sinne eines Mokṣaśāstram zu einem Mittel (*sādhanam*) wird, durch das Emanzipation (*apavargaḥ*) erlangt werden kann.

Um die Eigenart der Lehre Brahmanandins zu erfassen, bietet sich trotz der Kürze und der Spärlichkeit seiner Fragmente ein Ansatz insofern, als er zunächst vom Begriff des *upāsanam*, dem ehrfürchtigen, auf die eigene Existenz bezogenen Überdenken des Sinnes der Upaniṣaden-Aussagen ausgeht und diesen durch zwei weitere Begriffe vertieft und auslegt, nämlich den Begriff des *vedanam*, der in den Upaniṣaden offenbar nicht vorkommt,[70] und dem der *dhruvānusmṛtiḥ*, der in der Form *dhruvā smṛtiḥ* in den Upaniṣaden ein einziges Mal belegt zu sein scheint,[71] falls es sich überhaupt um denselben Begriff handelt.

---

*śaktitaḥ kriyeti. nirvacanaṃ kriyāvān eṣa brahmavidāṃ variṣṭhaḥ. tam etaṃ vedānuvacanena brāhmaṇā vividiṣanti yajñena dānena tapasānāśakeneti ca. satyārjavadayādānāhiṃsānabhidhyāḥ kalyāṇānīti. nirvacanaṃ satyena labhyas teṣām evaiṣa virajo brahmaloka ityādi. deśakālavaiṣamyāc chokavastvādyanusmṛteś ca tajjanyaṃ dainyam abhāsvaratvaṃ manasovasāda iti. tadviparyayonavasādaḥ. nirvacanaṃ nāyam ātmā balahīnena labhya iti tadviparyayajā tuṣṭir uddharṣaḥ. tadviparyayor anuddharṣa iti. atisaṃtoṣaś ca virodhītyarthaḥ. nirvacanam api śānto dānta iti.* Vgl. auch die bedenkenswerte Analyse der Gedanken dieses Textes, O. LACOMBE, L'Absolu selon le Védânta. Les notions de Brahman et d'Atman dans les systèmes de Çankara et Râmânoudja. (Annales du Musée Guimet. Bibliothèque d'études 49). Paris 1937, pp. 365-370.

[69] Zu Vākyakāra und Bhāṣyakāra siehe VAN BUITENEN, VedS, pp. 24ff.

[70] Vgl. G.A. JACOBs Concordance (A Concordance to the Principal Upaniṣads and Bhagavadgītā. Delhi 1985 [repr.]), wo dieser Begriff nicht aufgenommen ist.

[71] ChU 7, 26, 2.

Diese Verwendung neuer Begriffe kann wohl nur bedeuten, daß Brahmanandin im Sinne der Weiterentwicklung des Gedankens diese Begriffe bewußt eingeführt hat, um das *upāsanam* der Upaniṣaden-Tradition in einem differenzierteren Verständnis zu fassen.[72]

Der entscheidende Gedanke in Brahmanandins Verständnis des *upāsanam* scheint darin zu liegen, daß das *upāsanam*, das zunächst lediglich als spezifischer Vorgang des verehrenden Meditierens verstanden sein dürfte, zu einem *vedanam*, einem [erfahrenden] Erkennen des Sinnes der Śruti-Aussagen geworden ist, und so auch als aktueller Inhalt des meditativen Vorgangs verständlich macht, daß das *upāsanam* in dieser Weise Mittel der Emanzipation ist. Dennoch behält Brahmanandin auch den Aspekt des Vorganges bei: Das *upāsanam* erhält bei ihm den Charakter einer immer wieder zu vollziehenden Meditation, den Brahmanandin im Begriff des beständig festen Gedenkens (*dhruvānusmṛtiḥ*) schärfer faßt und ausdrücklich gegen das fast im Sinne eines Ritualaktes verstandenen *upāsanam* eines Gegners ausführt, daß das als Mittel der Emanzipation verstandene *vedanam* immer wieder vollzogen werden müsse. In diesem Sinne ist dann dieses *vedanam* ein im Lebensvollzug beständig gegebenes festes Erinnern (*dhruvānusmṛtiḥ*), ein beständig durch nichts verunsichertes in der Erinnerung Gegenwärtigsetzen, das unter Einbeziehung der eigenen Existenz zum erfahrenden Erkennen wird.[73]

Durch diesen Charakter des *vedanam* als wiederholtes, gleichsam einübendes in der Erinnerung Gegenwärtigsetzen und durch Brahmanandins Lehre von den sieben ursächlichen Bedingungen für das Zustandekommen dieses beständig festen Erinnerns (*dhruvānusmṛtiḥ*) wird das *vedanam* in den Kontext eines Lebensvollzuges gestellt, der zeigt, daß dieses nicht ein Akt theoretischer Erkenntnis ist, sondern ein ganzheitlicher Akt des ehrfürchtig

---

[72] Śrībh pp. 9, 19 – 10, 1. Übersetzung s. p. 23ff., Text s. Anm 68.

[73] Daß dieses [erfahrende] Erkennen (*vedanam*) den erinnerten Inhalt der Śruti-Aussagen bezogen auf die *eigene* Existenz gegenwärtig setzt, muß man wohl aufgrund des Emanzipationsstrebens des meditierenden Subjektes und aus der Bestimmung dieses *vedanam* als ein „Erinnern" annehmen, das das Erinnerte immer nur in einem Akt, der aus der aktuellen Situation des Subjektes aufbricht, gegenwärtig setzt, auch wenn Brahmanandin dies nicht ausdrücklich reflektiert haben sollte.

Überdenkens (*upāsanam*) geoffenbarter Wahrheit unter Einbeziehung der eigenen existenziellen Situation, der wie die emanzipierende Erkenntnis in allen klassischen Heilsystemen, etwa des Sāṃkhya oder Nyāya, nicht ohne ein aszetisch-moralisches Leben zustande kommt.[74] Diesen Begriff des als [erfahrendes] Erkennen (*vedanam*) und als festes Erinnern verstandenen ehrfürchtigen Überdenkens (*upāsanam*), den Brahmanandin in alter brahmanischer Vedānta-Tradition entwickelt hatte, übernimmt Rāmānuja, reflektiert ihn aber im Sinne einer neuen Wertigkeit.

Auffallend ist, daß Rāmānuja den Begriff des *vedanam* vor allem im Referat der Lehre Brahmanandins verwendet, aber den Aspekt des beständig festen Erinnerns (*smṛtiḥ*, *dhruvānusmṛtiḥ*) hervorhebt, wenn er seine eigenen Gedanken darlegt. So definiert er die Meditation, (*dhyānam*) um die es ihm geht, mit Hilfe des *smṛti*-Begriffes: „Das *dhyānam*, in Form einer kontinuierlichen Reihe ununterbrochenen Erinnerns (*smṛtiḥ*), dem Fluß eines Ölrinnsals gleich, ist beständig festes Gedenken (*dhruvānusmṛtiḥ*).“[75] Es ist offenkundig, daß der Begriff der *smṛtiḥ* bzw. der *anusmṛtiḥ* für ihn zentrale Bedeutung für die Meditation hat, und er zunächst aus ihm den Wesensaspekt der Meditation ableitet. Dieser Wesensaspekt wird in dieser Ableitung in doppelter Weise thematisch: einmal in der Gleichsetzung von *dhyānam* und *bhaktiḥ*, zum anderen im Schau-Charakter der Meditation,[76] den er immer wieder hervorhebt. So schreibt er im Rückgriff auf die Offenbarung: „Mit den [Worten]: ‚Den Ātmā soll man schauen, meine Liebe‘[77] wird dargelegt, daß die intensive Meditation (*nididhyāsanam*) den Charakter der Schau hat (*darśanarūpatā*); auch hat das Erinnern (*smṛtiḥ*) aufgrund der Intensität der Vergegenwärtigung (*bhāvanāprakarṣāt*) den Charakter der Schau.“[78] Die Stelle ist entscheidend. Sie belegt den Schau-Charakter der Meditation zunächst aufgrund der Offenbarung, anschließend auch sachlich aus der Intensität des

---

[74] Vgl. Śrībh p. 11, 14ff.

[75] Śrībh p. 9, 11f. Vgl. auch das Aufgreifen des Begriffes der *smṛtiḥ* bzw. *anusmṛtiḥ* pp. 10, 3; 10, 17; 11, 5; 11, 14, wo dieser Begriff allein verwendet wird, um von der Meditation zu sprechen.

[76] Vgl. *darśanarūpatā*, *sakṣātkārarūpā*, *pratyakṣatā*.

[77] BĀU 2, 4, 5.

[78] Śrībh p. 9, 17-19.

Vergegenwärtigens (*bhāvanāprakarṣāt*). Diesen Charakter der als „Erinnern" verstandenen Meditation ist für Rāmānuja offenbar ein wichtiges Anliegen. Dies beweist die Häufigkeit seiner Erörterung[79] und Rāmānujas Bemühung, diesen Schau-Charakter der Meditation entsprechend zu begründen. Die Betonung dieses Charakters zeigt darüber hinaus, daß es Rāmānuja bei diesem „Erinnern" (*smṛtiḥ*, *anusmṛtiḥ*) nicht um ein triviales „sich ins Gedächtnis Rufen" geht, sondern um einen bestimmten spirituellen Vollzug, den er als „Erinnern" bestimmt.

Wenn Rāmānuja vom Schau-Charakter der Meditation spricht, wird man, ob man will oder nicht, an die Theophanie des Erhabenen im 11. Kapitel der Bhagavadgītā erinnert, wo Kṛṣṇa-Bhagavān Arjuna ein himmlisches Auge gibt, damit dieser ihn sehen kann;[80] nicht, daß Rāmānuja dieses Ereignis hier wirklich im Blick hätte, sondern eher in dem Sinne, daß die Vorstellung von der Schau Gottes als spirituelles Streben in der Tradition gleichsam archetypisch vorhanden war. Im meditativen Akt des „ehrfürchtigen Überdenkens" (*upāsanam*), das Rāmānuja mit der Bhakti identifiziert, wird dieses archetypische Streben als „Erinnern" faßbar, das wesentlich über ein „sich ins Gedächtnis Rufen" hinaus gehen muß, um zur Schau zu werden. Dies scheint sich schon daraus zu ergeben, daß der Erkenntnisvorgang in der Meditation, der zur Erlangung der Emanzipation führt, nicht mit der Erkenntnis des Sinnes der Vedānta-Aussagen identisch ist, sondern jene voraussetzt.[81] Was ist aber der Gegenstand dieses Erinnerns, wenn das Erinnerte nicht der Inhalt der Vedānta-Aussagen ist, wenn also die Meditation nicht das Erfassen des Inhalts der Upaniṣaden-Texte ist, auch wenn sie dieses voraussetzt, und auch nicht das Visualisieren einer mythologisch-konkreten Vorstellung ist, was dadurch ausgeschlossen ist, daß die hier gemeinte Meditation vom Verständnis des Inhaltes der Upaniṣaden-Texte abhängt.[82]

---

[79] Vgl Śrībh pp. 9, 19; 10, 3 (hier mit der Erklärung: *darśanarūpatā ca pratyaksatāpattiḥ*); 10, 17 (*sākṣātkārarūpā smṛtiḥ*).

[80] BhG 11, 8: *na tu māṃ śakṣyase draṣṭum anenaiva svacakṣuṣā | divyaṃ dadāmi te cakṣuḥ paśya me yogam aiśvaram ||*.

[81] Vgl. Śrībh pp. 7, 12 und 8, 11f.: *ato vākyārthajñānād anyad eva dhyānopāsanādiśabdavācyaṃ jñānaṃ vedāntavākyair vidhitsitam.*

[82] Vgl. Śrībh p. 7, 12: *tanmūlam upāsanātmakaṃ jnānam.*

Wenn Rāmānuja die von ihm mit dem Begriff der Bhakti gleichgesetzte Meditation als ein „Erinnern" (*smṛtiḥ*) versteht, meint er offensichtlich einen sehr komplexen Vorgang, für den sich ihm der Begriff des „Erinnerns" anbietet. Was Rāmānuja unter den Begriff des „Erinnerns" (*smṛtiḥ*) und der „Schau" (*darśanam*, *pratyakṣatā*, *sākṣātkāraḥ*) verstanden hat, läßt sich nicht durch eine philologische Wortuntersuchung klären, sondern nur aus dem gedanklichen Zusammenhang ableiten.

Für Rāmānujas Begriff des „Erinnerns" (*smṛtiḥ*, *dhruvā smṛtiḥ*) konstitutiv ist jedenfalls der Aspekt des im Bewußtsein Vergegenwärtigens (*bhāvanā*), aus dem er den für ihn so wichtigen Schau-Charakter (*darśanarūpatā*) des Erinnerns ableitet (vgl. *bhavati ca smṛter bhāvanāprakarṣād darśanarūpatā*). Dieser Aspekt scheint für jedes Erinnern einschließlich des trivialen „sich ins Gedächtnis Rufens" konstitutiv zu sein. In Rāmānujas Diktion *bhāvanāprakarṣāt* ist aber offenbar angedeutet, daß dieses „sich ins Gedächtnis Rufen" im Falle der Meditation jedenfalls ein gezieltes Wollen impliziert, das auf eine das Bewußtsein „erfüllende" Gegenwart des Erinnerten abzielt, anders wäre eine besondere Intensität nicht denkbar. Und wenn man Rāmānujas Definition des *dhyānam*, das als *smṛtiḥ* verstanden ist, mitheranziehen darf, meint dieses Wollen eine das Bewußtsein erfüllende Gegenwart des Erinnerten, die längere Zeit, ohne unterbrochen zu sein, durchgehalten wird, so daß das Subjekt von der Gegenwart des Erinnerten je stärker betroffen ist, bis offenbar ein Höchstmaß an Betroffensein des Subjektes eintritt, das von Rāmānuja als „Schau" (*darśanam*) bezeichnet wird. Hier scheint ein weiterer Aspekt des „Erinnerns" in den Blick zu kommen, um das Betroffensein des Subjektes verständlich zu machen.

„Erinnern" ist nicht ein Akt des distanzierten Erkennens, kein primärer Erkenntnisakt, der eine neue Erkenntnis vermitteln würde. Im Verständnis Rāmānujas scheint das „Erinnern" vielmehr ein meditativer Akt zu sein, in dem sich das Subjekt dem „Getroffensein" durch das Erinnerte willentlich aussetzt. Um dies sein zu können, darf das in der Erinnerung Festgehaltene nicht gleichsam „archivarisch" aus der Erinnerung abgerufen sein, sondern muß dem Subjekt in einem „In-einander" von Kontext, d.h. von den verschiedenen anderen Offenbarungsaussagen, die in der Erinnerung mit dem meditierten Text, der nicht „erinnert" zu werden braucht, da er Gegenstand der Meditation ist, in Beziehung stehen, der gegenwärtigen Lebenssituation und inzwischen neu gewonnenen Wertung des Erinnerten gegenwärtig werden. Genau dies ist aber der „Erinnerung" dank der ihr eigenen Kraft der Synthese möglich, in der bereits Erkanntes, mit anderem zur Einheit gebracht, im Bewußtsein des Subjektes als *ein* Sinngehalt gegenwärtig wird. Diese Kraft der Synthese, welche dem Erinnern eigen ist, und die Notwendigkeit, den in seinem Inhalt erfaßten Text der Śruti längere Zeit gegenwärtig zu halten, dürften Rāmānuja veranlaßt haben, den Begriff des Erinnerns als Wesensbestimmung des *dhyānam* zu verwenden und nicht den von Brahmanandin gebrauchten Begriff des *vedanam*. Der Begriff des *vedanam* hatte die von Rāmānuja gemeinte Meditation vermutlich zu wenig vom *vākyārthajñānam* unterschieden und hätte die Komplexität des Meditationsaktes einschließlich seines Schaucharakters nicht zum Ausdruck gebracht. Nur durch die Kraft der Synthese des „Erinnerns" wird es möglich, daß Aussagen der Śruti miteinander in Beziehung gesetzt, auch auf die mythologisch-konkrete Gestalt Gottes bezogen, in einem einzigen Akt des Vergegenwärtigens ins Bewußtsein treten. In diesem so verstandenen „Erinnern" wird dann auch deutlich, warum Rāmānuja die erlösende Erkenntnis nicht als Erkenntnis des Sinnes der Offenbarungsaussagen verstehen konnte. Eine solche hätte sie auf diese Erkenntnis des Aussageninhaltes festgelegt und so verhindert, daß das meditierende Subjekt sich relational *Gott* zuwendet.

In diesem Akt des Ins-Bewußtsein-Tretens des „Erinnerten" entsteht dann eine neue entscheidende Dimension des „Erinnerns": Der in der Synthese des „Erinnerns" gegebene, erinnerte Gegenstand wird vom *Subjekt* und so im Modus der Subjektbezogenheit gegenwärtig gesetzt, wodurch er im Horizont der Emotionen und des existenziellen Strebens des Subjektes in der Gegenwart gegenwärtig wird und in dieser Weise im Bewußtsein des Subjektes zusammen mit dessen Willen, dem betreffenden Gegenstand zu begegnen, eine meditative Dynamik auslöst, die das Subjekt dem Gegenstand der Meditation öffnet, so daß dieser dem Subjekt als Erfüllung seines meditativen Wollens und seines existenziellen Strebens, konkret der Hingabe an Gott als Mittel entgültigen Heils, bewußt wird.

Rāmānuja entfaltet, wenn der hier unternommene Versuch, seine Lehre von der Meditation zu verstehen, richtig ist, die Wesensstruktur dieser Meditation in einem weiteren Denkdurchgang gleichsam theologisch. Er führt nämlich ein Zitat der Kāṭhaka-Upaniṣad ein, das den Akt der Meditation nahezu umkehrt: „Nicht wird dieser Ātmā durch erklärendes Reden [und] Nachdenken, noch durch vielfach von Ihm in der Śruti Gehörtes erlangt. Wen dieser [Ātmā] erwählt, von dem wird er erlangt; ihm enthüllt dieser seine konkrete Wirklichkeit (*tanūṃ svām* eigentlich „seinen Körper“).“[83] Und Rāmānuja fährt fort: „Nachdem dadurch gesagt ist, daß das bloße Hören, das Überdenken und betrachtend intensive Erwägen [der Śruti] kein Mittel zur Erlangung des Ātmā sind, ist gesagt, daß [nur] von ihm, den dieser Ātmā erwählt, [dieser] Ātmā erlangt wird.“[84] Der Gedanke, jedenfalls wie ihn Rāmānuja zu verstehen scheint, ist beachtenswert. Denn er sagt nicht mehr und nicht weniger, als daß der Ātmā nicht dadurch erlangt werden kann, daß das Subjekt ihn, wie auch immer, zu erlangen sucht, sondern dadurch, daß sich der Ātmā „zeigt“, sich ihm gewährt. Dies ist nicht im Sinne moderner phänomenologischer Untersuchung gemeint, sondern theologisch in dem Sinne, daß sich der Ātmā, im Verständnis Rāmānujas Gott, von sich aus dem erwählten Subjekt in die Wahrheit enthüllt und es der Bemühung des Subjektes unmöglich ist, von sich aus den höchsten Ātmā, als wäre er ein Objekt seiner Anstrengung, zu erlangen. In Rāmānujas Sicht ist es ein Akt der göttlichen Gnade, und ist daher die Meditation der „Hingabe“ (*bhaktiḥ*) gleichzusetzen. „Denn wem dieser [Ātmā] in besonderer Weise lieb ist, der kann [von Ihm] erwählt werden. Wem Er überaus lieb ist, der allein ist Ihm überaus lieb. Wie dieser in besonderer Weise Liebe den Ātmā erlangt, so gewährt sich der Erhabene eben selbst. ... Daher ist nur er, dem [dieses] Gedenken in Form unmittelbarer Erkenntnis (*sākṣātkārarūpe*) zufolge dessen, daß der Gegenstand dieses Gedenkens über alles lieb ist, [auch] selbst über alles lieb ist, geeignet, erwählt zu werden, und daher ist gesagt, daß der höchste Ātmā nur von diesem erlangt wird.“[85]

[83] KaṭhU 2, 23.

[84] Śrībh p. 10, 5-8.

[85] Śrībh p. 10, 9-19.

Dieser Text Rāmānujas, der im Grunde eine Deutung von Kāṭhaka-Upaniṣad 2, 23 im Sinne einer theistischen Bhakti-Spiritualität ist, bringt in Rāmānujas Darstellung der zum Heil führenden Meditation (*upāsanam*, *dhyānam*) den für ihn entscheidenden Aspekt der Meditation ein: Rāmānuja setzt zunächst mit einer Erklärung der Erwählung „durch den Ātmā", von der die Upaniṣad spricht, ein und versucht diese im Sinne einer relationalen Spiritualität grundzulegen. Die Erwählung durch den Ātmā, durch die er vom Meditierenden erlangt werden kann, indem der Ātmā sich ihm zeigt (vgl. *tayaiṣa ātmā vivṛnute tanūm svām*), führt Rāmānuja darauf zurück, daß der Meditierende dem Ātmā besonders lieb (*priyatamaḥ*) ist. Dem entspricht im Subjekt des Meditierenden, daß diesem offenbar noch vor der Erlangung des Ātmā und gleichsam vor der Erwählung durch diesen, dieser Ātmā über alles lieb (*niratiśayapriyaḥ*) ist. Wenn man in diesem Verständnis der „Erwählung" durch den Ātmā nicht eine letztlich unverbindliche Metaphorik sehen will, kann das wohl nur bedeuten, daß der radikalen Zuwendung des Subjektes zum Ātmā, der dem Subjekt über alles wichtig und teuer ist, so daß dieses ihn zu erlangen wünscht, die Erwählung durch den Ātmā entspricht, indem der Ātmā sich ihm zeigt, wie er wirklich ist. Der meditativen Erlangung des Ātmā muß das sich „Zeigen" des Ātmā und die sich darin ausdrückende Erwählung vorausgehen, die sich in diesem sich „Zeigen" des Atmā ereignet. Dem sich „Zeigen" des Ātmā muß das liebende Streben vorausgehen, den aus der Offenbarung bekannten Ātmā in einem dafür geforderten Lebensvollzug zu erlangen. Nicht dadurch, daß das Subjekt den Ātmā zum Gegenstand seiner Bemühung macht, begegnet dieser dem Subjekt, sondern dadurch, daß der Ātmā sich von sich aus dem sich *ihm* öffnenden Subjekt in die Wahrheit enthüllt (*vivṛṇute*).[86]

In einem zweiten Schritt legt Rāmānuja diese anhand der Ātmā-Erkenntnis von Kāṭhaka-Upaniṣad 2, 23 gewonnene relationale Struktur der Meditation auch explizit auf die verehrende Betrachtung (*upāsanam*, *dhyānam*) Gottes um, um die es Rāmānuja

[86] Man fragt sich, ob Rāmānuja nicht schon hier den entscheidenden theologischen Ansatz seiner Religiosität im Auge hat, daß nämlich das Brahma als *paramātmā* der Ātmā des Subjektes ist, das dessen „Körper" ist. Vgl. Śrībh zu BrSū 4, 1, 3.

im Grunde geht. Dieselbe relationale Struktur, nur nunmehr personal-konkret verstanden, sieht Rāmānuja in ihr am Werk: „Wie dieser in besonderer Weise Liebe den Ātmā erlangt, so gewährt sich der Erhabene eben selbst. So ist es vom Erhabenen selbst gesagt: ‚Denen, die beständig gesammelten [Geistes mir] in Hingabe anhangen, verleihe ich jene Anspannung des Geistes, die aus der Liebe kommt, durch die diese zu mir gelangen‘[87] und ‚Denn dem Weisen bin ich über alles lieb, und er ist mir lieb‘[88].“[89]

Bemerkenswert ist, daß Rāmānuja den Umstand, daß der Ātmā dem meditierenden Subjekt über alle Maßen lieb und teuer ist, dies im Falle der Betrachtung des göttlichen Wesens so auslegt, daß die Meditation, offenbar als dauernde spirituelle Praxis, dem Subjekt wegen des über alles teuren Gegenstandes der Meditation auch selbst über alles lieb ist, wodurch er einerseits bezeugt, daß die Meditation, um die es ihm geht, Gott selbst meint und nicht irgendeine Stelle der Śruti, zum anderen aber zeigt, daß diese Meditation selbst jene Bemühung ist, in der sich das Subjekt der Erwählung durch den höchsten Ātmā öffnet. Als solche ist dann diese Meditation eben Bhakti.

Wenn daher Rāmānuja hinsichtlich des zum Heil führenden „Erkennens“ (*vedanam*) sagte, daß diesem auf Grund der höchsten Intensität des Vergegenwärtigens der Charakter der „Schau“ eignet,[90] dann muß sich im Falle der als Bhakti verstandenen Meditation dieses Höchstmaß an Vergegenwärtigung (*bhāvanāprakarṣaḥ*) auch als ein Höchstmaß der liebenden Beziehung zum göttlichen Wesen konkretisieren, die durchaus den Gedanken an die Möglichkeit „mystischer Schau“ nahelegt, zumal Rāmānuja dadurch, daß er Brahmanandins Lehre von den sieben Voraussetzungen des *vedanam*[91] in seine Lehre von der meditativen Spiritualität der Bhakti integriert hat, zeigt, daß diese Spiritualität nicht nur eine bestimmte Meditationsweise meint, sondern wesentlich auch ein

---

[87] BhG 10, 10.

[88] BhG 7, 17.

[89] Śrībh p. 10, 10-16.

[90] Vgl. Śrībh p. 9, 18f.; siehe oben p. 24.

[91] Daß diese ein wichtiges Element der Lehre von der Bhakti sind, wird auch dadurch nahegelegt, daß Nārāyanārya diese ebenfalls in seine Darstellung aufgenommen hat und relativ ausführlich begründet. Vgl. oben pp. 19f.

spirituell-aszetisches Leben erfordert, so daß man tatsächlich von einer Form mystischen Lebensstiles sprechen muß und Rāmānujas Text nicht auf eine „Lehre“ von der Meditation reduzieren darf.

(c) Es ist dieses Verständnis der Bhakti als Mittel, das höchste Heil zu erlangen, welches Nārāyaṇārya im Grunde unverändert übernimmt, wodurch er sich trotz Meghanādārisūris Urteil, daß er ein Autor der Schule sei, der nicht in allen Punkten die Schulmeinung vertritt (*ekadeśī*), wenigstens was die Lehre von der Bhakti betrifft, als ein gewissenhafter Anhänger Rāmānujas erweist. Auffallend ist, daß er anders als Rāmānuja an Brahmanandins Begriff des *vedanam* festhält, wenn er etwa die zur Emanzipation führende meditative Praxis folgendermaßen bestimmt: „[Mit den Worten der Śruti:] ‚der Brahma-Kenner erlangt das Höchste‘,[92] ‚den höchsten Puruṣa, den goldleuchtenden, der in der Traumerkenntnis erlangt wird, möge er kennen‘ wird das [erfahrende] ‚Erkennen‘ (*vedanam*), das von der Erkenntnis des Sinnes der Aussagen [der Upaniṣaden] verschieden ist, diese zur Voraussetzung hat und durch das mit Hilfe von ‚Unterscheidung‘ (*vivekaḥ*) usw. gereinigte Denken entsteht, mit den Wörtern *dhyāna-*, *upāsana-*, *dhruvānusmṛti-* bezeichnet wird und der unmittelbaren Schau ähnlich ist und das [als solches], da sein Gegenstand der wunderbare, höchste Puruṣa ist, der [dem Meditierenden] über alle Maßen liebenswert ist, auch selbst über alle Maßen lieb ist und deshalb mit dem Wort *bhakti-* bezeichnet wird, als Mittel, die Emanzipation zu erlangen, gefordert.“[93] Diese Bestimmung des als Bhakti verstandenen [erfahrenden] „Erkennens“ (*vedanam*), mit der Nārāyaṇārya seine Darstellung eröffnet, ist eine genaue Zusammenfassung von Rāmānujas Ausführungen. Die Darstellung selbst bringt über Rāmānuja hinaus nichts Neues, außer daß sie gegenüber dem Text Rāmānujas, der das Phänomen dieser Meditation in immer neuen Ansätzen zu entfalten sucht, systematischer und so scholastischer anmutet. So wie für Rāmānuja ist die Spiritualität der Bhakti auch für Nārāyaṇārya ein eigenständiges Mittel zur Erlangung der Emanzipation, das als Lebensform Weg der

[92] TaitU 2, 1, 1.

[93] NM p. 64, 21-24, Text siehe Anm. 42. Nārāyaṇārya verwendet auch an anderer Stelle den Terminus *vedanam*, s. NM pp. 64, 8; 65, 15; 67, 14.

Mystik ist und in der ihm eigenen geistigen Gestalt auf alte vedāntische Tradition zurückgeht und an die Spiritualität der klassischen Heilsysteme erinnert, wenngleich rezipiert im Horizont theistischer Bhakti-Frömmigkeit. Was auch bei Nārāyaṇārya zu fehlen scheint, ist der Einfluß tantrischen ritualistischen Denkens.

Selbst das Ritual brahmanischer Tradition (*varṇāśramadharmaḥ*), das zwar als vorbereitende Praxis anerkannt wird, wird als Mittel, die Emanzipation zu erlangen, zurückgewiesen, wie Nārāyaṇāryas Auseinandersetzung mit einem Vertreter dieser Tradition zeigt:[94] „[Einwand: Zufolge der Aussagen] ‚Nur mit Hilfe des [Ritual-]Werkes haben Janaka usw. Vollkommenheit erworben‘[95] [bzw.] ‚Der höchste Puruṣa, Viṣṇu, wird von einem Menschen, dem der Wandel nach Varṇa und Stand eigen ist, verehrt; es gibt keinen anderen Weg, der diesen zufrieden stellen würde‘[96], wird erkannt, daß das höchste Heil einzig durch [Ritual-]Werk verwirklicht wird. Wie ist es dann [möglich], daß es allein durch Bhakti verwirklicht werden soll? – [Darauf] wird geantwortet: Zunächst ist mit der [Aussage] ‚Nur mit Hilfe des [Ritual-]Werkes fürwahr haben Janaka usw. Vollkommenheit erworben‘ nicht gesagt, daß das höchste Heil (*niḥśreyasam*) durch [Ritual-]Werk verwirklicht wird. Vielmehr ist [damit] gesagt, daß das Feststehen in der Erkenntnis durch Werke verwirklicht wird, weil [sie] den gleichen Sinn hat wie: ‚Wenn er Ihn mit seinem Werk verehrt hat, findet der Weise Vollkommenheit‘[97]. Weil beginnend mit: ‚Wie [man] nach Erlangung der Vollkommenheit ebenso das Brahma erlangt, erkenne von mir, Sohn der Kunti, kurz zusammengefaßt [die Vollendung], welche die höchste Vollendung der Erkenntnis ist‘[98] und endend mit ‚Durch Bhakti zu mir erlangt man dieses höchste‘,[99] [bzw.] ‚Durch Bhakti zu mir erkennt man, wie ich in Wahrheit bin und wie groß; wenn man mich in Wahrheit erkannt hat, gelangt

[94] Diese Auseinandersetzung scheint auf Nārāyaṇārya selbst zurückzugehen, da sie in Rāmānujas Erörterung der Bhakti-Meditation fehlt.

[95] BhG 3, 20.

[96] ViP 3, 8, 9.

[97] BhG 18, 46.

[98] BhG 18, 50.

[99] BhG 18, 54.

man unmittelbar zu diesem'[100], dargelegt ist, daß die Werke Ursache der Vollkommenheit sind, welche ein anderes Synonym für Feststehen in der Erkenntnis ist; und weil gesagt ist, daß das höchste Heil, das die Erlangung des Brahma ist, durch höchste Bhakti zu erlangen ist, wird gesagt, daß die Zufriedenheit des Erhabenen dadurch erwirkt wird, daß die [Angehörigen der] drei [höchsten] Varṇas den Dharma von Varṇa und Stand ausführen, auf keine andere Weise, nicht aber, daß die Werke das höchste Heil bewirken. [Daher] gibt es hier keinen Widerspruch.

Einwand: Wenn das ‚ehrfurchtsvolle Überdenken' (*upāsanam*) das Mittel zur Verwirklichung des höchsten Heils wäre, wäre es unmöglich, daß dieses [gleichzeitig] Ursache der Tilgung böser [Tat] ist, [wie dies] zufolge der Aussagen von Śruti und Smṛti erkannt wird, [beispielsweise] ‚Wenn dieser Nah-Ferne geschaut wurde, schwinden seine Werke',[101] ‚Denn die Erkenntnis läßt ohne Zweifel alle bösen [Taten] schwinden',[102] ‚Das Feuer der Erkenntnis reduziert alle Werke zu Asche',[103] ‚Wie das Feuer mit seinen aufstrebenden Flammenzungen in Verbindung mit dem Wind den Wald verbrennt, ebenso [tilgt] Viṣṇu im Inneren des Geistes alle Sünden der Yogins'[104]. Nicht nämlich ist es richtig, daß beides Ergebnis [des *upāsanam*] ist, da für beides eine Vorschrift gegeben ist, weil man feststellt, daß Werke in Sandhyā-Verehrung, Jyotiṣṭoma usw. und das *upāsanam* des Udgītha usw. auf das [Hervorbringen nur] einer Frucht beschränkt sind. Und [sagt man] daß man [doch] feststellt, daß *setudarśanam*[105] [und] das *cāndrāyaṇa*-Ritual usw. eine vielfältige Frucht haben wie die Tilgung böser [Tat], Söhne usw.; [so ist dies] schon richtig. In diesem Falle ist es [nämlich] möglich, die Ausführungen zu trennen. Hier aber ist die Trennung der Frucht nicht möglich, weil das

---

[100] BhG 18, 55.

[101] Muṇḍ 2, 2, 9.

[102] Zitat unbekannt.

[103] BhG 4, 37.

[104] ViP 6, 7, 74.

[105] *setudarśanam* (Schau der Brücke) = Visualisierung des *praṇavaḥ*? Vgl. OTTO BÖHTLINGK, RUDOLPH ROTH, Sanskrit-Wörterbuch. St. Petersburg 1855-1875, *s.v. setu*.

*upāsanam*, welches bis zum Tode zu üben ist, als ein einziges Gegenstand der autoritativen Aussagen ist. Daher dürfte [nur] die Tilgung böser [Tat] oder die Erlangung des Brahma Frucht der Meditation (*dhyānam*) sein. Auch in diesem Falle ist, weil die Erlangung des Brahma für jemanden, dessen Sünden nicht getilgt sind, unmöglich ist, anzunehmen, daß eben die Tilgung der Schuld [allein] Frucht des *upāsanam* ist; [und daher] das *upāsanam* nicht das Mittel zur Erlangung des Heils ist. –

[Antwort]: Dies ist nicht so, weil es möglich ist, daß etwas, das nur einmal ausgeführt wird, mehrfache Frucht [hervorbringt]. Denn Edelstein, Mantras und Kräuter beseitigen jedes für sich das Gift und bringen [achtfache] Herrscherlichkeit wie Atomkleinheit usw. mit sich. Jedenfalls wird festgestellt, daß Milch sowohl Galle beseitigt als auch Durst löscht. Auch für die vedischen Riten, die nur einmal ausgeführt werden, erkennt man, daß sie mehrfache Frucht haben, sagt doch Āpastamba: ‚Der den Himmel Begehrende möge mit dem Jyotiṣṭoma opfern, sei es, daß er nur einen Wunsch hat oder alle Wünsche [erfüllt haben möchte]‘,[106] auch gibt es das Wort des Ṛṣi: ‚Alle Wünsche möge er im Vertrauen auf die Ausführung begehren, jeden für sich‘[107]. Im Besonderen ist es auf Grund der Großherzigkeit des Erhabenen möglich, daß das *upāsanam* vielfache Frucht hat. Es wird nämlich in der Smṛti [überliefert], daß es vielfache Frucht bringt, [wenn gesagt ist]: ‚Was [bedeutet] die Bemühung, wenn man [Seiner] gedenkt? Er, dessen man dabei gedenkt, verleiht das Heil, auch wird die Schuld derer getilgt, die dessen Tag und Nacht gedenken‘,[108] ‚Der Emanzipation verleihende Hari gewährt denen, die beständig der Betrachtung hingegeben sind, den Zustand, der [ihnen] erwünscht ist, und jene Stätte, die als Himmel zu verehren ist‘[109] [und]: ‚Wie der Mann, der den Berg der Edelsteine bestiegen hat, einen Edelstein [findet], so erlangt er, der dem Sattvam entsprechend ist, von Kṛṣṇa [seinen] Wunsch‘[110] usw. Daher kommen dem *upāsanam* des Brahma

[106] Vgl. Āpastambaśrautasūtram 10, 2, 1.

[107] Zitat unbekannt.

[108] ViP 1, 17, 78.

[109] Viṣṇudharmaḥ 72, 43.

[110] Viṣṇudharmaḥ 6, 3.

sogar drei Ergebnisse zu, [nämlich] Tilgung aller Schuld, der Gang [zum Himmel] auf dem Weg des Lichts usw. (*arcirādigatiḥ*) und Erlangung des Brahma. In dieser Weise ist daher erwiesen, daß das *vedanam*, welches ein anderer Ausdruck für *bhakti-* ist, das Mittel ist, höchstes Heil zu gewinnen."[111]

---

[111] NM pp. 65, 18 – 67, 14: *nanu ‚karmaṇaiva hi saṃsiddhim āsthitā janakādayaḥ' ‚varṇāśramācāravatā puruṣeṇa paraḥ pumān | viṣṇur ārādhyate panthā nānyas tattoṣakārakaḥ ||' iti karmaikasādhyatvaṃ niśśreyasasyāvagamyate. tat kathaṃ bhattayaikasādhyatvam? ucyate – ‚karmaṇaiva hi saṃsiddhim āsthitā janakādayaḥ' ity anena tāvan niśśreyasasya na karmasādhyatvam ucyate. api tarhi jñānaniṣṭhāyāḥ karmasādhyatvam ucyate. ‚svakarmaṇā tam abhyarcya siddhiṃ vindati mānavaḥ' ity anenaikārthyāt. tatra ‚siddhiṃ prāpto yathā brahma tathā prāpto nibodha me | samāsenaiva kaunteya niṣṭhā jñānasya yā parā' || ityādinā ‚madbhaktiṃ labhate parām' ‚bhaktyā mām abhijānāti yāvān yaś cāsmi tattvataḥ | tato māṃ tattvato jñātvā viśate tadanantaram ||' ityantena karmaṇāṃ jñānaniṣṭhāparaparyāyasiddhihetutvapratipādanābrahmaprāptilakṣaṇasya niśśreyasasya parabhaktilabhyatvavacanāc ca varṇāśramācāravatety anenāpi traivarṇikais svavarṇāśramadharmānuṣṭhānena bhagavatsaṃtoṣaḥ kartavyaḥ na* (die Konj. des Hg. ist wohl richtig) *prakārāntareṇety ucyate*; *na tu karmaṇāṃ niśśreyasasādhanatvam iti nātra kaścid virodhaḥ. atha syāt – upāsanasya niśśreyasasādhanatve ‚kṣīyante cāsya karmāṇi tasmin dṛṣṭe parāvare' | ‚jñānaṃ hi sarvapāpāni nāśayiṣyaty asaṃśayam' || ‚jñānāgnis sarvakarmāṇi bhasmasātkurute tathā' | ‚yathāgnir uddhataśikhaḥ kakṣaṃ dahati sānilaḥ | tathā cittasthito viṣṇur yogināṃ sarvakalmaṣam' || ityādiśrutismṛtibhir yat tasya pāpakṣayahetutvam avagamyate, tad anupapannaṃ syāt. na cobhayatra viniyogāt tasyobhayaphalatvaṃ yuktam*; *sandhyāvandanajyotiṣṭomādīnāṃ karmaṇām udgīthādyupāsanānāṃ caikaphalatvaniyamadarśanāt. atha setudarśanacāndrāyaṇādikarmaṇām ekasyaiva pāpakṣapaṇaputrādinānāphalasādhanatvaṃ dṛśyata iti*; *satyam. tatra prayogabheda upapadyate. iha tv āprāyaṇam āvartamānasyopāsanasyaikaśāstrārthatvāt phalabhedo nopapadyate. tasmād dhyānasya pāpakṣapaṇaṃ brahmaprāptir vā phalaṃ bhavet. tatrāpy akṣīṇakalmaṣasya brahmaprāptyasambhavāt kalmaṣakṣaya evopāsanaphalam abhyupeyam iti nopāsanasya niśśreyasasādhanatvam iti. naitad evam*; *sakṛtprayuktasyaikasyaivānekaphalatvāpapatteḥ. ekaiko hi maṇimantrauṣadhādir viṣaṃ hanti. aṇimādyaiśvaryañ cāvahati. paraṃ pīyamānaṃ payaḥ pittam apahanti tṛṣaṃ ca vārayati iti dṛśyate. vaidikānām api karmaṇāṃ sakṛdanuṣṭhitānāṃ nānāphalatvam avagamyate. ‚jyotiṣṭomena svargakāmo yajetaikakāmas sarvakāmo 'pi' ity āpastambavacanāt. ekasmin prayoge sarvān kāmān kāmayīta prayogapratītyaivaikaikam ity ārṣavacanāc ca. viśeṣato bhagavanmāhātmyāt tadupāsanasyānekaphalatvam upapannam. smaryate ca tasya nānāphalatvam – ‚āyāsaḥ smaraṇe ko 'sya smṛto yacchati śobhanam | pāpakṣayaś ca bhavati smaratāṃ tam aharniśam' || ‚bhāvaṃ manorathaṃ yac ca svargavandyañ ca yat padam | dadāti dhyāyatāṃ nityam apavargaprado hariḥ' || ‚ratnapar-*

Der Text Nārāyaṇāryas bedarf inhaltlich kaum einer wieteren Erklärung. Als integrierender Abschnitt von Nārāyaṇāryas Darlegung der Bhakti als Mittel des Heils verdient er jedoch Beachtung. Nicht nur, daß er vermutlich sein persönlicher Beitrag zur Lehre von der Bhakti ist, ist er auch umfangreicher als die eigentliche Darstellung, und man fragt sich, warum. Die ganze Art der Argumentation, sowohl des Gegners als auch Nārāyaṇāryas zeigt, daß die Bhakti, wie sie hier dargestellt wird, nicht eine fromme Befindlichkeit meint, sondern eine formal klar umrissene spirituelle Methode zur Erlangung des höchsten Heils, die so unvermeidlich in Konflikt mit anderen Mitteln, das höchste Heil zu erreichen, wie beispielsweise das Ritualwerk, kommt. Die Breite der Polemik kann wohl nur bedeuten, daß zur Zeit Nārāyaṇāryas diese Lehre von gewissen Gruppierungen der Tradition und ihren Lehrern in Frage gestellt wurde, und zwar, wenn man die Argumentation im Auge hat, nicht von Seiten des Pāñcarātra, sondern offenbar von Seiten orthodox brahmanischer Vertreter der Tradition, welche die Bhakti-Spiritualität der Werkfrömmigkeit unterordnen wollten.

Rāmānuja und Nārāyaṇārya hatten die Bhakti-Spiritualität in einer Weise genormt, daß diese zu einem klar festgelegten Mittel des Heils nach Art der klassischen Heilssysteme geworden war, so daß die Werksfrömmigkeit relativiert wurde. Dies bezeugt der Rückgriff auf Brahmanandins früh-vedāntische Tradition und die dadurch genormte Spiritualität der Bhakti[112] wie auch Nārāyaṇāryas bewußtes Festhalten an dem von Brahmanandin verwendeten Terminus *vedanam*, den schon Rāmānuja trotz des Rückgriffes auf Brahmanandin im Grunde aufgegeben hatte. Es scheint, daß Nārāyaṇāryas Gegner gerade gegen diese formale Eigenständigkeit der Bhakti als Mittel, das höchste Heil zu erreichen, seine Einwände gerichtet hat, nicht gegen die Bhakti als Form der Frömmigkeit. Auffallend ist, daß vor allem im zweiten Einwand und seiner Widerlegung durch Nārāyaṇārya stark aus einem for-

---

*vatam āruhya yathā ratnaṃ naro mune | sattvānurūpam ādatte tadā kṛṣṇān manoratham*‘ || *ityādibhiḥ tasmād brahmopāsanasya sakalakalmaṣakṣapaṇam arcirādigatir brahmaprāptiś ceti trīṇy api phalāni syuḥ. tad evaṃ bhaktiparyāyaṃ vedanaṃ niśśreyasasādhanam iti siddham.*

[112] Vgl. die sieben ursächlichen Voraussetzungen des *vedanam*.

mal-ritualistischen Denken heraus argumentiert wird. Dies dürfte nicht nur Nārāyaṇārya zuzuschreiben sein, der tatsächlich eine gewisse Nähe zur Mīmāṃsā gehabt zu haben scheint,[113] sondern wohl auf die Denkweise des Pūrvapakṣa zurückgehen.

Nachdem Nārāyaṇārya mit der Zurückweisung dieser Einwände gegen seine Lehre von der Bhakti als vollwertiges Heilsmittel seine Darstellung dieser Lehre abgeschlossen hat, referiert er die Lehre einiger Vertreter der Schule, daß das Zufluchtnehmen (*prapadanam*) bei Gott ebenfalls ein Mittel sei, das höchste Heil zu erlangen: „Diesbezüglich sagen einige, die in den Eigenschaften des Erhabenen bewandert sind (*bhagavadguṇapravīṇāḥ*), folgendermaßen: Dharma ist das, aufgrund dessen Wohlergehen und höchstes Heil verwirklicht werden. Dieser ist zweifach: der [Dharma], der seiend-gewiß ist (*siddhaḥ*), und [der Dharma, der] zu verwirklichen ist. Von diesen ist der zu verwirklichende Opfer, Spende, Homa, Verehrung (*upāsanam*) usw., jener, der seiend-gewiß ist, ist der Erhabene [selbst], dessen Vollkommenheit in den [sechs] Eigenschaften *jñānam*, *śaktiḥ*, *balam*, *vīryam*, *aiśvaryam* usw. liegt, weil in der autoritativen Überlieferung gesagt ist (*smaraṇāt*): *kṛṣṇaṃ dharmaṃ sanātanam*[114], *sa hi dharmas sanātanaḥ*[115] usw."[116]

Der Hinweis, daß die von Nārāyaṇārya referierte Lehre von „einigen, die in den Eigenschaften des Erhabenen bewandert sind" (*bhagavadguṇapravīṇāḥ*) vertreten wird, ist ein wenig verwunderlich. Wer ist hier gemeint? Der Ausdruck erweckt die Assoziation zu Parāśarabhaṭṭa, der einen Kommentar zu den tausend Namen Viṣṇus (Viṣṇusahasranāmabhāṣyam) mit dem Namen „Spiegel der Eigenschaften des Erhabenen" (*bhagavadguṇadarpaṇaḥ*) verfaßt hat. Doch läßt sich ihre Richtigkeit nicht überprüfen. Wenn man

---

[113] Er hat nach dem Zeugnis von Kumāra Varada Deśika auch ein Werk zur Pūrvamīmāṃsā geschrieben. Vgl. NM (Einleitung), p. VII.

[114] MBh 3, 86, 22.

[115] Zitat unbekannt.

[116] NM p. 67, 15-18: *atra kecid bhagavadguṇapravīṇā evaṃ varṇayanti – yato 'bhyudayaniśśreyasasiddhis sa dharmaḥ. sa ca dvividhaḥ siddhaḥ sādhyaś ceti. tatra sādhyo yāgadānahomopāsanādiḥ. siddho jñānaśaktibalaiśvaryādiguṇasampanno bhagavān. ‚kṛṣṇaṃ dharmaṃ sanātanam' ‚sa hi dharmas sanātanaḥ' ityādismaraṇāt.*

bedenkt, daß die unter diesem Hinweis referierte Lehre in einem deutlichen Gegensatz zu der von Nārāyaṇārya selbst vertretenen vedāntischen Lehre von der Bhakti steht, dann könnte die Bezeichnung *bhagavadguṇapravīṇāḥ* mehr sein als die bloße Bezeichnung eines bestimmten Autors, zumal, wie das Referat der Lehre nahelegt, nicht irgendwelche Eigenschaften Gottes gemeint sind, sondern die sechs vom Pāñcarātra Gott und seinen Vyūhas zugesprochenen Seinsperfektionen (*guṇāḥ*).[117] Wenn diese Überlegung richtig ist, könnte man annehmen, daß mit diesen „in den Eigenschaften des Erhabenen Bewanderten" Lehrer der Schule gemeint sind, die im Gegensatz zu den Vertretern einer an der vedāntischen Überlieferung der Brahma-Lehre orientierten Tradition auch der Theologie des Pāñcarātra verpflichtet waren, wie beispielsweise Vātsya Varadaguru, der die Lehre vom „Zufluchtnehmen" (*prapattiḥ, śaraṇāgatiḥ*) bei Gott in seinem Prapannapārijātam vor allem durch Zitate aus den Pāñcarātrasaṃhitās darlegt.[118]

Diese von Nārāyaṇārya referierte Lehre vom „Zufluchtnehmen" (*prapadanam*) setzt mit einer grundsätzlichen Definition des Dharma ein, die ebenfalls mit Gedanken des Tantra zu arbeiten scheint: „Dharma ist das, aufgrund dessen Wohlergehen und höchstes Heil verwirklicht werden."[119] Die Formulierung entspricht in etwa Śabarasvāmins Umschreibung des Dharma: *codanalakṣaṇo 'rthaḥ* (= *dharmaḥ*) *śreyaskaraḥ*,[120] entspricht aber im Wortlaut Vaiśeṣikasūtram I 1, 2. Ihrem Verständnis nach ist sie jedoch in dieser Zeit wohl dem Pāñcarātra verpflichtet. Sie nimmt, wenn auch in anderer Formulierung, die tantrische Formel *bhuktimuktiprada-* auf, die als Bestimmung Gottes und des Rituals immer wieder begegnet, und erlaubt es, neben dem Dharma als das „zu Tuende" auch Gott selbst unter den Begriff des *dharmaḥ* zu

[117] Vgl. NM p. 67, 16f.: „Der Dharma, der seiend-gewiß ist, ist der Erhabene [selbst], dessen Vollkommenheit in den [sechs] Eigenschaften *jñānam, śaktiḥ, balam, vīryam, aiśvaryam* usw. liegt."

[118] Vgl. unten pp. 65ff., 74ff. und 139. Doch möchte ich hier nicht annehmen, daß er sich hier auf Varadaguru bezieht.

[119] *yato 'bhyudayaniśśreyasasiddhis sa dharmaḥ.*

[120] ERICH FRAUWALLNER, Materialien zur ältesten Erkenntnislehre der Karmamīmāṃsā. (ÖAW, phil-hist. Kl. Sb 259/2). Wien 1968, p. 20, 3.

subsumieren.[121] Nach dieser grundsätzlichen Einleitung, die der Darstellung der referierten Lehre einen gewissen systematischen Charakter verleiht, geht das Referat zu dem entscheidenden Gedanken der Lehre über:

„Daß dieser (= der Erhabene) Mittel ist, die Emanzipation zu erlangen (*apavargasādhanatvam*), wird [in der Śruti] vernommen[, wenn gesagt ist:] ‚Zu ihm, der Brahmā in der Urzeit (*pūrvam*) einsetzt, der diesem die Veden übergibt, zu diesem Gott, der das Licht der Erkenntnis des Ātmā ist, nehme ich, der ich nach Emanzipation verlange, meine Zuflucht'[122]. Auch wird dies mit [den Worten] überliefert: ‚Auch sie, die zu Dir ihre Zuflucht genommen haben, weil ihnen die meditative Anstrengung verwehrt ist, gehen, nachdem sie den Tod überschritten haben, zu dieser Stätte Viṣṇus',[123] [und] ‚Ich, der ich zu Dir, der Du unendlich bist [und] unermeßlich, die höchste Stätte, von wo es keine [Wiederkehr] gibt, [meine] Zuflucht genommen habe, [weil mein] Geist durch die Qual des im Saṃsāra Herumirrens gequält ist, bin angelangt in der Emanzipation, [jener] vollkommenen Stätte, nach der mein Verlangen [geht]'[124] Daher ist auch der Erhabene als Mittel[, das höchste Heil zu erlangen,] anzunehmen. ‚Ihn anzunehmen' ist bei ihm Zufluchtnehmen (*tadprapadanam*). [Die Worte] ‚Darbieten' (*nivedanam*), ‚Übergeben' (*nikṣepaḥ*), ‚Entsagung' (*nyāsaḥ*) [und] ‚Zufluchtnehmen' (*prapadanam*) meinen ein und dasselbe.[125] Und dieses [Zufluchtnehmen] ist gekennzeichnet durch das allein nach Ihm als Mittel [des Heils] Verlangen. Dabei erlangen [jene], deren Geist durch den Saṃsāra geängstigt ist [und] die nach dem Paar der Füße des Erhabenen verlangen, [aber] Kraft [ihrer] Berechtigung den Wunsch betreffend des zu verwirklichenden Mittels, dessen Merkmal dargelegt wurde, nicht aufkommen lassen [können], Ihn dank der Gnade des Erhabenen, indem sie sich Ihm anvertrauen. Er verleiht ihnen auch Wohlergehen, ohne Gut und Böse abzuwägen. Denn er sagt selbst: ‚Ich werde dich von allem Bösen

[121] Vgl. NM p. 67, 16: *sa ca dvividhaḥ siddhaḥ sādhyaś ca.*

[122] ŚvetU 6, 18.

[123] Nicht verifizierbar.

[124] ViP 5, 23, 46.

[125] Vgl. LT 17, 75.

befreien, sei ohne Sorge!‘,[126] ‚ihn, der [mir] Freund ist, dürfte ich niemals verlassen‘[127].

Und [Zufluchtnehmen] hängt wegen der Großherzigkeit dessen, zu dem man Zuflucht nimmt, nicht, wie das Ergreifen anderer Mittel, von einer Festlegung von Ort und Zeit ab. Diese Unabhängigkeit von [jeder] Beschränkung verdeutlicht auch das Ereignis, das der Tochter Drupadas [widerfahren ist]. Denn sie, die dem Dharma der Frauen treu war, nahm aus dem Wunsch, sich in der Versammlung der Erniedrigung durch die anderen zu entziehen, [ihre] Zuflucht zum Erhabenen. Dieser wandte die Erniedrigung von ihr ab, obwohl er nicht gegenwärtig war. So ist es nämlich aus dem fünften Veda altbekannt. Dieses Zufluchtnehmen wird bei besonderen Wesen auch einer Beschränkung unterworfen durchgeführt, wie [beispielsweise] vom ehrwürdigen Sohn des Daśaratha, der sich, [als] er das Meer überqueren wollte, Varuṇa gegenüber den Bestimmungen, wie nach Osten gewendet auf Darbha-Gras zu sitzen usw. unterwarf. Auch dieses kommt dem Zuflucht Gewährenden zu wegen einer Erleichterung für den, der [seine] Zuflucht nimmt, oder wegen der Ereignisbezogenheit. Wenn es aber der höchste Puruṣa ist, bei dem man Zuflucht nimmt, gibt es auch nicht die Spur einer Beschränkung.

Daher hat der Ehrwürdige Bādarāyaṇa [mit BSū 4, 1, 1]: ‚Wiederholung mehr als einmal, weil es [so] gelehrt ist‘ das zuvor erörterte *upāsanam* als [das übliche] Mittel [zur Erlangung] der Emanzipation festgelegt, da nur [jenen] besonderen [Personen] eine Berechtigung (*adhikāraḥ*) [zum „Zufluchtnehmen“] zukommt, die ein großes Vertrauen in das seiend-gewisse Mittel, das höchstes Heil verleiht, haben, insofern Er von diesen, die keinen anderen Weg dazu haben, eben als zu ergreifendes [Mittel] ergriffen werden soll. Daher ist das Mittel entsprechend der [jeweiligen] Berechtigung zu ergreifen.“[128]

---

[126] BhG 18, 66cd.

[127] Rām 6, 12, 3.

[128] NM pp. 67, 18 – 68, 18: *tasyāpavargasādhanatvaṃ śrūyate. ‚yo brahmāṇaṃ vidadhāti pūrvaṃ yo vai vedāṃś ca prahiṇoti tasmai | taṃ ha devam ātmabuddhiprakāśaṃ mumukṣur vai śaraṇam ahaṃ prapadye‘ iti. smaryate ca – ‚śaraṇaṃ tvāṃ prapannā ye dhyānayogavivarjitāḥ | te ’pi mṛtyum atikramya yānti tad vaiṣṇavaṃ padam‘ || ‚so ’haṃ tvāṃ śaraṇam apāram aprameyaṃ samprāptaḥ paramapadaṃ yato na kiṃcit | saṃsārabhra-*

Die hier von Nārāyaṇārya referierte Lehre vom *prapadanam* als Mittel, die Emanzipation zu erlangen, setzt nach der grundsätzlichen Definition des Dharma und seiner Unterteilung in den zu verwirklichenden und den seiend-gewissen Dharma mit dem Nachweis Gottes als Mittel des Heils ein, der sowohl mit einem Zitat der Śruti als auch mit Belegen der Smṛti geführt wird, wodurch die hier vertretene Auffassung des Dharma durch die Offenbarung nachgewiesen wird. Zwar würde aus dieser Auffassung implizit folgen, daß, wenn Gott „seiend-gewisser Dharma" ist, Er auch Emanzipation verleiht, doch würde dies nur aufgrund der hier vertretenen Auffassung des Dharma resultieren und wäre es noch nicht autoritativ ausgewiesen, daß Gott in diesem Sinne vom Menschen direkt zum Mittel des Heils gemacht werden könne. Dies ist nicht selbstverständlich. Denn beispielsweise für Nārāyaṇārya und Rāmānuja ist der zum Heil führende Weg nur der spirituelle Weg der Bhakti.

Dieses „Zufluchtnehmen" geht offenbar auf ein ethisches Prinzip zurück. In Zusammenhang mit der Praxis des Zufluchtnehmens zitiert Vātsya Varadaguru einen Vers aus dem Rāmā-

---

*maparitāpataptacetā nirvāṇe pariṇatadhāmni sābhilāṣaḥ* ||' *ityādibhiḥ. tasmād bhagavān apy upāyatayopādeyaḥ. tadupādānaṃ nāma tatprapadanam. nivedanaṃ nikṣepo nyāsaḥ prapadanam iti paryāyāḥ. tac ca tadekopāyatvaprārthanalakṣaṇam. tatra ye saṃsārodvignamānasāḥ bhagavaccaraṇadvandvābhilāṣiṇa uktalakṣaṇasādhyopāye 'dhikāraśaktivāñchāniveśanaṃ na labhante, te bhagavatprasādena tasmin visrambhaśālinas tam evopādadate. so 'pi teṣāṃ guṇadoṣāvavigaṇayya yogakṣemaṃ vidadhāti. yata evam āha – ,ahaṃ tvā sarvapāpebhyo mokṣayiṣyāmi mā śucaḥ* |' *,mitrabhāvena samprāptaṃ na tyajeyaṃ kathaṃcana* ||' *iti. na caitad itaropāyopādānavad deśakālādiniyamāpekṣam*; *prapadanīyamāhātmyāt. drupadātmajāvṛttānto 'pi bhagavatprapadanasya niyamānapekṣatvaṃ dyotayati. sā hi strīdharmiṇī saty eva pariṣadi paraparibhavāpajihīrṣayā bhagavantaṃ prāpadyate. so 'pi tasyāḥ paribhavam asaṃnidhāna evāpācakāreti hi pañcamāmnāyaprasiddhiḥ. tatprapadanaṃ prapadanīyapuruṣaviśeṣeṣu niyamopetam api kriyate. yathā sāgarataraṇābhilāṣiṇā bhagavatā daśarathātmajena prāṅmukhatvadarbhāsanādiniyamopetena varuṇaṃ prati. tad api prapadanīyasya lāghavena vā prapadyamānasya vṛttaśālitayā vā saṃjātam ity avagantavyam. paramapuruṣe prapadanīye tu na niyamaleśo 'py apekṣitaḥ. tasmāt tadananyagatibhis sa evopādeyatvenopādeya iti tasminn etasmin siddhopāye mahābhāgadheye mahāvisrambhaśālināṃ lokottarāṇām evādhikāraḥ iti bhagavān bādarāyaṇaḥ pūrvoktam upāsanam evāpavargasādhanaṃ niraṇaiṣīt ,āvṛttir asakṛd upadeśāt' ityādinā. tasmād yathādhikāram upāya upādeyaḥ.*

yaṇa: „Ein Feind, der bei anderen Zuflucht nimmt – sei er ein Unglücklicher oder ein Zufriedener – ist von einem, der Kontrolle über sich selbst besitzt, [selbst] unter Aufgabe des eigenen Lebens zu schützen“[129]. Das Zitat zeigt, daß ursprünglich der Schutz dessen, der Zuflucht gesucht hat, zunächst als allgemeines ethisches Prinzip auch zum Ehrenkodex des Kriegers gehört hat und von dort in die religiöse Sprache übernommen wurde.[130] Aus dem Akt des Zufluchtsuchenden, der in dem, bei dem er Zuflucht sucht, die einzige Möglichkeit sieht, Hilfe zu erlangen,[131] und sich diesem daher völlig preisgibt, wird letztlich die Überzeugung abgeleitet, daß Gott dem Menschen aus Gnade die Erlangung des Heils gewährt und dies, ohne Gut und Böse zu zählen.[132] Anders als etwa bei rituellen Mitteln des Heils gibt es für dieses „Zufluchtnehmen“ keine Festlegung von Ort und Zeit. Die Gnade des Erhabenen ist jederzeit und überall unmittelbar zum Zufluchtsuchenden und erfordert auch nicht vorausgehende Sühneriten für begangene Verfehlungen.

Die hier dargelegte Lehre von der Erlangung des höchsten Heils durch das „Zufluchtnehmen“ (*prapadanam*) bei Gott bezeugt eine theologische Reflexion einer nicht erst durch diese Reflexion begründeten Glaubenspraxis. Der spirituelle Duktus dieser Lehre zeigt ein spontanes Vertrauen in Gott, aus dem das „Zufluchtnehmen“ als Möglichkeit des Heils entsprungen ist. Der oder die mit *kecid* eingeführten Lehrer scheinen den Versuch gemacht zu haben, diese Glaubenspraxis mit dem Denken der Schule in Einklang zu bringen, theologisch zu begründen und so zu systematisieren. Nārāyaṇāryas Darstellung ist begrifflich völlig konsistent

---

[129] PraP 2, 24f.: *ārto vā yadi vā dṛptaḥ pareṣāṃ śaraṇāgataḥ | ariḥ prāṇān parityajya rakṣitavyaḥ kṛtātmanā* || (= Rām 6, 12, 15).

[130] Siehe im Besonderen pp. 100ff.

[131] Vgl. NM p. 68, 2: *tac* (=*prapadanam*) *ca tadekopāyatvaprārthanalakṣaṇam.*

[132] Vgl. NM p. 68, 3-5: *te bhagavatprasādena tasmin visrambhaśālinas tam evopādadate. so 'pi teṣāṃ guṇadoṣāv avigaṇayya yogakṣemaṃ vidadhāti.* Der hier verwendete Ausdruck *yogakṣemaḥ* muß wohl in Übereinstimmung mit der Umschreibung des Dharma als das, aufgrund dessen Wohlergehen (*abhyudayaḥ*) und höchstes Heil (*niḥśreyasaḥ*) verwirklicht wird (NM p. 67, 15), verstanden werden, so daß er beides umfaßt.

aufgebaut und exegetisch dokumentiert, was kaum auf Leute zurückgeführt werden kann, denen ein Adhikāra zur Reflexion des Vedānta gefehlt hat.[133] Auch dürfte Nārāyaṇārya die Lehre authentisch referieren, da er ihr selbst eher reserviert gegenüber zu stehen scheint. Man möchte daher annehmen, daß es sich um Lehrer der Schule handelt, welche die Praxis des „Zufluchtnehmens" für Anhänger, die keine Vedāntins waren, vertreten haben.

Auffallend ist, daß es in der gesamten Darstellung dieser Lehre keinen einzigen Hinweis auf Rāmānuja, im besonderen sein Śaraṇāgatigadyam, gibt, was wohl nur bedeuten kann, daß diese Lehre von ihm nicht vertreten wurde, auch wenn es Ansätze dazu in Rāmānujas Śaraṇāgatigadyam gibt.[134] Auch daß vor allem mit der autoritativen Überlieferung der Smṛti argumentiert wird und in diesem Zusammenhang vom Epos als dem „fünften Veda" die Rede ist, ist auffallend. Ein entscheidendes Kriterium für die Beurteilung dieser Lehre ist jedoch, daß das „Zufluchtnehmen" nicht als eine Alternative zum spirituellen Weg der Bhakti gesehen wird, sondern ausdrücklich als eine Praxis für jene, die kein anderes Mittel, das höchste Heil zu erlangen, haben. Dies wird besonders in der Deutung von BSū 4, 1, 1 deutlich, wo dieses als Beleg dafür gesehen wird, daß der spirituelle Weg der Bhakti, wie er von Rāmānuja und Nārāyaṇārya vertreten wurde, die übliche Praxis ist, während das „Zufluchtnehmen" (*prapadanam*) ein Mittel besonderer Leute (*lokottarāḥ*) darstellt, die keinen anderen Zugang zum höchsten Heil haben und dennoch ein großes Vertrauen in Gott und ein Verlangen nach den Füßen Gottes in sich tragen.[135]

Da Nārāyaṇārya diese Lehre nicht zurückweist, sondern als einen spirituellen Weg für jene akzeptiert, die keinen Adhikāra zum Studium des Vedānta haben,[136] wird hinter der in die Schule

---

[133] Daß jenen, die das „Zufluchtnehmen" als Mittel des Heils und nicht nur als frommen Akt der Bhakti praktiziert haben, die Berechtigung (*adhikāraḥ*) zum Studium des Vedānta tatsächlich gefehlt hat, wird ausdrücklich bezeugt. Vgl. NM p. 68, 3: *uktalakṣaṇasādhyopāye* (scil. *upāsanam* als Weg der Bhakti) *'dhikāraśaktivāñchāniveśanaṃ na labhante.*

[134] Siehe unten pp. 156f. und 160f.

[135] Vgl. NM p. 68, 3: *bhagavaccaraṇadvandvābhilāṣiṇaḥ.*

[136] Vgl. neben den bereits erwähnten Stellen NM p. 68, 18: *tasmād yathādhikāram upāya upādeyaḥ.*

rezipierten Lehre vom *prapadanam* als Mittel des Heils die Überzeugung sichtbar, daß alle, auch die nicht zu den drei höheren Varṇas zählenden Verehrer Viṣṇus des höchsten Heils teilhaftig werden können, eine Überzeugung, die man Anhängern des Pāñcarātra zuordnen könnte. Tatsächlich sind auch die ältesten Texte, in welchen beim gegenwärtigen Stand der Forschung diese Lehre bezeugt ist, vor allem das Lakṣmītantram[137] und die Viṣvaksenasaṃhitā[138]. Andererseits tut man sich schwer, diese Lehre vom *prapadanam* aus dem Denken des Pāñcarātra abzuleiten, so daß man annehmen möchte, daß diese Lehre im viṣṇuitischen Milieu unter dem Einfluß tantrischen Denkens, das nicht an die Vorstellung der sozialen Schichtung im Sinne der Varṇas gebunden war, entstanden ist und in der Folge in die Rāmānuja-Schule rezipiert wurde.[139]

### *Das sich Gewähren des Paramātmā bei Meghanādārisūri*

So wie Nārāyaṇārya vertritt auch der etwas jüngere Meghanādārisūri[140] Rāmānujas Lehre von der spirituellen Praxis der Bhakti (*upāsanam*) als Mittel, das höchste Heil zu erlangen, auch wenn er die Akzente der Diskussion in der Darstellung dieser Lehre anders setzt und die Perspektive, in der er von ihr spricht, leicht verändert. Auffallend ist, daß bei ihm eine Erörterung des „Zufluchtnehmens“ (*prapadanam*, *śaraṇāgatiḥ*) als Mittel der Emanzipation anders als bei Nārāyaṇārya fehlt, obwohl er Rāmānujas Śaraṇāgatigadyam kennt und für authentisch hält.[141]

---

137 LT 17. Vgl. auch den Anklang der Bemerkung Nārāyaṇāryas von den Synonyma des Wortes *prapadanam* mit LT 17, 25 und unten pp. 126ff.

138 Siehe pp. 121ff.

139 Siehe auch pp. 65ff., 74ff. und 139.

140 Zu seiner Datierung siehe Anm. 1.

141 Siehe NDy pp. 179, 10; 231, 26; 255, 24 (alle ŚarG 5); 179, 13 (VaikG 1 bzw. ŚrīraṅgG 1). Der Umstand, daß er Rāmānujas Śaraṇāgatigadyam kennt und dennoch die *śaraṇāgatiḥ* als Mittel des Heils nicht erwähnt, legt nahe, daß die *śaraṇāgatiḥ* auch zu seiner Zeit noch nicht anerkannte Praxis der Schule gewesen ist, und auch, daß Rāmānuja nicht die Autorität gewesen sein kann, auf die die *śaraṇāgatiḥ* als Heilsmittel zurückgeführt werden kann.

Meghanādārisūri führt die Diskussion des spirituellen Weges der Bhakti in Zusammenhang mit der „Erreichbarkeit" (*gamyatvam*) des Paramātmā durch den heilsuchenden Menschen ein, die er als eine Bestimmung Gottes selbst versteht. Am Anfang seiner Untersuchung der Erkenntnisgegenstände (*prameyanirūpaṇam*) skizziert er in einer Art Definition seine Gotteslehre: „Und der Paramātmā ist eben Nārāyaṇa, der allein durch die Śruti zu erkennen ist, die einzige Ursache des gesamten, ‚Welt' genannten Seienden ist, von allem zu Meidendem frei ist, der als Wesenseigenschaften Sein, Erkennen usw. besitzt, das gesamte Geistige und Ungeistige zum Körper hat, dessen [individuelle] Gestalt nicht-materiehaft und ewig ist,[142] der der Gatte der Lakṣmī ist, an der ewigen, nicht-materiehaften, besonderen Stätte von den emanzipierten Wesen genossen wird [und] durch die *vidyā* erreichbar ist, die in einem erwägenden Bedenken, das mit [seinen unterstützenden] Gliedern versehen ist, besteht."[143]

Es ist die in dieser Bestimmung Gottes begegnende Aussage, daß Gott durch *vidyā* erlangt werden kann, die Meghanādārisūri zum Anlaß wird, seine Lehre vom spirituellen Weg der Bhakti vorzutragen. Diese legt er zunächst in einem ersten Abschnitt sehr gedrängt dar: „Daß der Paramātmā der *vidyā* zugänglich ist, [ergibt sich] aus den [Aussagen der Śruti]: ‚Der das Brahma Kennende erlangt das Höchste'[144] usw. Durch die Aussage von dessen Erlangbarkeit ist auch das *upāsanam* [als gültig] erwiesen. Und [diese] *vidyā* hat die Form des aufmerksamen Erwägens (*anusaṃdhānarūpā*), das aus der Liebe hervorgeht (*snehapūrva-*), deren Eigenschaften nach dem Denkmodell des Zurückziehens der Guṇas zum Schwinden gebracht werden (*upasaṃhṛtaguṇā*), die tagtäglich zu üben ist und mit den Wörtern wie *dahara* usw. bezeichnet wird; nicht aber die Form lediglich der Erkenntnis des Sinnes der [Of-

142 Vgl. GERHARD OBERHAMMER, Materialien zur Geschichte der Rāmānuja-Schule V. Zur Lehre von der ewigen *vibhūti* Gottes. (ÖAW, phil.-hist. Kl. Sb 684). Wien 2000, pp. 50f.

143 NDy p. 220, 13-15: *paramātmā ca śrutyekagamyo jagadākhyasamastavastvekakāraṇaṃ samastaheyarahitaḥ satyajñānādisvarūpaguṇaḥ samastacidaciddeho 'prākṛtanityavigraho lakṣmīpatir nityāprākṛtasthānaviśeṣe muktajanabhogyaḥ sāṅgānusaṃdhānātmakavidyāgamyo nārāyaṇa eva.*

144 TaitU 2, 1, 1.

fenbarungs]aussagen hat (*vākyārthajñānamātrarūpā*), weil auch in den Upaniṣaden gehört wird, daß [die Verben] *vid*, *upās* und *dhyā* die gleiche Bedeutung haben. Und dies ist [durch das Brahmasūtram 4, 1, 1]: ‚Wiederholung, weil [es] mehrfach [zu tun] gelehrt ist' erwiesen. Und diese [*vidyā*] wird durch das Wort *bhaktiḥ* bezeichnet zufolge [der Aussagen] der Smṛti: ‚Das Überdenken, das aus der Liebe hervorgeht, wird *bhaktiḥ* genannt'[145] und: ‚Dieser höchste Puruṣa, Pārtha, ist aber durch *bhaktiḥ*, die keinem anderen [gilt], zu erlangen'[146]."[147]

Hier ist zunächst auffallend, daß Meghanādārisūri den spirituellen Weg der Bhakti als *vidyā*: „Erkennen", „Wissen" bezeichnet und das Wort *upāsanam* nur beiläufig erwähnt. Dies erinnert an Nārāyaṇārya, der die *bhaktiḥ* ganz ähnlich mit dem von Brahmanandin verwendeten alten Terminus *vedanam* bezeichnet hat, während Rāmānuja, auf dem beide beruhen, seinerseits eher von *dhyānam* oder *dhruvā smṛtiḥ* und *bhāvanā* spricht. Dieser Wechsel in der Terminologie bedeutet wohl keine inhaltlich geänderte *bhaktiḥ*, könnte jedoch einen gewissen „atmosphärischen" Aspekt in der Sicht des spirituellen Weges der *bhaktiḥ* sichtbar machen. Handelt es sich um ein bewußtes Betonen der *bhaktiḥ* in der Perspektive eines dem Vedānta verpflichteten „Intellektualismus" im Sinne eines alten brahmanischen Heilssystems?[148]

---

[145] ParS 4, 71cd.

[146] BhG 8, 22.

[147] NDy p. 233, 1-9: *paramātmān vidyāgamyatvaṃ ca ‚brahmavid āpnoti param' ityādibhiḥ. tasyaiva prāpyatvoktyopāsanam api siddham. vidyā ca snehapūrvānusaṃdhānarūpā guṇopasaṃhāranyāyād upasaṃhṛtaguṇā ahar ahar āvartanīyā daharādiśabdavācyā. na tu vākyārthajñānamātrarūpā; upaniṣatsv api vidyupāsidhyāyatīnāṃ paryāyatāśravaṇāt. tac ca ‚āvṛttir asakṛd upadeśāt' ityādisiddham. saiva bhaktiśabdavācyā; ‚snehapūrvam anudhyānaṃ bhaktir ity abhidhīyate |' ‚puruṣaḥ sa paraḥ pārtha bhaktyā labhyas tv ananyayā ||' ityādismṛtibhiḥ.*

[148] Dazu könnte passen, daß Nārāyaṇārya die *bhaktiḥ* als ein *apavargasādhanam* bezeichnet und Meghanādārisūri an einer Stelle von *mokṣasādhanatvam* der *vidyā* spricht, und für Nārāyaṇārya wie für Meghanādārisūri die „Werke" brahmanischer Tradition – bei Nārāyaṇārya ausdrücklich als *varṇāśramadharmaḥ* und von Meghanādārisūri als *varṇādyucitadharmaḥ* erklärt – ein integraler Bestandteil der *bhaktiḥ* sind, etwa im Gegensatz zu jenem „Zufluchtnehmen" (*prapadanam*, *śaraṇāgatiḥ*), das weder von Nārāyaṇārya noch von Meghanādārisūri als eigentlicher Heilsweg vertreten wird.

Bemerkenswert ist in diesem Zusammenhang der Umstand, daß Meghanādārisūri die Lehre von der *bhaktiḥ* bei der Besprechung von Gottes „Zugänglichkeit“ (*prāpyatvam*, *gamyatvam*) darlegt, nämlich als Heilsmittel, durch das Gott erlangt werden kann. Gottes Erreichbarkeit durch die *vidyā* ist nur möglich, weil er sich erreichen läßt. Der *vidyā* liegt als Grund ihrer Möglichkeit, Heilsmittel zu sein, das sich Gewähren Gottes als eine wesentliche Bestimmung Gottes voraus. Daß dies keine subjektive Interpretation des sprachlichen Ausdrucks *vidyāgamyatvam* bzw. *vidyāprāpyatvam* ist, geht aus Meghanādārisūris Bemerkung hervor, daß durch die Offenbarungsaussage von Gottes Erlangbarkeit als Bestimmung seines Wesens auch das *upāsanam* als möglich erwiesen ist.[149] Dieses sich Gewähren Gottes unterscheidet diese *vidyā*, jedenfalls in der Akzentsetzung der Formulierung, von der Erkenntnis als Mittel der Emanzipation in den alten nicht-theistischen Heilssystemen, in denen die Emanzipation Ergebnis menschlicher Anstrengung war.

Meghanādārisūris Definition der *vidyā*[150] ist letztlich eine getreue Zusammenfassung von Rāmānujas Lehre von der Bhakti als spiritueller Weg zum Heil, auch wenn sie in der zufolge von Formulierung und Terminologie faßbaren Tonalität unterschieden ist. In Übereinstimmung mit dem Rückgriff auf früh-vedāntische Vorstellungen ist die *vidyā* ein „aufmerksames Erwägen“ (*anusandhānam*) von Upaniṣad-Lehren, die auch selber als *vidyā*s bezeichnet werden.[151] Neu hingegen scheint die Bestimmung zu sein, daß dieses „aufmerksame Erwägen“ durch Liebe (*snehaḥ*) motiviert ist. Die Formulierung scheint eine Spiritualität zu atmen, die neu ist; der Sache nach findet sie sich schon bei Rāmānuja

---

[149] Vgl. *tasyaiva prāpyatvoktyopāsanam api siddham.*

[150] „Und [diese] *vidyā* hat die Form des aufmerksamen Erwägens (*anusaṃdhānarūpā*), das aus der Liebe hervorgeht (*snehapūrva-*), deren Eigenschaften nach dem Denkmodell des Zurückziehens der Guṇas zum Schwinden gebracht werden (*upasaṃhṛtaguṇā*), die tagtäglich zu üben ist und mit den Wörtern wie *dahara* usw. bezeichnet wird; nicht aber die Form lediglich der Erkenntnis des Sinnes der [Offenbarungs]aussagen hat (*vākyārthajñānamātrarūpā*).“ (NDy p. 233, 2-4).

[151] Vgl. *daharādiśabdavācyā.*

angedeutet.[152] Die Formulierung aber bringt eine stärker emotional geprägte Spiritualität zum Ausdruck, die aus der zeitgenössischen Bhakti-Frömmigkeit zu kommen scheint.

Das von Meghanādārisūri in diesem Zusammenhang vorgebrachte Zitat stammt aus ParS 4, 71 und steht dort in einem Kontext, welcher der Bestimmung der Bhakti gewidmet ist. Dieser Abschnitt (ParS 4, 71-75) dürfte auf eine sekundäre Überarbeitung des tantrischen Textes im Sinne einer Bhakti-Theologie zurückgehen. Die betreffenden Verse bilden ein zusammengehöriges Ganzes,[153] das am Ende eines der tantrischen Verehrung der höheren Form des Gottes gewidmeten Abschnittes steht und keinen echten Zusammenhang mit dem restlichen Kapitel zeigt.[154]

Auch die zweite Bestimmung der *vidyā* zeigt eine von Rāmānuja unterschiedliche Diktion, wenn Meghanādārisūri sie als eine „deren Eigenschaften [durch Zurückziehen] geschwunden sind" (*upasaṃhṛtaguṇarūpā*) charakterisiert. Der Ausdruck ist ohne Parallelstellen schwer zu interpretieren. Die von Meghanādārisūri gebotene Begründung „entsprechend dem Denkmodell der Zusammenziehung der Guṇas" (*guṇopasaṃhāranyāyāt*) ist leider nicht ausdrücklich genug. Da es sich um einen *nyāyaḥ* handelt, muß es sich offenbar um einen paradigmatischen Fall handeln, so daß man an die Reabsorbtion der Guṇas durch die Urmaterie denken könnte. Wenn dies richtig ist, möchte man annehmen, daß in

---

[152] Vgl. Śrībh p. 10, 17f.: *ataḥ sākṣātkārarūpā smṛtiḥ smaryamāṇātyarthapriyatvena svayam atyarthapriyā yasya sa eva pareṇātmanā varaṇīyo bhavatīti tenaiva labhyate para ātmā.*

[153] ParS 4, 71cd-75: *snehapūrvam anudhyānaṃ bhaktir ity abhidhīyate* || 71 *pūjanaṃ hi vinā bhaktyā kṛtam apy akṛtaṃ bhavet* | *aṣṭāṅgā bhaktir uddiṣṭā vaiṣṇavasya viśeṣataḥ* || 72 *yām avāpya parāṃ siddhim acireṇādhigacchati* | *devasyārādhanaṃ nityaṃ samayasya ca rakṣaṇam* || 73 *vaiṣṇavasya ca viśvāsaḥ pūjāyām ādaro mahān* | *svayam ārādhane yatnaṃ tatkathāśravaṇādaraḥ* || 74 *parabādhāsv anāsthā ca tatpūjān upajīvanam* | *ity eṣāṣṭavidhā bhaktir vidyate yasya dehinaḥ* || 75.

[154] Zum Problem der Überarbeitung der Paramasaṃhitā vgl. G. OBERHAMMER, Beobachtungen zur „Offenbarungsgeschichte" der Paramasaṃhitā, in: Studies in Hinduism II, pp. 21ff., und Bemerkungen zu Paramasaṃhitā 24, in: Studies in Hinduism III, pp. 61ff.; M. CZERNIAK-DROŻDŻOWICZ, *aṣṭadhāvidhi*: The Eightfold Division of the Daily Religious Obligations According to the Paramasaṃhitā, in: Studies in Hinduism III, pp. 33ff.

der *vidyā*, wie sie Meghanādārisūri versteht, die dieser eigenen subjektiven Eigenschaften zugunsten des Inhaltes der *vidyā* zurücktreten oder im Idealfall geschwunden sind. Wenn diese Deutung richtig ist, würde der Ausdruck deren „Eigenschaften [durch Zurückziehen] geschwunden sind“ dem Gedanken Rāmānujas entsprechen, daß die Meditation, um die es geht, „aufgrund eines Höchstmaßes an Vergegenwärtigung den Charakter der Schau hat“[155] und so der subjektive Vorgang des „aufmerksamen Erwägens“ (*anusandhānam*) mehr und mehr schwindet, bis schließlich sein Inhalt allein unmittelbar gegenwärtig aufgenommen wird. Charakteristisch für den Weg der Bhakti ist auch bei Meghanādārisūri, daß die *vidyā*-Meditation immer wieder bis ans Lebensende geübt werden muß, wie dies sowohl Rāmānuja als auch Brahmanandin gelehrt haben.[156]

Im Anschluß an diese verglichen mit Nārāyaṇāryas Darstellung eher knappe Darlegung der Meditation des Bhakti-Weges widmet Meghanādārisūri den breit ausgeführten Rest seiner Darstellung der Erörterung des Dharma von Varṇa und Stand als integrales Element (*aṅgam*) der *vidyā*. Auffallend ist, daß bei Meghanādārisūri der *varṇāśramadharmaḥ* die sieben ursächlichen Bedingungen des *vedanam* bei Brahmanandin ersetzt und er auch sonst die Lehre des Vākyakāra nicht erwähnt. Für ihn scheint der *varṇāśramadharmaḥ* das alleinige entscheidende Element des zur *vidyā* gehörenden Lebensvollzuges zu sein. Dieser längere Abschnitt (NDy pp. 233, 10 – 234, 8) gliedert sich in (a) eine kurze Darlegung seiner diesbezüglichen Lehre (NDy p. 233, 10-15) und (b) eine breite Widerlegung gegnerischer Einwände (NDy pp. 233, 16 – 234, 6).

(a) „[Integrales] Element der so beschaffenen *vidyā* ist der dem Varṇa usw. entsprechende Dharma; weil diesbezüglich mit *yajñena*[157] usw. Opfer vorgeschrieben sind und weil mit [Aussagen

[155] Vgl. Śrībh p. 9, 18f.: *bhavati ca smṛter bhāvanāprakarṣād darśanarūpatā.*

[156] Vgl. NDy p. 233, 3f.: *ahar ahar āvartanīyā* und NDy p. 234, 7: *evaṃvidhavidyānuṣṭhānaṃ cāśarīrapātāt.* Auch dies entspricht Rāmānujas Darstellung im Anschluß an den Vākyakāra; vgl. Śrībh pp. 9, 21 – 10, 2.

[157] BĀU 4, 4, 22.

wie] *nāvirato duścaritāt* usw.[158] gesagt ist, daß, weil die *vidyā* bei Fehlen des Dharma nicht erlangt wird, der Paramātmā nicht erlangt wird. Und nicht [darf man], weil in [Aussagen wie]: *na karmaṇā na prajayā dhanena tyāgenaike*[159] [und]: *sarvadharmān parityajya*[160] usw. gelehrt ist, daß der Weise den Dharma aufgibt, [sagen], daß der [Dharma] nicht [integrales] Element der *vidyā* ist, da in der Śruti usw. lediglich der Verzicht auf die Frucht usw. [des Dharma] gelehrt ist; [und] so ein Unterschied des [Geltungs]bereiches der zuvor für das Element-[der-*vidyā*-]Sein beigebrachten Śruti besteht."[161]

Es wurde bereits erwähnt, daß Meghanādārisūri in seiner Darstellung der *vidyā* die Lehre Brahmanandins von den sieben ursächlichen Bedingungen für das Eintreten des *vedanam* nicht erwähnt und sie im vorliegenden Textabschnitt durch den für Stand und Varṇa spezifischen Dharma zu ersetzen scheint, wie er auch den Terminus des *vedanam* durch den der *vidyā* ersetzt. Der Abschnitt ist aber auch deshalb wichtig, weil er in ihm seine Lehre vom *aṅgatvam* des Dharma bewußt mit BhG 18, 66 konfrontiert. Dieser Vers der Bhagavadgītā, der als eine der Offenbarungsaussagen gilt, auf denen die spirituelle Praxis des „Zufluchtnehmens" (*śaraṇāgatiḥ*) beruht, scheint Meghanādārisūris Lehre vom Dharma als konstitutives Element des spirituellen Weges der *vidyā* ausdrücklich zu widersprechen, so daß dieser den so gegebenen Widerspruch entkräften mußte.

Dieser Umstand gibt der Bemühung Meghanādārisūris auch eine spezifische Aktualität. In dessen Zeit war die spirituelle Praxis des „Zufluchtnehmens" in der Schule jedenfalls bekannt, wenngleich nicht als allgemeine Praxis anerkannt, wie Nārāyaṇārya be-

---

158 KaṭhU 2, 24.

159 TaitĀ 10, 10, 3; MNārU 10, 5.

160 BhG 18, 66.

161 NDy p. 233, 10-15: *evaṃvidhavidyāyā varṇādyucitadharmādir aṅgam; ‚yajñena' ityādinā yajñādes tatra viniyogāt. ‚nāvirato duścaritāt' ityādibhir dharmābhāve vidyānāptyā paramātmānāptivacanāc ca. na ca ‚na karmaṇā na prajayā dhanena tyāgenaike' ‚sarvadharmān parityajya' ityādau viduṣo dharmatyāgavacanān na tasya vidyāṅgatvam iti; tatra śrutyādau phalādityāgamātracanāt. evaṃ viṣayavyavasthā ca pūrvodāhṛtāṅgatvaśruteḥ.*

zeugt.[162] Man kann daher wohl nicht anders als Meghanādārisūris Deutung des Caramaślokaḥ der Bhagavadgītā – sie entspricht genau der ersten Erklärung des Verses durch Rāmānuja – als Zeugnis dafür zu nehmen, daß er selbst diesen, in der Tradition der Śrīvaiṣṇavas als einen der Mantren des „Zufluchtnehmens" betrachtet, ebensowenig wie Rāmānuja als entscheidende Aussage über das „Zufluchtnehmen" (*śaraṇāgatiḥ*) verstanden hat. Zusammen mit der Tatsache, daß Meghanādārisūri die Praxis des „Zufluchtnehmens" überhaupt nicht erwähnt, kann man dies wohl nur so deuten, daß auch noch zur Zeit Meghanādārisūris diese spirituelle Praxis jedenfalls nicht Gemeingut der Schule war.

Für Meghanādārisūri ist der Weg der *vidyā*, wie er sie verstanden hat, der einzige Weg, des Paramātmā spirituell und im Sinne höchsten Heils teilhaftig zu werden. Dies wird auch durch die im Anschluß an diese Stelle vorgetragene Zurückweisung von Einwänden bestätigt. Mit Abschnitt (a) und der darauf folgenden Diskussion (b) möglicher, vielleicht auch wirklicher Einwände greift Meghanādārisūri Rāmānujas Gedanken in Śrībh pp. 12, 7 – 13, 4 auf, denen er im wesentlichen unverändert, wenngleich in unterschiedlicher Perspektive, folgt, so daß man sagen kann, daß seine Darstellung der *vidyā*, unter Auslassung jenes Abschnittes, in dem Rāmānuja auf den Vākyakāra zurückgreift, Rāmānujas Lehre vom spirituellen Weg der Bhakti entspricht.

(b) „Und nicht [darf man sagen], daß [deshalb], weil [in der Śruti] von Ausführung und Nicht-Ausführung gehört wird, für den Weisen eine Alternative von Ausführung und Nicht-Ausführung bestünde, da es, wenn [beides] zusammen möglich ist, nicht wie im Falle des Ergreifens oder Nicht-Ergreifens der Spende in sechzehn Teilen zu einer Alternative kommt. Deshalb ist nämlich die Ausführung beider gelehrt, wenn [es heißt]: *vidyāṃ cāvidyāṃ ca yas tad vedobhayaṃ saha*[163] usw., und diese [Aussage] hat keine wahlweise Ausführung zum Gegenstand, weil [in dieser Aussage der Śruti] gehört wird, daß das Werk das der gemeinten *vidyā* förderliche Überqueren des Todes als weitere Frucht hat; und weil, [insofern als auch] für Weise Werk möglich ist, welches dem Eintreten der *vidyā* entgegengesetzt ist und mit dem Wort ‚Tod' bezeichnet wird, für alle ein Weg zu dessen Beseitigung notwendig ist.

---

[162] Vgl. oben pp. 18 und 44ff.

[163] ĪśaU (Kāṇva) 11.

Auch [darf man] nicht [sagen]: [die Worte *sarvadharmān parityajya*] können nicht den Verzicht auf die Frucht [der Werke] meinen, wenn eine Frucht in Form der Beseitigung des dem Entstehen der *vidyā* entgegenstehenden Bösen eintreten [soll], da das Wort ‚Verzicht' (*tyāgaḥ*) sich [nur] auf den Verzicht des Himmels usw. als Frucht bezieht. – Auch [soll man] nicht [sagen]: im Falle einer Vorschrift ist dieser Verzicht nicht möglich, insofern als nicht auf den Himmel usw. als Frucht [zu verzichten] gemeint sein kann; weil in [Aussagen wie] *āyur āśāste*[164] usw. [auch] das Leben als Frucht vernommen wird. – Auch ergibt sich, falls der Verzicht auf die Frucht eines Teiles gemeint ist, nicht, daß auch das Beseitigen von der *vidyā* entgegenstehendem [Bösen] als Frucht aufzugeben sei, da diese Frucht wegen der Nützlichkeit für die *vidyā*, wie im Falle der Nützlichkeit des durch Dreschen entstandenen Enthülsens nicht aufzugeben ist. Und es ist, insofern als auch an einer derartigen Frucht kein Interesse besteht, [sehr wohl] möglich, vom Verzicht auf diese zu reden. Gerade deshalb gibt es nämlich die Aussage *karmaṇy evādhikāras te* usw.[165] Denn der Sinn der Entsagungs-Śruti ist in Übereinstimmung mit dem [Prinzip], daß der Sinn des Veda nur unterstützt durch Epos und Purāṇen festzulegen ist, zu lehren. Auch ist jedem Werk zu entsagen, nicht ausführbar, und daher geht es nicht darum, dem [Werk] als solchem zu entsagen. Daher heißt es auch: ‚Nicht ist es den körperbehafteten [Wesen] möglich, dem Werk völlig zu entsagen'[166] usw.

In dieser Weise ist, wenn man die Werke als Element [der *vidyā*] nicht annimmt und [deren] Hauptursachesein annimmt, der Widerspruch zur Śruti usw. offenkundig, weil in [Aussagen wie] *tam evaṃ vidvān amṛta iha bhavati*[167] usw. gehört wird, daß die *vidyā* Mittel für die Emanzipation ist, und in [Aussagen wie] *yajñena*[168] usw. gehört wird, daß die Werke usw. Elemente [der *vidyā*] sind. Auch wenn [sie] Element sind wie in [Aussagen wie]

---

[164] TaitS 2, 6, 9, 7.

[165] BhG 2, 47: „Nur für das Tun hast Du Berechtigung, niemals für die Früchte ...".

[166] BhG 18, 11.

[167] TaitĀ 3, 12, 7.

[168] BĀU 4, 4, 22.

*darśapūrṇamāsābhyām*[169] usw., ist die Lehre, daß die *vidyā* Mittel der Emanzipation ist, möglich, weil nur die Hauptsache Mittel [zur Verwirklichung] der Frucht ist. Und die Ausführung dieser so beschaffenen *vidyā* [bleibt] bis zum Tode, weil in der Śruti [gesagt ist]: *sa khalv evaṃ vartayan yāvad āyuṣam*[170].“[171]

Dieser ganze Textabschnitt kreist mit seinen Einwänden um die Frage der Werke als integrales Element des spirituellen Weges der Bhakti, im Besonderen um die Frage der Deutung der Worte *sarvadharmān parityajya* von BhG 18, 66, die als solche mit der Notwendigkeit, die mit dem *varṇāśramadharmaḥ* verbundenen Werke zu tun, im Widerspruch zu stehen scheinen. Dieser Widerspruch ergibt sich freilich nur, wenn man diesen Vers, anders als Rāmānuja in seinem Gītābhāṣyam, im Sinne der Praxis des „Zufluchtnehmens“ (*śaraṇāgatiḥ*) versteht. Da Meghanādārisūri diese Praxis gekannt haben muß, ist die hier geführte Diskussion wohl auch in dieser Perspektive zu sehen, und man fragt sich, ob

---

169 Zitat unbekannt.

170 ChU 8, 15, 1.

171 NDy pp. 233, 16 – 234, 8: *na ca viduṣo 'nuṣṭhānānanuṣṭhānayoḥ śravaṇāc cānuṣṭhānānanuṣṭhānayoḥ vikalpaḥ ṣoḍaśigrahaṇāgnahaṇavad iti; samuccayasaṃbhave vikalpānupapatteḥ. ata eva hi ‚vidyāṃ cāvidyāṃ ca yas tad vedobhayaṃ saha‘ ityādau ubhayānuṣṭhānoktiḥ. na ca pākṣikāṅgānuṣṭhānaparā sā; apekṣitavidyopayogimṛtyutaraṇāvāntaraphalaśravaṇāt karmaṇaḥ. mṛtyuśabdavācyavidyodayavirodhi karma viduṣāṃ saṃbhavaty eveti tannirasanamārgaś ca sarveṣām apekṣita eva. na ca vidyodayavirodhipāpanirasanarūpaphalasaṃbhave ca na phalatyāgaparatā; tyāgaśabdasya svargādiphalatyāgaparatvāt. na ca viniyoge ca na svargādiphalaparatvam iti na tattyāgopapattir iti; ‚āyur āśāste‘ ityādāv āyurādiphalaśravaṇāt tadupapatteḥ. na cāṅgaphalatyāgaparatve vidyāvirodhinirāsaphalasyāpi tyājyatā; avaghātajavaituṣyāder yāgānukūlatvavat tatphalasya vidyānukūlatvenātyājyatvāt. evaṃvidhaphalasyāpi nābhisaṃdhānam iti ca tattyāgavacanopapattiḥ. ata eva hi ‚karmaṇy evādhikāras te‘ ityādyuktiḥ. itihāsapurāṇopabṛṃhaṇād eva vedārthanirṇaya iti tadanusārād eva hi tyāgaśrutyartho vaktavyaḥ. sarvakarmatyāgaś ca duranuṣṭheya iti na tatsvarūpatyāgaḥ. ata eva ‚na hi dehabhṛtā śakyaṃ tyaktuṃ karmāṇy aśeṣataḥ‘ ityādi. evam aṅgatvānaṅgīkāre karmaṇāṃ pradhānatvāṅgīkāre ca śrutyādivirodhaḥ spaṣṭaḥ; ‚tam evaṃ vidvān amṛta iha bhavati‘ ityādau vidyāyā mokṣasādhanatvaśravaṇāt ‚yajñena‘ ityādau karmaṇāṃ aṅgatvaśravaṇāc ca. aṅgatve 'pi ‚darśapūrṇamāsābhyām‘ ityādiṣv iva vidyāyā mokṣasādhanatvoktiś copapannā; pradhānasyaiva phalasādhanatvāt. evaṃvidhavidyānuṣṭhānaṃ cāśarīrapātāt; ‚sa khalv evaṃ vartayan yāvad āyuṣam‘ iti śruteḥ.*

nicht die Zurückweisung des ersten Einwandes, daß die Ausführung oder Nicht-Ausführung der Werke alternativ seien, nicht letztlich das „Zufluchtnehmen" als Alternative zum Weg der Bhakti ausschließen soll.

Meghanādārisūri schließt die Alternative vom Ausführen und Nicht-Ausführen der Werke dadurch aus, daß er auf Īśa-Upaniṣad 11 verweist, die er als normative Aussage für beides, sowohl *vidyā* als auch vorgeschriebene Werke, interpretiert, so daß die Ausführung des Dharma von Stand und Varṇa ebenso zur Erlangung des Heils vorgeschrieben ist wie die *vidyā*. Auch hier folgt Meghanādārisūri eng den Gedanken Rāmānujas,[172] der den Text der Īśa-Upaniṣad jedoch nicht als gegen die Möglichkeit einer alternativen Praxis gerichtet verstanden hat, wie dies Meghanādārisūri tut. Dieser Wechsel der Perspektive in der Interpretation der Upaniṣad verstärkt den Eindruck, daß Meghanādārisūri im Wissen um das „Zufluchtnehmen" als Alternative zum Weg der Bhakti, bei dem weder das meditierende Überdenken der Śruti noch die Ausführung der Werke als Mittel, das höchste Heil zu erlangen, erforderlich waren, gegen das alternative Ausführen oder Nicht-Ausführen der Werke argumentiert und dieses im Sinne brahmanischer Orthodoxie ablehnt.

In Übereinstimmung damit interpretiert Meghanādārisūri die Worte *sarvadharmān parityajya* aus BhG 18, 66 nicht als das Auf-

---

[172] Vgl. „In dieser Weise ist dargelegt, daß nur jenem, der in Disziplin gesammelt ist, durch die Ausführung der von [seinem] Stand vorgeschriebenen Werke das Wissen (*vidyā*) entsteht. In diesem Sinne gibt es eine andere [Aussage der] Śruti: ‚Wer beides, Wissen und Nichtwissen, erkennt, der fürwahr genießt, nachdem er mit dem Nichtwissen den Tod überwunden hat, das Unsterbliche'. Hier ist das mit dem Wort ‚Nichtwissen' Bezeichnete das von Stand und Varṇa vorgeschriebene Werk. Der Sinn [dieser Aussage] ist: Nachdem er durch das Nichtwissen, d.h. durch das Werk, den Tod, d.h. das alte dem Entstehen der Erkenntnis entgegengesetzte Werk, überwunden, d.h. ausgeschlossen hat, genießt er, d.h. erlangt er, mit Hilfe des Wissens, d.h. der Erkenntnis, das Unsterbliche, d.h. das Brahman." (Śrībh p. 12, 7-12: *evaṃ niyamayuktasyāśramavihitakarmānuṣṭhānenaiva vidyāniṣpattir ity uktaṃ bhavati. tathā ca śrutyantaraṃ vidyāṃ cāvidyāṃ ca yas tad vedobhayaṃ sa ha. avidyayā mṛtyuṃ tīrtvā vidyayāmṛtam aśnuta iti. atrāvidyāśabdābhihitaṃ varṇāśramavihitaṃ karma. avidyayā karmaṇā mṛtyuṃ jñānotpattivirodhi prācīnaṃ karma tīrtvāpohya vidyayā jñānenāmṛtaṃ brahmāśnute prāpnotītyarthaḥ.*).

geben aller durch Varṇa und Stand vorgeschriebenen Werke wie im Falle des „Zufluchtnehmens“ (*śaraṇāgatiḥ*), bei dem der Zufluchtsuchende kein anderes Mittel des Heils sieht als die Zuflucht bei Gott, sondern ganz im Sinne von Rāmānujas Kommentar zu diesem Śloka[173] lediglich als Verzicht, das vorgeschriebene Werk als ein dem Ausführenden eigenes Tun[174] zu betrachten und den Himmel usw. als Frucht des Tuns zu erwarten.[175]

Meghanādārisūris Darstellung scheint jedoch vielschichtiger zu sein. In der Fortführung seiner Lehre vom Werk als integraler, aber untergeordneter Bestandteil der *vidyā* scheint er nämlich eine Ansicht zurückzuweisen, die auch Nārāyaṇārya zurückgewiesen hat, nämlich daß nicht die *vidyā*, sondern die vorgeschriebenen Werke das Mittel sind, das höchste Heil zu erreichen.[176]

Der ganze Abschnitt NDy pp. 233, 22 – 234, 5 ist zwar in die vorhergehende Argumentation hinsichtlich der Werke als Element der *vidyā* eingebunden, wird aber letztlich nur ver-

---

[173] Vgl. „Wenn Du alle Pflichten, die Mittel höchsten Heils sind, wie die Anstrengung rituellen Tuns, der Erkenntnis und der Bhakti je nach Berechtigung zu meiner Verehrung mit übermächtiger Freude ausführst, nachdem Du sie durch den Verzicht auf [ihre] Frucht, [durch den Verzicht,] sie als [Dein] Tun und Dich als deren Tuer [zu betrachten], aufgegeben hast, nimm Mich allein als den, der sie tut, [Mich allein] als den zu Verehrenden und den sich Gewährenden, [Mich allein] als das Mittel [des Heils]. Dies ist der Verzicht auf alle Dharmas, von [dem] in der Lehre [der Gītā die Rede ist]. ... ‚Nicht ist es den körperhaften [Wesen] möglich, den Werken restlos zu entsagen, wer aber der Frucht der Werke entsagt, wird ein Entsager genannt.‘ So ist es am Anfang [dieses] Kapitels (BhG 18, 11) eindeutig gesagt.“ (BhGBh p. 492, 16-21: *karmayogajñānayogabhaktiyogarūpān sarvan dharmān paramaniśreyasasādhanabhūtān madārādhanatvena atimātraprītyā yathādhikāraṃ kurvāṇa evoktarītyā phalakarmakartṛtvādiparityāgena parityajya mām ekam eva kartāram ārādhyaṃ prāpyam upāyaṃ cānusaṃdhatsva. eṣa eva sarvadharmāṇāṃ śāstrīyaparityāga iti ... na hi dehabhṛtā śakyaṃ tyaktuṃ karmāṇy aśeṣataḥ | yas tu karmaphalatyāgī sa tyāgīty abhidhīyate || ity adhyāyādau sudṛḍham upapāditam.*).

[174] Vgl. Veṅkaṭanāthas Kommentar zu den Worten *phalakarmakartṛtvādiparityāgena* aus Rāmānujas Gītābhāṣyam TC p. 493, 7ff., der wohl auch für Meghanādārisūris Ausdruck *phalādityāga* (NDy p. 233, 14) Geltung haben dürfte.

[175] Vgl. NDy p. 233, 23ff.

[176] Vgl. NM p. 65, 18ff. und oben pp. 39ff.

ständlich, wenn er gegen einen neuen Einwand gerichtet ist, der die Werke als Mittel der Emanzipation in die Diskussion einführt. Auch seine Argumentationsstruktur entspricht dieser neuen Position und erinnert an das formal-kasuistische Denken der Mīmāṃsā. Die Argumentation ist zwar sehr knapp, aber in ihrem Verlauf deutlich. Der Gegner knüpft an den Gedanken an, daß die Werke Ursache für das Ausschalten der in früheren Leben verübten bösen Taten sind, die ein Hindernis für das Entstehen der *vidyā* sind,[177] und argumentiert, daß in diesem Falle nicht von einem Verzicht auf die Frucht der Werke die Rede sein könne. Dies wird von Meghanādārisūri zurückgewiesen, indem er darauf verweist, daß mit Verzicht auf die Frucht der Werke der Verzicht auf den Himmel usw. gemeint sei, ein Gedanke, der vom Gegner mit der Begründung zurückgewiesen wird, daß, wenn es sich um eine Vorschrift handelt, hier ist wohl an eine Vorschrift wie *svargakāmo yajeta* zu denken, nicht auf den Himmel verzichtet werden könne. Meghanādārisūris Antwort ist in ihrer Knappheit kryptisch, meint aber wohl, daß in der vedischen Aussage *āyur āśāste* auch das lange Leben als Frucht des Werkes angegeben sei und in diesem Falle sehr wohl auf die Frucht der Werke verzichtet werden könne. Auch folge deshalb, weil man auf die Frucht der Werke als ein der *vidyā* untergeordnetes Element verzichtet, nicht, daß auch auf die Ausschaltung des verübten Bösen, das dem Entstehen der *vidyā* entgegensteht, verzichtet werden müsse, weil dies dem Entstehen der *vidyā* diene und nicht dem Eintreten der Frucht des Werkes, das ausgeführt wird, und es daher in diesem Sinne durchaus möglich ist, vom Verzicht auf dessen Frucht zu reden, weil eine derartige Frucht wie das Beseitigen des der *vidyā* hinderlichen Tuns durch die Ausführung der vorgeschriebenen Werke gar nicht angestrebt werde. Auch hier scheint die Tonalität der Argumentation gegenüber dem älteren Nārāyaṇārya etwas verändert zu sein. Hatte jener zwar auch damit argumentiert, daß die Ausführung der Werke der Verwirklichung des als Bhakti verstandenen Wissens diene,[178] so hatte er doch den Gedanken zentral gestellt, daß das Werk nicht wegen der Frucht getan werde,

---

[177] Siehe NDy p. 233, 19f.

[178] Vgl. NM p. 65, 22f.: *anena tāvan niśśreyasasya na karmasādhyatvam ucyate. api tarhi jñānaniṣṭhāyāḥ karmasādhyatvam ucyate.*

sondern um Gott aus höchster Hingabe zufrieden zu stellen.[179] Meghanādārisūri hätte zwar diese Auffassung nicht geleugnet, thematisiert diese aber nicht in seiner Darstellung. Bei ihm ergibt sich die Notwendigkeit der Werke offenbar nur aufgrund dessen, daß sie zur Erlangung der *vidyā* förderlich und vorgeschrieben sind.[180]

Nachdem Meghanādārisūri abschließend bemerkt hat, daß diese *vidyā*, wie er sie dargelegt hat, bis zum Ende des Lebens auszuführen ist,[181] gibt er einen kurzen Ausblick, wie die Erlangung des Brahma zu denken ist: „Wenn eine solche *vidyā* erlangt ist und beim Aufhören der Frucht des Karma, das zu reifen begonnen hat, der Tod eintritt, werden alle früheren und späteren Werke auf die Söhne und die erbenden Freunde beziehungsweise auf die Feinde übertragen. [Dann erlangt man] durch das den Sonnenstrahlen vermittels der 101 vom Erhabenen erleuchteten Adern folgende Aufsteigen und [dann] durch das nach und nach über die darüber hinaus führende Zahl der nicht zum Menschen gehörenden [Bahnen] beginnend mit Arcis Erlangen des zuvor erwähnten, nichtmateriellen Ortes die Erfahrung des Brahma in seiner Vibhūti."[182] Mit dieser mythologischen Eschatologie des individuellen Lebens beendet Meghanādārisūri seine Darstellung der Erreichbarkeit des Paramātmā, die der Anlaß seiner Darstellung des Heilsweges der *vidyā* ist.

Blickt man auf Meghanādārisūris Text als Ganzen zurück, so zeigt sich darin ein Denkstil, der einer vedāntisch-orthodoxen Tradition verpflichtet ist, ohne Rāmānujas freieren Umgang mit dem Erbe des Vedānta aufzuweisen. Auffallend ist, daß Meghanā-

---

[179] Vgl. NM p. 66, 7: ... *traivarṇikais svavarṇāśramadharmānuṣṭhānena bhagavatsantoṣaḥ kartavyaḥ na prakārāntareṇety ucyate.*

[180] Vgl. NDy p. 233, 26: ... *vidyānukūlatvenātyājyatvāt* (bemerkenswert ist auch, daß er dazu BhG 2, 47 zitiert) und NDy p. 234, 3-5: *śrutyādivirodhaḥ spaṣṭaḥ*; ... *karmaṇām aṅgatvaśravaṇāt.*

[181] NDy p. 234, 7f.: *evaṃvidhavidyānuṣṭhānaṃ cāśarīrapātāt*; „*sa khalv evaṃ vartayan yāvad āyuṣam*" *iti śruteḥ.*

[182] NDy p. 234, 9-13: *evaṃvidhavidyādhigame prārabdhakarmaphalāvasāne dehapātasamaye ca pūrvāparasarvapuṇyapāpakarmaṇāṃ putrādiṣu dāyavanmitreṣu śatruṣu ca saṃkramaḥ. śatādhikayā bhagavatprakāśitayā nāḍyā ādityaraśmyanusāryupasṛtyā arcirādyātivāhikagaṇair amānavāntaiḥ krameṇa pūrvoktāprākṛtadeśaprāptyā brahmaṇaḥ savibhūtikasyānubhāvyatvam.*

dārisūri offenbar bewußt die Lehre des Vākyakāra Brahmanandin von den sieben Bedingungen für die emanzipierende Erkenntnis (*vedanam*) mit Schweigen übergeht. Daß dies kein Zufall ist, zeigt Meghanādārisūris Kommentar zu Rāmānujas Śrībhāṣyam, der Nayaprakāśikā, in dem eine Kommentierung des entsprechenden Abschnittes des Śrībhāṣyam fehlt und an anderer Stelle ebenfalls nur vom *karma* als Element der emanzipierenden Erkenntnis (*vedanam*, *vidyā*) die Rede ist.[183]

Was seine Lehre von der als Bhakti verstandenen *vidyā* selbst betrifft, scheint er sich wenig von Rāmānuja zu unterscheiden, außer daß er dieser weder den Charakter eines erinnernden Gedenkens (*dhruvā smṛtiḥ*) noch auch den der Schau (*pratyakṣatā*, *sākṣātkārarūpā smṛtiḥ*, *darśanarūpatā*) zuzusprechen scheint, und so seine *vidyā* einen stärker intellektualistischen Aspekt erhält als die Bhakti-Meditation bei Rāmānuja. Dominierend ist hingegen die Betonung der Notwendigkeit des Dharma von Stand und Abkunft und so der Werke für den spirituellen Weg der Bhakti. Völlig fehlt bei ihm eine Berücksichtigung des „Zufluchtnehmens“ (*śaraṇāgatiḥ*) als alternative spirituelle Praxis, auch wenn er diese gekannt haben muß und, wie oben vermutet, in seiner Polemik implizit berücksichtigt hat.

### *Die Lehre von der prapattiḥ bei Vātsya Varadaguru*

In der erhaltenen Sanskrit-Literatur der Schule ist Varadagurus[184] Prapannapārijātam der früheste und vielleicht wichtigste Lehrtext zur Praxis des „Zufluchtnehmens“ (*śaraṇāgatiḥ*, *prapattiḥ*). In ihm ist diese spirituelle Praxis voll rezipiert und in einer Weise dargestellt, daß sie auch über deren Herkunft, dem Verständnis Varadagurus entsprechend, einen gewissen Aufschluß zu geben scheint. In seiner literarischen Form ist das Prapannapārijātam, „Der Wunschbaum derer, die [zu Gott ihre] Zuflucht genommen haben“, schwer zu beurteilen. Es stellt im Grunde, jedenfalls in den wichtigsten Abschnitten, eine Epitome autoritati-

---

[183] Vgl. NPr p. 260f.

[184] Vermutlich 1165-1275 n. Chr. Zu Person und Werk Vātsya Varadagurus vgl. SYLVIA STARK, Vātsya Varadagurus Tattvanirṇaya. Teil 1: Kritische Textedition. (ÖAW, phil.-hist. Kl. Sb 570). Wien 1990, pp. 23ff.

ver Texte dar, die durch ihre Auswahl und Kombination Varadagurus Theologie der *prapattiḥ* zum Ausdruck bringt, auch wenn sie relativ wenige direkte Aussagen Varadagurus enthält und der Sache nach ein Werk zur religiösen Praxis und Spiritualität der Schule darstellt.[185]

(1) Diese Theologie deutet Vātsya Varadaguru schon zu Beginn seines Werkes an, wenn er versucht, die spirituelle Praxis der *prapattiḥ* gleichsam archetypisch in eine Art Spiritualitätsgeschichte einzuordnen, indem er alte Texte der autoritativen Überlieferung im Verständnis der Schule neu liest: „Zunächst wird im Veda der Taittirīyas die *prapattiḥ* unter der Bezeichnung *nyāsaḥ* zusammen mit [ihrer] Anwendung entsprechend dem Mantra *vasuraṇya-* dargelegt. (1) Wie dort gesagt ist, daß das Brahma, die Ursache von allem, Gegenstand verehrender Meditation ist, ebenso [ist dort] auch [gesagt, daß es] jenes ist, zu dem man Zuflucht nehmen soll, jener Allgegenwärtige, der alles hervorbringt, das Brahma, das wegen seiner Eigenschaften so gelobt ist: ‚[Du], der du wie vormals der Sonne usw. Glanz verleihst, bist liebenswert wie reicher Besitz‘. (2-3) Mit dem Om[-Laut], der die Form des Dvaya[-Mantra] besitzt, möge man den lebendigen Ātmā (*jīvātmānam*) als Opfergabe im mächtigen Feuer des Brahma opfern, das diesen zum Körper hat. (4) So ist die Ausführung der *prapattiḥ* [unter Verwendung dieses Mantra] überliefert, dessen Wesen der Praṇava ist. Dort ist für den, der so weiß, dessen Opfer im Körper dargelegt. (5) Die *prapattiḥ*, die *nyāsaḥ* genannt ist, sagen sie, ist die höchste der aszetischen Praktiken.[186] In den Kaṭhavallīs ist der Dvaya[-Mantra] als Ausdruck der *prapattiḥ* überliefert. (6) Als heilbringende Offenbarungsautorität (*pramāṇam*) lehrt man den Śvetāśvatara genannten [Text]. Sagt doch die Upaniṣad, die die Ausführung hinsichtlich des Nyāsa zeigt: (7) ‚Zu Ihm, der am Anfang Brahmā einsetzt [und] diesem die Śrutis zeigt, zu Ihm, dem Licht der Erkenntnis des Selbstes, nehme ich, der ich nach Emanzipation verlange, [meine] Zuflucht‘[187]. (8)

---

[185] Vgl. dazu auch OBERHAMMER, Materialien VI, pp. 28ff.

[186] Die Verse 1-6c beziehen sich auf TaitĀ 10, 63, 19 = (atharv.) MNārU 24, 1.

[187] Vgl. ŚvetU 6, 18.

Auch gibt es viele Aussagen der Śruti [wie zum Beispiel], daß man auch einen, der zu töten ist, nicht preisgibt, wenn er [bei einem] Zuflucht genommen hat usw., als Autorität [dafür]. Im Śrī-Śāstra hat auch der Erhabene [dem Gott] Brahmā den Dvaya[-Mantra] *śrīmannārāyaṇa* usw. gelehrt [und] im Lakṣmītantram wurde diese [*prapattiḥ*] dem Śakra verkündet. (9-10) Auch die Sanatkumārasaṃhitā sagt mit Hochschätzung, daß die *prapattiḥ* jede Frucht verleiht [und] unabhängig ist von allen [anderen] Mitteln: (11) ‚Derart bedarf die *prapattiḥ* nirgends eines anderen [Umstandes]; diese gewährt nämlich allen überall jede Frucht [ihres] Begehrens. (12) Von wem sie [auch nur] ein einziges Mal zum Ausdruck gebracht wurde, dem beendet sie [sein Dasein] im Saṃsāra. Wie wegen des mangelnden Vertrauens der Rākṣasas die [an sich] unfehlbare Wurfschlinge (*astrabandhanā*?) beim Binden Hanumans (*āñjaneyasya*) sogleich unwirksam wurde, ebenso dürfte die *prapattiḥ* aufgrund mangelnden Vertrauens der Menschen ihre Kraft verlieren. Daher wird diese denen, die Vertrauen besitzen, sogleich Emanzipation (*muktim*) verleihen.‘ (13-15ab)

In Verbindung mit anderen Mitteln [des Heils] oder auch nur aus sich [allein] wirkt sie denen, die nach Emanzipation verlangen, so wie der Praṇava Emanzipation; wie der Erhabene dem aufmerksam hörenden Viṣvaksena ausdrücklich sagt: (15cd-16) ‚Da ein anderes Mittel wegen des Fehlens eines Adhikāra usw. schwer anzuwenden ist, werde ich Dir jetzt hier ein Mittel sagen, das jedem möglich ist. (17) Aufgrund eines falschen Zeitpunktes und wegen der Unbeständigkeit des Denkorgans (*manas*) der Menschen, aufgrund der Verbindung der Sinne mit den Objekten, [aber] auch aufgrund des Tuns von Verbotenem (18) [beziehungsweise] des Nichttuns von Gebotenem und auch aufgrund der Natur [der Zeit] können die Sinne und die Objekte der Sinne der Menschen nicht unter Kontrolle gebracht werden, o Herr der Scharen. (19) Deshalb gibt es nämlich keinen Adhikāra für diesen Karmayoga, und weil dieser hinsichtlich allem Gebotenem fehlt, Du Großmütiger, (20) hat auch niemand eine Freude am Jñānayoga; und da dieser fehlt, entsteht weder Freude an noch Bhakti zu mir. (21) Daher soll man einzig und allein beim Paar meiner Füße Zuflucht nehmen, nachdem man den mißlichen Zustand seiner selbst und die Eigenschaften von mir erwogen hat. (22) Wer im Bewußtsein, daß ich das einzige Mittel [zum Heil] bin, zu mir [seine] Zuflucht genommen hat, wird [vom Saṃsāra] befreit werden. Wollen, was entsprechend ist (*ānukūlyasya saṃkalpaḥ*), Meiden, was nicht entsprechend ist (*prātikūlyasya varjanam*), (23) das Vertrauen: ‚Er wird [mich] beschützen', ebenso das zum Beschützer Erwählen, das Darbringen seiner selbst (*ātmanikṣepaḥ*) und die Armseligkeit (*kārpaṇyam*) sind die sechsfache *śaraṇāgatiḥ*. (24) Und so möge der Mensch vermittels dieser Prapatti, allein veranlaßt durch die [eigene] Armseligkeit, zu Mir seine Zuflucht nehmen, wenn er Mich als Mādhava erkannt hat. (25) Nur der [zu Mir] seine Zuflucht nimmt, wird fürwahr sein Ziel erreichen; (26) wie der Erhabene [auch] im Rāmāyaṇam und im [Mahā-]Bhāratam gesagt hat: ‚Wer [auch] nur ein einziges Mal [mit den Worten]: ‚Ich bin Dein!' [Mich] um Zuflucht ersucht hat, [dem] gewähre Ich Furchtlosigkeit vor allen Wesen. Dies ist Mein Gelübde'[188] (27) [und] ‚Nachdem Du auf alle Dharmas verzichtet hast, nimm Deine Zuflucht zu Mir allein. Ich werde Dich von allem Bösen befreien. Sorge Dich nicht!'[189] (28)"[190]

---

[188] Rām 6, 12, 20.

[189] BhG 18, 66.

[190] PraP 1, 1-28: *prapattis taittirīyāṇāṃ vede tāvad vidhīyate | nyāsākhyā saprayogā 'sau vasuraṇyeti mantrataḥ || 1 tatropāsyaṃ yathā brahma sarvakāraṇam ucyate | prapattavyaṃ tathaiveti vibhur viśvasṛg ity api || 2 sūryādīnāṃ yathāpūrvaṃ tejaḥkalpayitāpi ca | vasuvat ramaṇīyo 'sīty evaṃ brahma guṇaiḥ stutam || 3 jīvātmānaṃ haviḥ kṛtvā taccharīre mahīyasi | brahmāgnau juhuyād om ity anena dvayarūpiṇā || 4 iti prapatter āmnātaḥ prayogaḥ praṇavātmanā | tasyaivaṃ viduṣo yajñaḥ śarīre tatra kalpitaḥ || 5 prapattiṃ tapasām eṣāṃ nyāsākhyām āhur uttamām | āmnātaṃ kaṭhavallīṣu prapatter vācakaṃ dvayam || 6 pramāṇaṃ subhagaṃ prāhuḥ śvetāśvatarasaṃjñitam | prāha copaniṣat nyāse yathānuṣṭhānadarśinī || 7 brahmāṇaṃ vidadhāty agre yas tasmai diśati śrutīḥ | ātmajñānaprakāśaṃ taṃ mumukṣuḥ śaraṇaṃ vraje || 8 api vadhyaṃ prapannaṃ na prayacchanty evamādikāḥ | bahavaḥ śrutayo mānam śrīśāstre bhagavān api || 9 śrīmannārāyaṇetyādi brahmaṇe dvayam uktavān | lakṣmītantra* (conj. *lakṣmītantre*) *kamalayā śakrāyeyaṃ prapañcitā || 10 tathā sanatkumārasya saṃhitā vakti sādaram | prapattiṃ sarvaphaladāṃ sarvopāyān apekṣiṇīm || 11 prapatteḥ kvacid apy evaṃ parāpekṣā na vidyate | sā hi sarvatra sarveṣāṃ sarvakāmaphalapradā || 12 sakṛd uccāritā yena tasya saṃsāranāśinī | rākṣasānāmavisrambhāt āñjaneyasya bandhane || 13 yathā vigalitā sadyas tv amoghāpy astrabandhanā | tathā puṃsām avisrambhāt prapattiḥ pracyutā bhavet || 14 tasmād visrambhayuktānāṃ muktiṃ dāsyati sācirāt | sādhanāntarayuktā vā prapattiḥ svayam eva vā || 15 sādhayen muktikāmānāṃ vimuktiṃ praṇavo yathā | yathāha bhagavān vyaktaṃ*

Der Text, der nach Varadagurus eigenen Worten der „reichen Wertschätzung der *prapattiḥ*“[191] gewidmet ist, ist keine Spiritualitätsgeschichte im eigentlichen Sinne, sondern versucht quer durch die Tradition, die *prapattiḥ* in den zitierten Texten gleichsam „archetypisch“ aufzuzeigen, wodurch er nicht nur zum theologischen Verständnis des „Zufluchtnehmens“ beiträgt, sondern durch die Erwähnung bestimmter Texte, von Varadaguru nicht beabsichtigt, einen gewissen Aufschluß darüber gibt, was dieser selbst über das Aufkommen der *prapattiḥ* gedacht hat. Die von ihm erwähnten Texte gliedern sich in drei Gruppen: Upaniṣaden-Texte, Pāñcarātrasaṃhitās und Texte der Smṛti-Literatur,[192] wobei auffällt, daß nur die Zitate aus den Pāñcarātrasaṃhitās inhaltlich relevante Aussagen über die *prapattiḥ* enthalten, während die Upaniṣadenzitate, die unmittelbar nicht von der *prapattiḥ* sprechen, im Lichte der späteren Lehre von der *prapattiḥ* verstanden werden. Dies kann wohl nur bedeuten, daß Varadaguru im wesentlichen lediglich Texte des Pāñcarātra als eigentliche Autoritäten zur spirituellen Praxis der *prapattiḥ* bekannt waren, wenn man von der Erwähnung der Mahānārāyaṇa-Upaniṣad absieht, die für seine Theologie der *prapattiḥ* besondere Bedeutung hat.

---

*viṣvaksenāya śṛṇvate* || 16 *itaropāyadauṣkaryāt adhikārādihānitaḥ* | *upāyam iha vakṣyāmi sāmpratam sārvalaukikam* || 17 *kāladoṣāt manuṣyāṇāṃ manaś cāñcalyayogataḥ* | *viṣayendriyasaṃyogāt niṣiddhakaraṇād api* || 18 *vihitākaraṇān nāpi jetuṃ śakyaṃ gaṇādhipa* | *indriyāṇīndriyārthāś ca nṛṇāṃ kālasvabhāvataḥ* || 19 *tasmān na karmayoge 'smin adhikāro hi vidyate* | *vihiteṣu ca sarveṣu tadabhāvān mahāmate* || 20 *jñānayoge 'py abhiratiḥ kasyacid vidyate na ca* | *tadabhāvān mayi prītir na ca bhaktiś ca jāyate* || 21 *tasmān matpādayugalam aikāntyāc charaṇaṃ vrajet* | *ātmano durdaśāpattiṃ vimṛśya ca guṇān mama* || 22 *madekopāyasaṃvittiḥ mā prapanno vimucyate* | *ānukūlyasya saṃkalpaḥ prātikūlyasya varjanam* || 23 *rakṣiṣyatīti viśvāso goptṛtvavaraṇaṃ tathā* | *ātmanikṣepakārpaṇye ṣaḍvidhā śaraṇāgatiḥ* || 24 *anayā ca prapattyaivam ākiñcanyaikapūrvakam* | *māṃ mādhava iti jñātvā māṃ gacchec charaṇaṃ naraḥ* || 25 *eva hi śaraṇaṃ gacchan kṛtakṛtyo bhaviṣyati* | *rāmāyaṇe ca bhagavān bhārate ca yathoktavān* || 26 *sakṛd eva prapannāya tavāsmīti ca yācate* | *abhayaṃ sarvabhūtebhyo dadāmy etad vrataṃ mama* || 27 *sarvadharmān parityajya mām ekaṃ śaraṇaṃ vraja* | *ahaṃ tvā sarvapāpebhyo mokṣayiṣyāmi mā śucaḥ* || 28.

191 PraP Einleitung v. 5: *prapatter mānasaubhāgyaṃ.*

192 In dem übersetzten Abschnitt des ersten Kapitels des Prapannapārijātam sind lediglich Rāmāyaṇam und Bhagavadgītā erwähnt. In den anschließenden 16 Versen werden noch Viṣṇupurāṇam, Manu und Viṣṇudharmaḥ zitiert.

Was den spirituellen Gehalt dieser religiösen Praxis betrifft, ist nämlich Varadagurus Aussage, die er in Zusammenhang mit der Erwähnung des Veda der Taittirīyas macht, aufschlußreich, weil sie den Übergang von der *śaraṇāgatiḥ* als ethisches Prinzip zum theologischen Verständnis der *prapattiḥ* sichtbar macht: Das „Zufluchtnehmen“ im Sinne des durchaus auch im profanen Sinne Schutzsuchens ist hier zum „Selbst-Opfer“ geworden: „Mit diesem Om-Laut, der die Form des Dvaya[-Mantra][193] besitzt, möge man den lebendigen Ātmā (*jīvātmā*) als Opfergabe im mächtigen Feuer des Brahma opfern, das diesen zum Körper hat. So ist die Ausführung der *prapattiḥ* unter [Verwendung] dieses [Mantra] überliefert, dessen Wesen der Praṇava ist.“[194] Varadaguru bezieht sich hier auf den Text von MNārU 24, 1f., den er deutend wiedergibt. Denn der Text der Upaniṣad selbst spricht weder von einem Selbstopfer noch von der *prapattiḥ*: „Daher ist der *nyāsaḥ* mehr als diese Tapas-Praktiken.[195] Liebenswert wie Reichtum[196] [und] allmächtig [bist Du]. Im *prāṇaḥ* bist Du der Zusammenbringer, o Brahma, der alles Hervorbringende bist Du.[197] Du bist es, der dem Feuer Glanz, der Sonne [ihre] strahlende Kraft [und] dem Mond [seinen] Schein gibt.[198] Du bist es, der mit dem Upayāma genommen wurde. Dich, dem Brahmán, dem Ruhm, Om! So möge man den Ātmā [in Sammlung] anspannen.[199] Dies ist, fürwahr, die

---

[193] Dieser Mantra lautet: *śrīmannārāyaṇacaraṇaṃ śaraṇaṃ prapadye śrīmate nārāyaṇāya namaḥ*. – Man fragt sich, welche Bedeutung im Falle des *dvayamantraḥ* das Wort *mantra-* besitzt. Jedenfalls scheint damit nicht der *mantraḥ* tantrischer Tradition gemeint zu sein, der eine konkrete Erscheinung der Gottheit in sprachlicher oder visualisierter Form zur Durchführung des Rituals ist, sondern eher im Sinne vedisierender Tradition ein Ritual-Wort, das im Zuge des vorgeschriebenen Tuns als „liturgische Formel“ verwendet ist und dem *vidhiḥ*, der *Vorschrift* der autoritativen Überlieferung, gegenübersteht.

[194] PraP 1, 4f.

[195] Vgl. PraP 1, 6ab: *prapattiṃ tapasām eṣām ... āhur uttamām.*

[196] Vgl. PraP 1, 1d.

[197] Vgl. PraP 1, 2d: *vibhur viśvasṛk.*

[198] Vgl. PraP 1, 3ab: *sūryādīnāṃ yathāpūrvaṃ tejaḥkalpayitā.*

[199] Vgl. PraP 1, 4c: *juhuyād om ity anena dvayarūpiṇā.*

große Entsprechung (*upaniṣat*) ..."[200] Der Bezug der Verse des Prapannapārijātam zu dieser Stelle der Upaniṣad ist eindeutig, ihr Wortlaut jedoch zeigt, daß diese Stelle im Sinne der späteren *śaraṇāgati*-Theologie verstanden ist. Nicht nur, daß von der *prapattiḥ* die Rede ist,[201] die in der Upaniṣad nicht vorkommt, wird auch der Om-Laut als *dvayarūpin* und der Dvaya-Mantra als *praṇavātmā* verstanden,[202] und wird der Vollzug der *prapattiḥ* als „Opfer" des verkörperten Selbstes im „Feuer des Brahma, das diesen zum Körper hat,"[203] interpretiert, indem der Ausdruck *ātmānaṃ yuñjīta* zusammen mit der Formel *vasuraṇvo ... om* im Sinne eines Opfers seiner selbst verstanden ist.

Varadaguru greift hier auf eine ihm vorliegende Interpretation von MNārU 24, 2 durch Brahmanen, die dem Kṛṣṇayajurveda folgten, zurück, wie Ahirbudhnyasaṃhitā 37 nahelegt,[204] und verwendet diese für seine Theologie der *śaraṇāgatiḥ*, die er im Sinne des *nyāsaḥ* als „Selbstopfer" interpretiert. Ob die Anwendung dieser Deutung des *nyāsaḥ* auf die *śaraṇāgatiḥ* Varadaguru selbst zuzuschreiben ist, muß zunächst offen bleiben. Das in dieser Deutung zur Erscheinung kommende Verständnis der *prapattiḥ* ist jedenfalls keine Augenblicksschöpfung. Sie begegnet noch mehrere Jahrhunderte nach Varadaguru bei Śrīraṅgarāmānuja,[205] so daß

---

[200] TaitĀ 10, 63, 19ff. = MNārU 24, 1f.: *tasmān nyāsam eṣāṃ tapasām atiriktam āhuḥ*. (1) *vasuraṇvo* (Lesung VARENNE, Mahā Nārāyaṇa Upaniṣad, tome 1, § 539) *vibhūr asi prāṇe tvam asi sandhātā brahman tvam asi viśvasṛk tejodās tvam asy agner varcodās tvam asi sūryasya dyumnodās tvam asi candramasaḥ. upayāmagṛhīto 'si. brahmaṇe tvā mahasa om ity ātmānaṃ yuñjīta. etad vai mahopaniṣadaṃ.*

[201] Auch der Hinweis auf das Brahma als *prapattavyaṃ* und *upāsyam* (PraP 1, 2) fehlt in der Upaniṣad.

[202] Vgl. PraP 1, 4cdf.: *juhuyād om ity anena dvayarūpiṇā* und *iti prapatter āmnātaḥ prayogaḥ praṇavātmanā.*

[203] MNārU 25, 1 wird das Selbst hingegen als „Opferherr" des dort gemeinten Opfers bezeichnet (*tasyaivaṃviduṣo yajñasyātmā yajamānaḥ*).

[204] Vgl. das zu AhirS 37 unten pp. 119f. Gesagte und OBERHAMMER, Ahirbudhnyasaṃhitā 37. Auch hat bereits der ältere Nārāyaṇārya die Gleichsetzung von *prapādanam* mit *nyāsaḥ* gekannt (NM p. 68, 2).

[205] Vgl. $NyS_I$ p. 362, 9f.: *mahendrāgnīṣomādivad ātmahaviḥ prati devatātvarūpaikadharmāśrayatvarūpeṇa vā prakāraikyenaikyam upapadyate* und Ratnapeṭikā dazu $NyS_I$ p. 362, 20ff.

man annehmen kann, daß sie auch später zur Schultheologie der *prapattiḥ* gehört hat, auch wenn sie sonst in der Sanskrit-Tradition der Schule nicht weiter thematisiert zu werden scheint.[206]

Nicht unwichtig für eine Geschichte der *śaraṇāgatiḥ* scheint auch der Umstand zu sein, daß Varadagurus Zitate aus der Sanatkumārasaṃhitā[207] und aus der Viṣvaksenasaṃhitā[208] in dem überlieferten publizierten Text der beiden Saṃhitās nicht vorkommen und eine gewisse Nähe zur orthodoxen viṣṇuitischen Theologie zeigen. Denn abgesehen von terminologischen Übereinstimmungen ist es schwer denkbar, daß die Lehre vom „Zufluchtnehmen" (*prapattiḥ*) in der Form, wie sie in den Zitaten belegt ist, aus ritualistisch tantrischem Denken entstanden sein sollte.

Auffallend ist in diesem Zusammenhang Vers PraP 1, 15cdf., der wohl Aussage Varadagurus sein dürfte: „In Verbindung mit anderen Mitteln [des Heils] oder auch nur aus sich [allein] wirkt sie denen, die nach Emanzipation verlangen, so wie der Praṇava Emanzipation." Die Bedeutung dieses Verses ist deutlich. Er drückt aus, daß die *prapattiḥ* genauso wie der Om-Mantra denen, die Befreiung aus dem Saṃsāra begehren, diese Befreiung ermöglicht; in diesem Sinne entspricht der Vers sowohl dem vorausgehenden Zitat aus der Sanatkumārasaṃhitā als auch dem folgenden Zitat aus der Viṣvaksenasaṃhitā. Dennoch enthält der Vers einen gewissen Widerspruch mit beiden Zitaten, die beide die *prapattiḥ* als alleiniges Mittel des Heils lehren, ohne jede Verbindung mit anderen spirituellen Praktiken. So heißt es im Zitat der Sanatkumārasaṃhitā: „Derart bedarf die *prapattiḥ* nirgends eines

---

[206] Der Herausgeber des Prapannapārijātam verweist in diesem Zusammenhang auf Veṅkaṭanāthas Rahasyatrayasāraḥ, leider ohne nähere Angabe; vgl. PraP p. 3, Anm. zu 1, 9.

[207] PraP 1, 12-15ab. Auch wenn der Abschnitt nicht durch *iti* als Zitat ausgewiesen ist, dürfte der Herausgeber recht haben, wenn er diese Verse als Zitat ausweist. Es ist unwahrscheinlich, daß sie Aussage Varadagurus sind, da sie mit PraP 1, 15cdf. im Widerspruch stehen.

[208] PraP 1, 17-26ab. Daß es sich um eine Viṣvaksenasaṃhitā handelt, ist anzunehmen, weil Varadaguru auch sonst auf diese Saṃhitā als Autorität zurückgreift und Viṣvaksena als Adressat ausdrücklich genannt ist. Es handelt sich aber um einen anderen Text als den überlieferten und publizierten. Siehe pp. 121ff. Zur Nähe dieser Viṣvaksenasaṃhitā zur Rāmānuja-Schule vgl. auch OBERHAMMER, Materialien VI, p. 30ff.

anderen [Umstandes]; diese gewährt nämlich allen überall jede Frucht [ihres] Begehrens. Von wem sie [auch nur] ein einziges Mal zum Ausdruck gebracht wurde, dem beendet sie [sein Dasein] im Saṃsāra."[209] und vielleicht noch deutlicher im folgenden Zitat der Viṣvaksenasaṃhitā: „Daher möge er ausschließlich zum Paar meiner Füße Zuflucht nehmen, nachdem er den eigenen unglücklichen Zustand und meine Eigenschaften erwogen hat. (22) Wer im Bewußtsein, daß ich allein Mittel [des Heils] bin, zu mir [seine] Zuflucht genommen hat, wird Emanzipation erlangen."[210] Der Widerspruch des Verses mit beiden Zitaten ist kein absoluter, dennoch gibt er zu denken. Warum fügt ihn Varadaguru an dieser Stelle ein, und warum fügt er ihn überhaupt ein?

Beide Zitate sind, anders als der Rest des Kapitels, nicht in erster Linie Zeugnisse der Wertschätzung (*mānasaubhāgyam*) der *prapattiḥ*, wenngleich sie dies auch sind, sondern bringen Aussagen über die *prapattiḥ* selbst und ihren spirituellen Charakter, wobei dem Zitat der Viṣvaksenasaṃhitā sachlich ein größeres Gewicht zukommt. Es begründet die Ausschließlichkeit der *prapattiḥ* als Heilsmittel (PraP 1, 17-23ab), erwähnt dann die sechs Merkmale der *prapattiḥ* (PraP 1, 23cd-24ab) und schließt mit der Verheißung des Heils, wenn man dieses allein durch das „Zufluchtnehmen" bei Gott sucht (PraP 1, 24cd-26). Der fragliche Vers (PraP 1, 15cdf.) ist so eine sinnvolle Ergänzung des Zitats der Sanatkumārasaṃhitā durch Varadaguru, indem er in Ergänzung zu dieser, bevor im Zitat der Viṣvaksenasaṃhitā von der *prapattiḥ* sachliche Aussagen gemacht werden, hinzufügt, daß diese *prapattiḥ*, von der in Vers I 15cd gesagt ist, daß sie dem Vertrauenden Emanzipation bringt, dies tut, ganz gleich, ob in Verbindung mit anderen Mitteln des Heils oder für sich allein. In diesem Sinne ist keines der beiden Zitate autoritative Begründung dieses Verses. Es handelt sich um einen bewußten und durch die Zitate nicht weiter ausgewiesenen Zusatz Varadagurus. Warum fügt er diesen ein?

Jedenfalls scheint er letztlich die Aussage beider Zitate, daß die *prapattiḥ* einziges und von anderen spirituellen Praktiken unabhängiges Mittel zur Erlangung der Emanzipation ist, zu relativieren; und es kann weder durch die von Nārāyaṇārya er-

---

[209] PraP 1, 12 und 13ab.

[210] PraP 1, 22 und 23ab.

wähnte Lehre vom unterschiedlichen Adhikāra des Heilsuchenden noch durch die von Meghanādārisūri bekämpfte Lehre erklärt werden, daß es eine Alternative gäbe, die vorgeschriebenen Werke zu tun oder nicht zu tun. Wenn man den Vers jedoch im Kontext von Varadagurus Lehre von der *prapattiḥ* zu verstehen sucht, in dem der *prapattiḥ* eine ausschließliche Bedeutung für alle zugesprochen wird, dann scheint er doch einen widerspruchsfreien Sinn zu erhalten, nämlich den, daß es, ganz gleich, ob man einen Akt des „Zufluchtnehmens" allein als solchen vollzieht oder in Verbindung mit dem Vollzug eines anderen spirituellen Mittels, jedenfalls die *prapattiḥ* sei, welche die Emanzipation ermöglicht.

Wenn diese Deutung des Verses richtig ist, dann bezeugt er, daß es zur Zeit Varadagurus nicht nur die spirituelle Praxis des „Zufluchtnehmens" (*śaraṇāgatiḥ*) als eigenständiges Mittel des Heils für jene, die keinen Adhikāra zum Studium des Vedānta gehabt haben, gegeben hat, sondern auch das „Zufluchtnehmen" als spirituellen Akt der Frömmigkeit im Rahmen eines anderen Weges zum Heil, etwa im Sinne des Lakṣmītantram[211] oder als Ausfluß der Haltung der Hingabe (*bhaktiḥ*) an Gott auf dem mystischen Weg der Bhakti, wie er in Anschluß an Rāmānuja sowohl von Nārāyaṇārya als auch von Meghanādārisūri gelehrt worden war.

(2) Der Lehre von der *prapattiḥ* selbst (*svarūpam*), ihren Merkmalen und Arten, widmet Varadaguru das zweite Kapitel seines Prapannapārijātam, in welchem er diese Lehre mit Hilfe von Zitaten aus Pāñcarātrasaṃhitās, vor allem dem Lakṣmītantram, systematisch darzustellen sucht und das als Ganzes Beachtung verdient, insofern es der älteste in Sanskrit erhaltene Lehrtext der Schule zur Praxis der *prapattiḥ* ist, in welchem diese uneingeschränkt rezipiert ist.

a) Der Text:

„Der Geisteszustand (*buddhiḥ*) der Entschlossenheit, der mit einer Bitte (*yācñā*) endet, von jemandem, der etwas zu erlangen wünscht, nachdem er es [durch andere Mittel] nicht erlangt hat, wird als die [spezifische] Form der *prapattiḥ* angenommen. (1) ‚Die *prapattiḥ*, das Zufluchtnehmen, ist die unter großem Vertrauen [geäußerte] Bitte, die, falls das von jemandem Gewünschte durch nichts anderes erlangt werden kann, das einzige Mittel ist, es

---

211 Siehe unten p. 136.

[zu erlangen].‘ (2) Die *prapattiḥ* wird [hier] durch das Wort ‚Zufluchtnehmen‘ bestimmt. Denn vom Erhabenen wurde dem [ehrfurchtsvoll] hörenden[212] Viṣvaksena gesagt: ‚Man möge sich die *prapattiḥ* mit Hingabe (*bhaktyā*) angelegen sein lassen, welche im Zufluchtnehmen besteht‘. (3-4ab) Diese wird, versehen mit [ihren] fünf Elementen, *prapattiḥ* eines Unglücklichen genannt: (4cd) ‚Den Fehlern [völlig] unterworfen bin ich, ein Nichts, ohne Ausweg. Du allein sei mir Mittel [des Heils]! So ist [dabei] die geistige Haltung der Erwartung. (5) Diese, die ‚Zufluchtnehmen‘ (*śaraṇāgatiḥ*) genannt ist, soll man diesem Gott [gegenüber] einnehmen‘[213], ‚Er, der zu Ihm Zuflucht genommen hat, nachdem er den unglücklichen Zustand seiner selbst und Haris [heilbringende] Eigenschaften erwogen hat, wird emanzipiert werden‘. (6-7ab)

In den folgenden Aussagen wird die *prapattiḥ* mit [ihren] fünf Elementen charakterisiert: ‚Der *nyāsaḥ* mit [seinen] fünf Gliedern, dessen anderer synonymer [Name] *nikṣepaḥ* ist [oder] *saṃnyāsaḥ* [und] *tyāgaḥ*, wird auch *śaraṇāgatiḥ* genannt.‘[214] (7cd-8) Im Lakṣmītantram wird im einzelnen die [spezifische] Form dieser Elemente [ihrer] Art nach dargelegt, [auch] daß [die *prapattiḥ*] Frucht dieser Elemente ist, und deren Form: (9) ‚Das allen Wesen Gewogensein aus der Überzeugung, daß Ich allen Wesen innerlich bin, wird Gleichförmigkeit (*ānukūlyam*) genannt‘[215]. (10) Daher wird das Aufgeben [der Ursachen] des Unheils wie Schädigen usw. hinsichtlich aller Wesen aufgrund der Erkenntnis, daß Er, zu dem man Zuflucht nimmt, [alles] völlig durchdringt, und aufgrund des sich [Ihm] fügen Wollens das Vermeiden der Ungleichförmigkeit (*prātikūlyasya varjanam*) genannt. (11-12ab) ‚Aus der Unvollkommenheit der Gesamtheit der Mittel [des Heils], aus der Unfähigkeit, die Werke [zu tun], aus dem Fehlen des Adhikāra, aus dem Fehlen [des geeigneten] Ortes, [einer solchen] Zeit und [entsprechender] Eigenschaften kommen nämlich die Mittel [des Heils] nicht zustande, und ebenso ergeben sich vielfältige Gefahren. Die Not, das Aufgeben des Stolzes, [entspre-

[212] Hier ist wohl wie an anderen Stellen *śṛṇvate* zu lesen.

[213] AhirS 37, 30f.

[214] LT 17, 75.

[215] LT 17, 66.

chend solcher Gedanken] wird Dürftigkeit (*kārpaṇyam*) genannt.‘[216] (12cd-14ab) Weil nämlich die anderen Mittel [des Heils] kaum auszuführen sind, ist [hier] angedeutet, daß sie aufgegeben werden. (14cd) Auch ist angedeutet, daß [jeder], der bedürftig ist, den Adhikāra der *prapattiḥ* besitzt. ‚Die feste Überzeugung, daß Er aufgrund [Seiner] Macht, [Seiner] leichten Zugänglichkeit, [Seines] ewigen Erbarmens und auch der Beziehung von Herr und [Ihm] Untergebenen, die nicht erst damit beginnt, uns beschützen wird, diese ist das Vertrauen, o Śakra, das alle schlechte Tat tilgt.‘[217] (15-17ab) Hat man [nämlich] die Fähigkeit dessen, zu dem man Zuflucht nimmt, einen zu beschützen, zu recht erkannt, macht man [ihn] im Vertrauen, daß er einen beschützen wird, zum Mittel, das Erwünschte [zu erlangen]. (17cd-18ab) ‚Auch wenn er Erbarmen hat und als Herr der Seelen offenkundig die Macht [dazu] hat, dürfte Er, ohne gebeten zu sein, nicht Schutz gewähren, und so ergibt sich der Gedanke, Ihn zu bitten. In folgender Weise ist gelehrt, Zuflucht zu nehmen: Sei Du [mein] Beschützer!‘[218] (18cd-19) Daher wird gefordert, daß die *prapattiḥ* mit [dieser] Bitte endet. In dieser Weise ist die *prapattiḥ* der Zugang zur Gnade dessen, zu dem man Zuflucht nimmt. (20) – ‚Daher wird das Aufgeben [jedes] Anrechtes auf die Frucht [der Werke] des zu Schützenden, das damit endet, daß man [sie] auf Keśava überträgt, [*ātma-*]*nikṣepaḥ* genannt.‘[219] (21) Es ist offenbar, daß das in die Verfügung des Herren Gegebensein der Verzicht auf eine eigene Bemühung hinsichtlich des Mittels und Ergebnisses ist, ebenso auch, daß das Hingeben (*nikṣepaḥ*) [seiner selbst] das ist, dem [diese] Glieder zukommen. (22)

Bei der *prapattiḥ* des Unglücklichen (*ārtaḥ*) sind diese Glieder [alle auf einmal] gegeben. Bei der *prapattiḥ* des Zufriedenen (*dṛptaḥ*) sind diese nach und nach gegeben. (23) Die Unterscheidung von einem ‚Unglücklichen‘ (*ārtaḥ*) und einem ‚Zufriedenen‘ wird aber im Rāmāyaṇam erwähnt: ‚Ein Feind, der bei anderen Zuflucht nimmt – sei er ein Unglücklicher oder ein

[216] LT 17, 68cd-70ab.

[217] LT 17, 70cd-72ab.

[218] LT 17, 72cd-73.

[219] LT 17, 74.

Zufriedener – ist von einem, der Kontrolle über sich selbst besitzt, [selbst] unter Aufgabe des eigenen Lebens zu schützen'[220]. (24-25ab) Wer Kummer bezüglich des Zustandekommens eines anderen Körpers [in einer neuen Wiedergeburt] empfindet, der wird ein ‚Zufriedener' genannt. Wer aber [schon] hinsichtlich des gegenwärtigen Körpers Kummer hat, der wird ein ‚Unglücklicher' genannt. Entsprechend der Unterteilung [der Zufluchtsuchenden] in ‚Unglückliche' und ‚Zufriedene' wird diese *prapattiḥ* gelehrt. (25cd-26)

Das feste Vertrauen [in der Überzeugung], daß eben Er selbst das Mittel der Erlangung des Erhabenen ist, ist als Bhakti, die zu verwirklichen ist (*sādhyabhaktiḥ*), überliefert, [und] eben diese wird als *prapattiḥ* besungen. (27) In diesem Sinne sind die Worte im Bhāgavatam[221] wie [beispielsweise]: ‚Einer, der Zuflucht genommen hat, ist wie der Cātaka-[Vogel], der, zu dem man Zuflucht nimmt, ist wie eine Taube'[222]. (28) Das Charakteristikum von Schützer und Beschützten ist das, was im Falle dieser [beiden] charakterisiert wird. Ganz ähnlich wird die *prapattiḥ* auch anderswo im Śāstram (= Pāñcarātram) dargelegt. (29) So [heißt es beispielsweise]: ‚Was von einem, der einen Wunsch begehrt, durch andere Mittel nicht erreicht wird, was von einem, der Emanzipation begehrt, weder durch Sāṃkhya noch Yoga oder Bhakti erlangt wird, [nämlich] die höchste Stätte, von der man nicht wiederkehrt, von dem wird das jeweilige nur durch [Selbst-] Hingabe (*nyāsaḥ*) erlangt, Du großer Muni!'[223] (30-31) Wodurch ein zu Verwirklichendes, das im Falle der Welt und des Veda durch andere Mittel nicht zu erlangen ist, leicht erlangt wird, das ist diese *prapattiḥ*. So ist die feste Überzeugung." (32)[224]

---

[220] Rām 6, 12, 15.

[221] Dieser Vers stammt nach StRBh p. 81, 8 aus einem Bhagavacchāstram, nicht aus dem Bhāgavatapurāṇam.

[222] Zitat nicht verifizierbar.

[223] AhirS 37, 25f.

[224] PraP 2, 1-32: *buddhir adhyavasāyātmā yācñāparyavasāyinī* | *prāpyecchoranupāsya prapatte rūpam iṣyate* || 1 *ananyasādhye svābhīṣṭe mahāviśvāsapūrvakam* | *tadekopāyatāyācñā prapattiḥ śaraṇāgatiḥ* || 2 *śaraṇāgatiśabdena prapattis tu viśeṣitā* | *prapattiṃ saṃśrayed bhaktyā śaraṇāgatilakṣaṇām* || 3 *iti hy uktaṃ bhagavatā viṣvaksenāya śṛṇvate* (conj. für *sādaram*) | *ār-*

Dieser Text Varadagurus ist ein Schlüsseltext für die Geschichte der spirituellen Praxis der *prapattiḥ* innerhalb der Rāmānuja-Schule, weil er einerseits, wenigstens in der erhaltenen Sanskrit-Literatur der Schule, der älteste Text ist, in dem die Lehre vom „Zufluchtnehmen“ (*śaraṇāgatiḥ*) voll rezipiert und systema-

---

*taprapattir ity uktā saiṣā pañcāṅgasaṃyutā* || 4 *aham asmy aparādhānām ālayo 'kiñcano 'gatiḥ* | *tvam evopāyabhūto me bhaveti prārthanā matiḥ* || 5 *śaraṇāgatir ity uktā sā deve 'smin prayujyatām* | *ātmano durdaśāpattiṃ vimṛśya ca harer guṇān* || 6 *tadekopāyasaṃvittiḥ taṃ prapanno vimucyate* | *vākyeṣv eteṣu pañcāṅgā prapattir lakṣyate yathā* || 7 *nikṣepāparaparyāyo nyāsaḥ pañcāṅgasaṃyutaḥ* | *saṃnyāsas tyāga ity uktaḥ śaraṇāgatir ity api* || 8 *aṅgānāṃ lakṣyate rūpaṃ lakṣmītantre prakārataḥ* | *teṣām aṅgiphalatvaṃ ca tadrūpaṃ ca vibhāgaśaḥ* || 9 *ānukūlyam iti proktaṃ sarvabhūtānukūlatā* | *antaḥsthitāhaṃ sarveṣāṃ bhāvānām iti niścayāt* || 10 *etena vyāptivijñānāt prapattavyasya sarvaśaḥ* | *ānukūlyasya saṃkalpāt prātikūlyasya varjanam* || 11 *hiṃsādyapāyaviratiḥ uktā sarveṣu jantuṣu* | *aṅgasāmagryasampatteḥ aśakteś cāpi karmaṇām* || 12 *adhikārasya cāsiddheḥ deśakālaguṇakṣayāt* | *upāyā naiva sidhyanti hy apāyāḥ bahulās tathā* || 13 *iti yā garvahānis tat dainyaṃ kārpaṇyam ucyate* | *upāyāntaradauṣkaryāt tannivṛttir hi sūcitā* || 14 *akiṃcanādhikāritvaṃ prapatter api sūcitam* | *śakteḥ sūpasadatvāc ca kṛpāyogāc ca śāśvatāt* || 15 *īśeśitavyasambandhāt anidaṃprathamād api* | *rakṣiṣyaty anukūlān na iti yā sudṛḍhā matiḥ* || 16 *sa viśvāso bhavec chakra sarvaduṣkṛtanāśanaḥ* | *svarakṣāyogyatāṃ jñātvā prapattavyasya yuktitaḥ* || 17 *rakṣiṣyatīti viśvāsāt abhīṣṭopāyakalpanam* | *karuṇāvān api vyaktaṃ śaktaḥ svāmy api dehinām* || 18 *aprārthito na gopāyet iti tatprārthanā matiḥ* | *gopāyitā bhavety evaṃ goptṛtvavaraṇaṃ smṛtam* || 19 *yācñāparyavasāyitvaṃ prapatter ata iṣyate* | *prapattes tu prapattavyaprasādadvāratā tathā* || 20 *tena saṃrakṣyamāṇasya phale svāmyaviyuktatā* | *keśavārpaṇaparyantā hy ātmanikṣepa ucyate* || 21 *upāye ca phale caivaṃ svaprayatnanivartanam* | *svāmyāyattam iti vyaktam nikṣepasyāṅgitā tathā* || 22 *ārtaprapattāv ity eṣām aṅgānāṃ sannidhiḥ tathā* | *dṛptaprapattāv etāni bhaviṣyanty uttarottaram* || 23 *ārtadṛptavibhāgas tu śrīmadrāmāyaṇoditaḥ* | *ārto vā yadi vā dṛptaḥ pareṣāṃ śaraṇāgataḥ* || 24 *ariḥ prāṇān parityajya rakṣitavyaḥ kṛtātmanā* | *yasya dehāntarakṛte śoko dṛptaḥ sa ucyate* || 25 *yas tu prārabdhadehe 'pi śocaty ārtaḥ sa ucyate* | *ārtadṛptavibhāgena prapattir iyam ucyate* || 26 *sādhanaṃ bhagavatprāptau sa eveti sthitiḥ dṛḍhā* | *sādhyabhaktiḥ smṛtā saiva prapattir iti gīyate* || 27 *imaṃ cārtham abhipresya vaco bhāgavate yathā* | *prapannaś cātako yadvat prapattavyaḥ kapotavat* || 28 *rakṣyarakṣakayor etat lakṣaṇaṃ lakṣyam etayoḥ* | *prapattir api sāmānyāt śāstre 'nyatra prapañcitā* || 29 *yat yena kāmakāmena na sādhyaṃ sādhanāntaraiḥ* | *mumukṣuṇā yat sāṃkhyena yogena na ca bhaktitaḥ* || 30 *prāpyate paramaṃ dhāma yato nāvartate punaḥ* | *tena tenāpyate tat tat nyāsenaiva mahāmune* || 31 *sādhanāntaradussādhaṃ prāpyaṃ yallokavedayoḥ* | *sukhena prāpyate yena sā prapattir iti sthitiḥ* || 32.

tisch dargestellt ist, aber andererseits auch seiner literarischen Form nach auffallend ist. Varadaguru skizziert in dem Text diese Lehre, indem er den Anschein erweckt, als ob er eine Auswahl von autoritativen Texten des Pāñcarātra, neben anderen vor allem des Lakṣmītantram und im geringeren Maße der Ahirbudhnyasaṃhitā, gebündelt vorlegen würde. In Wirklichkeit gelingt es ihm, durch Auswahl und Anordnung der Zitate, die er mit knappen, eigenen Worten zusammenfügt, eine durchaus konsistente Theologie der *prapattiḥ* zu entwickeln. Diese Vorgangsweise ist insofern auffallend, als er in seinen anderen Werken methodisch ganz anders zu Werke geht. Sie erklärt sich jedoch daraus, daß es sich beim Prapannapārijātam um ein Werk zur religiösen Praxis handelt, in welchem es notwendig ist, zu zeigen, daß diese Praxis sehr wohl auf Offenbarung beruht, und es nicht genügt, diese Praxis nur pragmatisch darzustellen. Dennoch verwundert es, daß er keine einzige Lehrautorität der Schule zu dieser Praxis erwähnt.

Tatsächlich argumentiert Varadaguru nur aus der Tradition des Pāñcarātra und mit Hilfe einiger Zitate aus der orthodoxen Tradition wie dem Rāmāyaṇam, der Bhagavadgītā, dem Viṣṇudharmaḥ u.a. Dies ist schwer anders zu verstehen, als daß er die Lehre von der *prapattiḥ* nicht innerhalb der schulischen Gelehrtentradition findet, sondern als eigenen Entwurf entwickelt, den er aus den Texten des Pāñcarātra ableitet, die für ihn offenbar eine entscheidende Autorität sind. Dies bedeutet natürlich nicht, daß die Lehre von der *prapattiḥ* gemeinhin Lehre des Pāñcarātra war, wohl aber, daß das Pāñcarātra für Varadaguru die unmittelbare Quelle seiner *prapatti*-Theologie war.

Dies bezeugt er im Grunde auch selbst, wenn er am Ende seines Werkes, gleichsam die Quellen der Lehre von der *prapattiḥ* aufzählend, schreibt: „Durch den unerschütterlichen Grundstein des Vedānta, der Aussagen der vollkommenen Munis vor allem in der Smṛti und des ehrwürdigen Pāñcarātra ist die erhabene Brücke über den Milchozean, [nämlich] der Wandel derer, die Zuflucht genommen haben, gebildet. Jene, die auf diesem Wege das andere Ufer des Ozeans des Daseins rasch zu erlangen wünschen, sind, von früherem und späterem schlechten Karma befreit, beständig emanzipiert.“[225] Wenn man aber Varadagurus quasi-historischen

---

[225] PraP 10, 47: *trayyantasmṛtimukhyasanmunivacaḥśrīpāñcarātrācalakṣodaiḥ saṃghaṭitaḥ prapannacaritakṣīrābdhisetur mahān | ye vāñchanty*

Überblick über die Zeugnisse der Wertschätzung der *prapattiḥ* im ersten Kapitel seines Prapannapārijātam in Erinnerung hat, in dem er die Zeugnisse des Vedānta letztlich nur aus dem *prapatti*-Verständnis einer späteren vedāntischen Vorstellung vom *nyāsaḥ* interpretiert und so eine Beziehung der *prapattiḥ* zur Lehre der Upaniṣaden herzustellen sucht, dann bleibt im Grunde nur das Pāñcarātra als unmittelbare Quelle seiner *prapatti*-Theologie.

In diesem Zusammenhang fragt man sich, für wen Varadaguru dieses Werk schreibt, das er Prapannapārijātam, „Wunschbaum derer, die Zuflucht genommen haben", nennt. Wer sind die *prapanna*s? Meint er damit die frommen Vaiṣṇava seiner Tradition ganz allgemein oder nur eine bestimmte Gruppe innerhalb der Tradition, also jene, auf die sich Nārāyaṇārya in der Lehre der *kecid* bezieht[226] und denen der Adhikāra zum mystischen Weg der Bhakti, wie ihn Rāmānuja gelehrt hat, fehlt? Tatsächlich erwähnt Varadaguru in seinem Werk den fehlenden Adhikāra für den Weg der Bhakti nur am Rande als Grund für die Praxis der *prapattiḥ*. Andererseits ist er bemüht, den Weg der Bhakti der *prapattiḥ* als Mittel des Heils unterzuordnen.[227] Man möchte daraus schließen, daß Varadaguru die *prapattiḥ* als Mittel der Emanzipation grundsätzlich und für alle Anhänger seiner Tradition akzeptiert hat, auch wenn er dies vielleicht nur als wünschenswertes Ideal betrachtet hat.

Nachdem Varadaguru im ersten Kapitel seines Prapannapārijātam die Zeugnisse der Wertschätzung der *prapattiḥ* quer durch die autoritative Überlieferung dargelegt hat, widmet er das

---

*amunā pathāptum acirāt pāraṃ bhavāmbhonidheḥ te pūrvottarapāpakarmanicayaiḥ muktāḥ vimuktāḥ dhruvam* ||.

[226] Vgl. oben pp. 44ff.

[227] Vgl. beispielsweise „Denn der Bhaktiyoga samt seinen Gliedern wird die Bhakti genannt, die ein Mittel ist. Dieser vernichtet nämlich nicht das [Böse], das [zu reifen] begonnen hat und Ursache vieler Körper ist. Die *prapattiḥ* [hingegen], die die Emanzipation zur Form hat, ist als die zu verwirklichende Bhakti (*sādhyabhaktiḥ*) gelehrt. Diese, die größer ist, vernichtet aber auch jenes [Böse] der ‚Unglücklichen', das [zu reifen] begonnen hat." (PraP 10, 20-21: *upāyabhaktir ity ukto bhaktiyogo hi sāṅgakaḥ* | *bahudehanimittaṃ hi prārabdhaṃ na sa nāśayet* || 20 *sādhyabhaktir iti proktā prapattir mokṣarūpiṇī* | *ārtānāṃ bhūyasī sā tu prārabdham api nāśayet* || 21). Zum Begriff der *sādhyabhaktiḥ* siehe unten pp. 85f.

zweite Kapitel der Darlegung des Wesens (*svarūpam*) der *prapattiḥ*. Ausgehend von einer durchaus auch trivial zu verstehenden Definition der *prapattiḥ* und einem diese Definition ergänzenden Zeugnis der Tradition – Veṅkaṭanātha schreibt es einem Bharatamuni zu[228] – bestimmt er diese als „Zufluchtnehmen" (*śaraṇāgatiḥ*) in Übereinstimmung mit einem Zitat der in dieser Form nicht überlieferten Viṣvaksenasaṃhitā, das die *prapattiḥ* als *śaraṇāgatiḥ* mit der *bhaktiḥ* in Verbindung setzt, wodurch ihr Verständnis als religiöse Praxis festgelegt ist.[229]

Die von ihm so definierte *prapattiḥ* charakterisiert er näherhin als *ārtaprapattiḥ*. Es ist dies meines Wissens in der Sanskrit-Tradition der Schule der älteste Text, wo dieser Terminus begegnet, und es ist offenkundig, daß es Varadaguru letztlich um diese Form der *prapattiḥ* geht; auch wenn er die Unterscheidung in eine *ārtaprapattiḥ* und eine *dṛptaprapattiḥ* einführt. Sie kommt in den von ihm zitierten Textstellen nicht vor, so daß man sich fragt, von wo diese Lehre von den beiden Arten der *prapattiḥ* stammt. Varadaguru beruft sich auf den Vers des Rāmāyaṇam: „Wenn ein Gegner, sei er ein Unglücklicher oder ein Zufriedener, bei anderen Zuflucht genommen hat, ist er von einem, der Herr seiner selbst ist, [auch] unter Einsatz des Lebens zu schützen."[230] Der Vers ist weniger ein autoritativer Beleg für die Unterscheidung selbst als der Anlaß für Varadaguru von zwei Arten der *prapattiḥ* zu reden. Denn der Vers bietet keinen Anhaltspunkt für die damit verbundene Lehre, die eine rein spirituelle Haltung betrifft: „Wer hinsichtlich einer in einem anderen Körper gewirkten [Wiedergeburt] Leid [empfindet], wird ein Zufriedener genannt. Wer aber auch bezüglich des bereits bestehenden Körpers leidet, wird ein Unglücklicher genannt."[231]

Dieser Vers wird deutlicher, wenn man eine Bemerkung Śrīnivāsācāryas heranzieht: „Wer im Bewußtsein, daß das Karma, das zu reifen begonnen hat, genossen werden muß, die Emanzipation im Zeitpunkt erwartet, an dem dieser Körper aufhört, ist ein

[228] StRBh p. 76, 11f.

[229] PraP 2, 1-3.

[230] Rām 6, 12, 15.

[231] PraP 2, 25f.

Zufriedener (*dṛptaḥ*). Wer aber aufgrund seiner Befindlichkeit im Saṃsāra gleichsam wie in der Mitte lodernden Feuers wegen dessen Unerträglichkeit die Emanzipation gleich [nach dem Akt der *prapattiḥ*] begehrt, ist ein Unglücklicher.“[232] Diese Bemerkung zeigt, auch wenn Śrīnivāsācārya eine spätere Form der Lehre referiert haben mag, daß die Begriffe *ārtaḥ* und *dṛptaḥ* jedenfalls spirituell-religiöse Befindlichkeiten bezeichnen und daß diese Unterscheidung in zwei Arten der *prapattiḥ* sich auch später in der Schule gehalten hat. Die Unterscheidung in eine *ārta-* und eine *dṛptaprapattiḥ* findet sich auch in der Śeṣasaṃhitā des Pāñcarātra, die jedoch spät ist[233] und die beide Begriffe völlig anders versteht. So heißt es dort: „Die *prapattiḥ* ist zweifach, o Brahma: der Unglückliche und der Zufriedene, Du Viergesichtiger! Der ‚Unglückliche‘ (*ārtaḥ*) ist der, der [Erfüllung seines] Begehrens wünscht, der meine Gebote verfehlt [und] der ohne Werke [und] ohne Erkenntnis ist. Er gelangt in Wahrheit zum Genuß des Kaivalyam. Der ‚Zufriedene‘ (*dṛptaḥ*) erfreut sich eines von seinem [jeweiligen] Dharma geregelten Wandels. Er fürwahr ist makellos, hat [seine] Freude an der Vergegenwärtigung meiner Mantren [und] bewahrt immerdar meine Gebote. Er, der Wissende, der [zu mir] seine Zuflucht genommen hat, gelangt zum Genuß der Vereinigung mit Mir. Der ‚Unglückliche‘ beleidigt Mich, der ‚Zufriedene‘ ist Mir lieb, [und] so, fürwahr, werde ich dem ‚Zufriedenen‘ Vereinigung mit Mir (conj. *matsāyujyādikam*) gewähren. Dies ist das höchste Geheimnis, das verborgener ist als das Verborgene.“[234] Die Stelle re-interpretiert die Unterscheidung von *ārtaḥ* und *dṛptaḥ* ohne Berücksichtigung der alten Lehre sekundär im Sinne der ritualistischen Religiösität des Tantra.

---

[232] YMD p. 34, 22-24: *avaśyam anubhoktavyam iti prārabdhakarmānubhavan etad dehāvasānasamayam īkṣamāṇo dṛptaḥ. jājvalyamānāgnimadhyasthitasyeva saṃsārāvasthiter atiduḥsahatvāt pratyuttarakṣaṇamokṣakāma ārtaḥ.*

[233] Vgl. SMITH, Bibliography, p. 447.

[234] ŚeṣaS p. 85, 8-16: *prapattiḥ dvividhā brahman ārto dṛptaś caturmukha | kāmyārthī ārta eva syāt madājñāchedakārakaḥ || karmajñānādirahitaḥ sa vai kaivalyabhogagaḥ | svadharmaniyatācārarato dṛptas sa vai śuciḥ || manmantradhyānanirato madājñāpālakas sadā | sa vai jñānī prapannas syāt matsāyujyādibhogagaḥ || maddrohī ārta eva syāt matpriyo dṛpta eva ca | dṛptasyaiva hi dāsyāmi yat sāyujyādikaṃ tathā || idam rahasyaṃ paramaṃ guhyād guhyataraṃ bhavet |.*

Anders als bei Śrīnivāsācārya scheint bei Varadaguru, die Tonalität der Begriffe, wie er sie versteht, anders zu sein, wenn man den von ihm zitierten Abschnitt aus der Ahirbudhnyasaṃhitā ernst nimmt. So geht es beim *ārtaḥ* etwa um die Einsicht in die eigene Unzulänglichkeit und die eigene Unfähigkeit, das Heil mit irgendwelchen Mitteln zu erlangen, und das Wissen um Gottes Bereitschaft, Heil zu gewähren, nach dem der *ārtaḥ* verlangt,[235] und nicht um das Erträglich- oder Unerträglichsein des Daseins im Saṃsāra. Auch wird in Zusammenhang dieser Stelle der Ausdruck *ārtaḥ* nicht im Gegensatz zu dem des *dṛptaḥ* gesehen, sondern scheint diesen einzuschließen.

Wenn man bedenkt, daß diese Unterscheidung in keinem von Varadaguru als Autorität zitiertem Text, auch nicht in dem von ihm zitierten Vers aus dem Rāmāyaṇam, enthalten ist, könnte man mit einer gewissen Wahrscheinlichkeit annehmen, daß er es war, der die Vorstellung der *prapattiḥ* eines *dṛptaḥ* von sich aus in die Darstellung eingefügt hat.[236] Der Grund dafür scheint zu sein, daß Varadaguru bestrebt ist, die *prapattiḥ* im eben umschriebenen Sinne für alle als Mittel des Heils auszuweisen und sie nicht alternativ dem mystischen Weg der Bhakti gegenüberzustellen. Um dies tun zu können, mußte er den, der mit Rāmānuja den Weg der Bhakti als Mittel des Heils betrachtete, in irgendeiner Form in seiner Lehre von der *prapattiḥ* berücksichtigen. Er scheint dies in der Weise getan zu haben, daß er diesen als „Zufriedenen" (*dṛptaḥ*) dem „Unglücklichen" (*ārtaḥ*) gegenüberstellt.

Wenn dies auch nicht ausdrücklich gesagt wird, so legen dies seine Aussagen über die *dṛptaprapattiḥ* mit hoher Wahrscheinlichkeit nahe und entspricht dies durchaus der geistigen Gestalt seiner Lehre. Der *dṛptaḥ* ist mit seiner gegenwärtigen Existenz zufrieden.[237] In Vers 10, 20 und 22d-23ab wird der *dṛptaḥ* im

[235] Vgl. PraP 2, 4cd-6ab: „Diese wird, versehen mit [ihren] fünf Elementen, *prapattiḥ* eines Unglücklichen genannt: ‚Den Fehlern [völlig] unterworfen bin ich, ein Nichts, ohne Ausweg. Du allein sei mir Mittel [des Heils]! So ist [dabei] die geistige Haltung der Erwartung." (für den Text siehe Anm. 224). Bemerkenswert ist die kontextuelle Einfügung von AhirS 37, 30f. durch Varadaguru, der durch sie die Haltung der Erwartung (*prārthanāmatiḥ*) des bedrängten Herrschers für den *ārtaḥ* im spirituellen Sinne in Anspruch nimmt.

[236] Vgl. unten p. 88f.

[237] Vgl. PraP 10, 25.

Grunde mit dem, der den Bhaktiyoga praktiziert, gleichgesetzt.[238] Auch dieser kann sich letztlich nur auf Gott allein stützen, um das Heil zu erlangen, und muß daher seine Zuflucht zu Gott nehmen. Die Aussage PraP 3, 3: „Auch der Bhakta, der sich von Liebe getrieben allzeit [dem Erhabenen] hingibt, ohne an anderes zu denken, ist [seinerseits] unfähig, sich auf etwas anderes als Mittel und als das durch das Mittel zu Erreichende zu stützen“[239] kann nur jenen meinen, der den Bhaktiyoga praktiziert. Im gleichen Verständnis sind wohl auch die Verse PraP 2, 23ff. zu deuten, wenn gesagt ist, daß der *dṛptaḥ* die einzelnen Elemente der Bhakti nur nach und nach, also im Verlauf seiner meditativen Bemühung verwirklicht, so daß verständlich wird, daß der Bhaktiyoga als *upāyabhaktiḥ* als ein Mittel zur Verwirklichung der *sādhyabhaktiḥ* bezeichnet wird.[240] In diesem Sinne wird der *dṛptaḥ* keineswegs negativ gesehen,[241] auch wenn der *ārtaḥ* von Varadaguru vielleicht doch mehr geschätzt ist.

Es ist wohl auch kein Zufall, daß Varadaguru den Akt der *prapattiḥ* nicht wie beispielsweise Nārāyaṇārya dem Weg der *bhaktiḥ* als Alternative gegenüberstellt, sondern versucht, den Weg der *bhaktiḥ* in seine Lehre von der *prapattiḥ* zu integrieren, indem er die *prapattiḥ* als *sādhyabhaktiḥ* mit dem Bhaktiyoga in eine funktionelle Einheit einbindet. In PraP 2, 27 bemerkt er kurz: „Das feste Vertrauen [in der Überzeugung], daß eben Er selbst das Mittel der Erlangung des Erhabenen ist, ist als Bhakti, die zu verwirklichen ist (*sādhyabhaktiḥ*) überliefert, [und] eben diese wird als *prapattiḥ* besungen.“[242] Diese Gleichsetzung von *prapattiḥ* und *sādhyabhaktiḥ* ist keine Augenblicksschöpfung, sondern offenbar Bestandteil der Lehre. Varadaguru erwähnt sie auch im letzten Kapitel seines Prapannapārijātam, wenn er von der Frucht (*phalodayaḥ*) der *prapattiḥ* spricht:

---

[238] Text und Übersetzung siehe unten pp. 85f.

[239] Für den Text siehe Anm. 274.

[240] Vgl. PraP 10, 20: *upāyabhaktir iti ukto bhaktiyogo hi sāṅgakaḥ*.

[241] Hier wird ein möglicher Ansatz der späten Śeṣasaṃhitā deutlich, wenn diese den *ārtaḥ* abwertet und den *dṛptaḥ* als Ideal betrachtet.

[242] *sādhanaṃ bhagavatprāptau sa eveti sthitiḥ dṛḍhā | sādhyabhaktiḥ smṛtā saiva prapattir iti gīyate ||*.

„‚Die Bhakti, die Mittel ist, vernichtet das Übel mit Ausnahme jenes, das [bereits] zu reifen begonnen hat. Die Bhakti, die zu verwirklichen ist, die tilgt als die größere auch jenes, das [bereits] zu reifen begonnen hat.‘ (19) [Mit den Worten:] ‚Die Bhakti, die Mittel ist,‘ ist der Bhaktiyoga mit seinen Gliedern gemeint. Dieser vernichtet nämlich nicht das [Übel], das [zu reifen] begonnen hat und Ursache vieler Körper ist. (20) [Mit den Worten:] ‚Bhakti, die zu verwirklichen ist,‘ ist die *prapattiḥ* genannt, welche den Aspekt der Befreiung hat (*mokṣarūpiṇī*). Als die größere tilgt diese auch das [Übel] der unglücklichen [Zufluchtsuchenden], das [zu reifen] begonnen hat. (21) Das Übel (*agham*) der ‚zufriedenen‘ [Zufluchtsuchenden], das mit dem gegenwärtigen Körper zu genießen ist, tilgt sie aber nicht. [Damit] ist hier gesagt: Aufgrund des Bhaktiyoga wird man emanzipiert, wenn durch den Genuß in vielen Geburten die Befreiung vom [Übel], das [zu reifen] begonnen hat, [eingetreten] ist. (22-23ab) Da vom Erhabenen so gesagt ist: ‚vom Karma, das Ursache [Deines] Kummers ist, werde ich Dich befreien, sorge Dich nicht‘[243], tritt die Emanzipation des ‚Unglücklichen‘ (*ārtasya*) rasch ein, weil die *prapattiḥ* größer ist.“ (23cd-24)[244]

Dieser Text Varadagurus bezeugt, daß es zu seiner Zeit die Tendenz gab, den Weg der Bhakti der *prapattiḥ* unterzuordnen und diese als den letztlich wirklich zielführenden spirituellen Akt zu betrachten, wobei man die spirituelle Bemühung der Bhakti (*bhaktiyogaḥ*) als Bhakti, die Mittel ist, (*upāyabhaktiḥ*) verstanden hatte und ihr die *prapattiḥ* als Bhakti, die zu verwirklichen ist, gegenüberstellte. Dieser Begriff der *sādhyabhaktiḥ* hat eine besondere Bedeutung für das Verständnis der Spiritualitätsgeschichte. Zwar gibt es, meines Wissens, keine ausdrückliche Definition des mit diesem Terminus Gemeinten, doch weist die sprachliche Form des Wortes darauf hin, daß mit der *sādhyabhaktiḥ* ein zu verwirklichender geistiger Zustand gemeint ist, auf den die spirituelle Bemühung der *upāyabhaktiḥ* abzielt. Welches ist dieser? Varadaguru macht diesbezüglich eine wichtige Bemerkung: „Das Wort *bhakta-* aber meint letztlich in [seiner] primären Bedeutung den, der Zuflucht genommen hat, wie der Herr der

[243] BhG 18, 66.

[244] PraP 10, 19-25, Text siehe Anm. 260.

Heerscharen (*seneśaḥ*) in seiner Saṃhitā sagt: ‚Von den Rechtschaffenen wird mit dem Wort *bhakti-* das Dienen (*sevā*) bezeichnet, das größer ist'. Dienen ist nämlich das sich im Zustand höchster Niedrigkeit dem Herrn gegenüber Befinden. Daher wird der Zustand, in dem man einzig und allein Freude daran hat, Diener des Höchsten zu sein, *bhaktiḥ* genannt."[245] Wenn man diese Aussage ernst nehmen darf, dann kann diese Erklärung der *bhaktiḥ* nicht die *upāyabhaktiḥ* meinen, sondern nur den Zustand, den ein Bhakta letztendlich verwirklichen soll, nämlich die Bhakti, die zu verwirklichen ist, der Zustand, Diener des Erhabenen zu sein. In diesem Begriff der *sādhyabhaktiḥ* scheint sich daher, wenn diese Interpretation richtig ist, ein entscheidender Wandel in der Spiritualität der Bhakti abzuzeichnen.

Der vedāntische Weg der Bhakti-Mystik zur Erlangung des Brahma, wie er bei Rāmānuja im Śrībhāṣyam und noch bei Nārāyaṇārya und Meghanādārisūri faßbar ist, wird nunmehr zum Mittel, die *sādhyabhaktiḥ* eintreten zu lassen, die als Zustand dienender Hingabe (*sevā*, *kaiṃkaryam*) verstanden wird, durch die Gottes Heilsgnade erlangt wird beziehungsweise für den frommen Vaiṣṇava selbst diese Heilsgnade ist. Diese bringt ihrerseits, worauf schon der Herausgeber des Prapannapārijātam hinweist,[246] eine dreifache Frucht: unendliche Freude (*anuttamā prītiḥ*, PraP 10, 4ab), das Nichthaften und die Vernichtung des vorher und später begangenen guten und schlechten „Übels" (*uttarapūrvayoḥ* || *aśleṣaś ca vināśāś ca puṇyapāpamayāghayoḥ* |, PraP 10, 15d-16ab) und das in der Vereinigung mit dem Brahma endende Aufsteigen zur jenseitigen Welt (PraP 10, 26-29). Die Vorstellung von der *sādhyabhaktiḥ* als dienende Hingabe scheint schon in der Formel von der „höheren Bhakti, der höheren Erkenntnis und der höchsten Bhakti" (*parabhaktiparajñānaparamabhaktiḥ*) im Śaraṇāgatigad-

---

245 PraP 10, 8cd-10: *bhaktaśabdas tu mukhyoktyā prapanne paryavasyati* || 8 *ātmīyasaṃhitāyāṃ tu yathā seneśa uktavān* | *sevā tu procyate sadbhiḥ bhaktiśabdena bhūyasī* || 9 *sevā cātyantanīcatvāpattir hi svāminaṃ prati* | *tasmāt parasya dāsyaikarasatā bhaktir ucyate* || 10.

246 PraP p. 56, Anm. zu 136. Vgl. auch NM p. 67, wo Nārāyaṇārya von einer dreifachen Frucht des *upāsanam* spricht, nämlich vollständige Vernichtung der Schuld (*sakalakalmaṣakṣapaṇam*), das Aufsteigen des *jīvaḥ* im Tode auf den Weg des Lichtes (*arcirādigatiḥ*) und die Erlangung des Brahma (*brahmaprāptiḥ*).

yam Rāmānujas vorgebildet zu sein,[247] auch wenn die „höchste Bhakti“ (*paramabhaktiḥ*) der Formel noch nicht im Sinne der *sādhyabhaktiḥ* verstanden werden sollte, sondern vielleicht eher im Sinne der höchsten Form der *bhaktiḥ*, in der sie aufgrund der besonderen Intensität der Vergegenwärtigung (*bhāvanāprakarṣaḥ*) Schau-Charakter bekommt.[248]

Die spirituelle Praxis der *prapattiḥ* mit ihren fünf Elementen wird von Varadaguru an Hand der entsprechenden Lehre des Lakṣmītantram dargestellt, so daß die Verse PraP 2, 8-23 eine Art Kommentierung des Abschnittes 17, 66-75 des Lakṣmītantram sind. Varadaguru beginnt seine Darstellung der spirituellen Praxis der *prapattiḥ* mit jenem Vers des Lakṣmītantram, in dem alte Termini, mit denen im Verständnis der Tradition das Phänomen der *śaraṇāgatiḥ* bezeichnet wird, erwähnt sind.[249] Der Vers ist für ihn interessant, weil er es durch die Gleichsetzung von *nikṣepaḥ*, *nyāsaḥ*, *saṃnyāsaḥ* und *tyāgaḥ* mit der *śaraṇāgatiḥ* ermöglicht, die Kontexte der jeweiligen Termini, wenn es erwünscht ist, auf die *śaraṇāgatiḥ* zu beziehen. Varadaguru stellt ihn aber bewußt an die Spitze seiner Darlegung,[250] weil er es ihm darüber hinaus ermöglicht, von fünf Gliedern der *śaraṇāgatiḥ* zu sprechen,[251] während der die Besprechung der Glieder der *śaraṇāgatiḥ* im Lakṣmītantram eröffnende Vers 17, 60-61ab in Übereinstimmung mit Ahirbudhnyasaṃhitā 37, 25ff. von sechs solchen Gliedern spricht: „Der Wille zur Gleichförmigkeit (*ānurūpyasya saṃkalpaḥ*), das Vermeiden der Ungleichförmigkeit (*prātikūlyavarjanam*), das feste Vertrauen (*viśvāsaḥ*): ‚Er wird [mich] beschützen‘, ebenso das zum Beschützer Erwählen (*goptṛtvavaraṇam*), das Hingeben seiner selbst (*ātmanikṣepaḥ*) und die Armseligkeit (*kārpaṇyam*) machen die sechsfaltige *śaraṇāgatiḥ* aus.“[252]

---

[247] Siehe ŚarG 2; 16; 17 und 20.

[248] Vgl. oben pp. 31ff.

[249] LT 17, 75 = PraP 2, 8.

[250] Dies wird deutlich, weil er diesen Vers vorwegnimmt und nicht wie die anderen Verse in der ursprünglichen Reihenfolge behandelt.

[251] Vgl. *nyāsaḥ pañcāṅgasaṃyutaḥ*.

[252] LT 17, 60f. = AhirS 37, 28-29ab: *ānukūlyasya saṃkalpaḥ prātikūlyasya varjanam | rakṣiṣyatīti viśvāso goptṛtvavaraṇaṃ tathā || ātmanikṣepakārpaṇye ṣaḍvidhā śaraṇāgatiḥ |*.

Varadaguru zählt selbst das Hingeben seiner selbst (*ātmanikṣepaḥ*) nicht zu den Gliedern (*aṅgaḥ*) der *śaraṇāgatiḥ*, weil er dieses mit ihr gleichsetzt. Dies ergibt sich aus der bewußten Beschränkung auf fünf Glieder und aus der Bemerkung PraP 2, 22, wo der *ātmanikṣepaḥ* als *aṅgī*, als das Ganze, dem diese Glieder zukommen, bezeichnet wird. Auch Varadagurus Deutung der *prapattiḥ* als „Opfer seiner selbst" mit Hilfe des Dvaya-Mantra[253] bestätigt, daß der *ātmanikṣepaḥ* selbst für ihn der Akt der *prapattiḥ* ist und dieser, religionshermeneutisch gesehen, der zentrale Gedanke seiner *prapatti*-Theologie ist. Denn es ist letztlich der theologische Sinngehalt, der Varadagurus rein formale Definition der *prapattiḥ* in PraP 2, 1 religiös gesehen vertieft und zu einem den ganzen Menschen erfassenden Akt macht, in dem der Zufluchtsuchende jede von ihm manipulierbare Hilfe aufgibt und sich Gott radikal ausliefert: „Daher wird das Aufgeben [jedes] Anrechtes des zu Schützenden auf die Frucht [seiner Werke], das damit endet, daß er [sie] auf Keśava überträgt, [*ātma*-]*nikṣepaḥ* genannt."[254] Die Besprechung der einzelnen Glieder der *prapattiḥ* führt Varadaguru an Hand von Zitaten aus dem betreffenden Abschnitt des Lakṣmītantram durch, denen er im Grunde nur wenige eigene Bemerkungen hinzufügt, die jedoch nicht über das in den Zitaten Gesagte hinausgehen.[255]

Neu hingegen dürfte, wie oben[256] vermutet, die Unterscheidung der *prapattiḥ* in eine *ārta-* und eine *dṛptaprapattiḥ* sein, die in den von ihm zitierten Pāñcarātrasaṃhitās zu fehlen scheint und die er mit einem Zitat aus dem Rāmāyaṇam einführt.[257] Auffallend an diesem Text ist, daß Varadaguru ein Zitat des Rāmāyaṇam als Autorität für diese Unterteilung erwähnt. Nicht daß das Rāmāyaṇam als Autorität zitiert wird, ist auffallend, sondern der Umstand, daß diese Stelle kein Beleg ist für den offenkundig metaphorischen

---

[253] Siehe PraP 1, 4ff.

[254] PraP 2, 21 = LT 17, 74: *tena saṃrakṣyamāṇasya phale svāmyaviyuktatā | keśavārpaṇaparyantā hy ātmanikṣepa ucyate ||*.

[255] Siehe die Übersetzung von PraP 2, 8-20 oben pp. 75f. und das zur Lehre von der *prapattiḥ* im Lakṣmītantram Gesagte pp. 126ff.

[256] Siehe pp. 83ff.

[257] PraP 2, 24-26.

Gebrauch der Bezeichnungen „Unglücklicher" und „Zufriedener" in Varadagurus Lehre von der *prapattiḥ*. Denn das Rāmāyaṇam meint diese sicher nicht in einem spirituellen Sinne.[258] Auffallend ist weiter, daß er keine Autorität für diese Unterscheidung erwähnt, die einen solchen spirituellen Sinn belegen würde. All dies könnte Anzeichen dafür sein, daß Varadaguru hier tatsächlich eigene Gedanken vorträgt, die er an dem Vers des Rāmāyaṇam festmacht.

Dies scheint sich bei einer Analyse von PraP 10, 19-25 zu bestätigen. Dort spricht Varadaguru von der Tilgung des Übels (*agham*), die die *prapattiḥ* bewirkt:

„Das zuvor [begangene] ‚Übel' des ‚Zufriedenen' schwindet, außer jenem, das im gegenwärtigen Körper zu genießen ist. [Alles] andere Übel haftet nicht, außer jenem, das später [begangen wird und] mit Absicht [begangen] größer ist [und] ohne [jede] Reue bis zum Tod besteht. Genau dieser Sachverhalt wurde vom Erhabenen [mit den Worten] dargelegt: (16cd-18) ‚Die Bhakti, die Mittel ist, vernichtet das Übel mit Ausnahme jenes, das [bereits] zu reifen begonnen hat. Die Bhakti, die zu verwirklichen ist, die tilgt als die größere auch jenes, das [bereits] zu reifen begonnen hat.' (19) [Mit den Worten:] ‚Die Bhakti, die Mittel ist' ist der Bhaktiyoga mit seinen Gliedern gemeint. Dieser vernichtet nämlich nicht das [Übel], das [zu reifen] begonnen hat und Ursache vieler Körper ist. (20) [Mit den Worten:] ‚Bhakti, die zu verwirklichen ist' ist die *prapattiḥ* genannt, welche den Aspekt der Befreiung hat (*mokṣarūpiṇī*). Als die größere tilgt diese auch das [Übel] der unglücklichen [Zufluchtsuchenden], das [zu reifen] begonnen hat. (21) Das Übel (*agham*) der ‚zufriedenen' [Zufluchtsuchenden], das mit dem gegenwärtigen Körper zu genießen ist, tilgt sie aber nicht. [Damit] ist hier gesagt: Aufgrund des Bhaktiyoga wird man emanzipiert, wenn durch den Genuß in vielen Geburten die Befreiung vom [Übel], das [zu reifen] begonnen hat, [eingetreten] ist. (22-23ab) Da vom Erhabenen so gesagt ist: ‚vom Karma, das Ursache [Dieses] Kummers ist, werde ich Dich befreien, sorge Dich nicht'[259], tritt die Emanzipation des ‚Unglücklichen' (*ārtasya*) rasch ein, weil die *prapattiḥ* größer ist. (23cd-24) Weil der ‚Zufriedene' (*dṛptaḥ*) aufgrund seines gegenwärtigen Körpers keinen Kummer

[258] Siehe die entsprechende Stelle des Rāmāyaṇam unten pp. 101f.

[259] BhG 18, 66.

empfindet, wird er [erst] am Ende seines Körpers befreit. Dies ist der Unterschied hinsichtlich des Zeitpunktes der Befreiung.“ (25)[260]

Die Stelle ist für Varadagurus Unterscheidung des Zufluchtnehmens eines ‚Unglücklichen‘ (*ārtaprapattiḥ*) und eines ‚Zufriedenen‘ (*dṛptaprapattiḥ*) wichtig, wenn auch nicht völlig eindeutig zu interpretieren, solange das von ihm verwendete Zitat nicht verifiziert wurde, weil man nicht weiß, wie weit dieses Zitat reicht. Doch scheint Varadaguru mit PraP 10, 20 und 21 die Ausdrücke *upāyabhaktiḥ* und *sādhyabhaktiḥ* vom Standpunkt der Schule aus zu kommentieren und mit dieser Kommentierung seine Lehre von der Heilswirksamkeit der *prapattiḥ* zu verbinden. Er tut dies, indem er zunächst die im Zitat vorkommenden Begriffe der *upāyabhaktiḥ* und der *sādhyabhaktiḥ* mit den in der Schule praktizierten spirituellen Praktiken des *bhaktiyogaḥ* und der *prapattiḥ* gleichsetzt (PraP 10, 20 und 21). Als weiteren Schritt führt er die Lehre von der unterschiedlichen Heilswirksamkeit der *prapattiḥ* ein, je nachdem es sich um einen ‚Unglücklichen‘ (*ārtaḥ*) oder einen ‚Zufriedenen‘ handelt (PraP 10, 21cd-22ab). Auffallend ist, daß er diese Lehre mit dem Bhagavadgītā-Vers: „vom Karma, das Ursache [Deines] Kummers ist, werde ich Dich befreien, sorge Dich nicht“ (BhG 18, 66d) begründet, und zwar, indem er den Vers nur bruchstückhaft zitiert und aus eigenem modifizierend ergänzt, indem er den Ausdruck *sarvapāpebhyaḥ* des Gītā-Verses (BhG 18, 66c) durch *karmaṇaḥ śokahetoḥ* ersetzt. Dadurch wird es ihm möglich aus dem unterschiedlichen Kummer eines „Unglücklichen“ (*ārtaḥ*) und eines „Zufriedenen“ (*dṛptaḥ*) die Unterschied-

---

[260] PraP 10, 16cd-25: *prārabdhadehabhogyaṃ tu vinā dṛptasya naśyati* || 16 *pūrvāgham uttarāghaṃ tu matipūrvaṃ mahattaram* | *ādehapatanād vṛttam anutāpavivarjitam* || 17 *yat tad vinaivāśleṣaḥ syāt anyasyāghasya yuktitaḥ* | *ayam artho bhagavatā saviśeṣam udīritaḥ* || 18 *upāyabhaktiḥ prārabdhavyatiriktāghanāśinī* | *sādhyabhaktis tu sā hantrī prārabdhasyāpi bhūyasī* || 19 *upāyabhaktir ity ukto bhaktiyogo hi sāṅgakaḥ* | *bahudehanimittaṃ hi prārabdhaṃ na sa nāśayet* || 20 *sādhyabhaktir iti proktā prapattir mokṣarūpiṇī* | *ārtānāṃ bhūyasī sā tu prārabdham api nāśayet* || 21 *prārabdhadehabhogyaṃ tu dṛptasyāghaṃ na nāśayet* | *etad uktaṃ bhavaty atra bhaktiyogād vimucyate* || 22 *prārabdhakarmanirmoke bahujanmopabhogataḥ* | *karmaṇaḥ śokahetos tvāṃ mokṣayiṣyāmi mā śucaḥ* || 23 *evaṃ bhagavatoktatvād etad dehe 'pi śocanāt* | *ārtasya sadyo muktiḥ syāt prapattir bhūyasī yataḥ* || 24 *dṛptaḥ prārabdhadehāt tu na śocati yataḥ tataḥ* | *dehānte mucyate saiṣā mokṣakālavyavasthitiḥ* || 25.

lichkeit der Befreiung vom *agham* (=*karma*) zu begründen (PraP 10, 24-25).

Versucht man diese Argumentation als Ganze zu bewerten, so muß man sagen, daß Varadaguru vor der Notwendigkeit steht, die unterschiedliche Heilswirksamkeit von *bhaktiyogaḥ* und *prapattiḥ* entsprechend zu begründen, und daß es zum Zweck dieser Begründung offenbar keine unmittelbare Aussage der autoritativen Überlieferung gab, auch keinen autoritativen Lehrtext der Schule, auf die er sich hätte berufen können. Dieser Schluß scheint sich durch die umständliche Argumentierung vermittels der autoritativen Aussage über die *upāya-* und *sādhyabhaktiḥ* aufzudrängen. Wenn es weiter richtig ist, daß es Varadaguru letztlich um die unterschiedliche Wirksamkeit von *ārtaprapattiḥ* und *dṛptaprapattiḥ* geht und der Ausdruck *etad uktam bhavati atra* (PraP 10, 22a) nicht als Einleitung eines Zitates zu verstehen ist,[261] kann man mit guter Wahrscheinlichkeit annehmen, daß Varadaguru hier einen Glaubensinhalt der Tradition, der noch nicht ausdrücklich fixiert war und noch nicht Allgemeingut der Schule geworden war, in die Theologie der *prapattiḥ* eingeführt hat, die zunächst wohl einfach als „Zufluchtnehmen" eines „Unglücklichen", nämlich eines, der nach der emanzipierenden Vereinigung mit Gott verlangt und kein Mittel dazu hatte, verstanden wurde,[262] und daher die Unterscheidung von zwei Arten des „Zufluchtnehmens" eine sekundäre Erweiterung dieser Lehre gewesen ist. Tatsächlich bedeutet diese Erweiterung auch nicht einen Unterschied im Wesen der *prapattiḥ*, sondern berücksichtigt lediglich die spirituelle Intensität des nach Gott Strebens. Der „Zufriedene" strebt letztlich so wie der „Unglückliche" nach Vereinigung mit Gott, ist aber mit seinem welthaften Dasein zufrieden und erstrebt die Vereinigung mit Gott erst nach dem Genuß seines Karma, das zu reifen be-

---

[261] Tatsächlich begegnet diese oder eine ähnliche Formulierung schon bei Rāmānuja immer dann, wenn er eine bestimmte Aussage erklären will, und ist nie als Einleitung eines Zitates verwendet.

[262] Vgl. PraP 2, 27, wo von der *prapattiḥ* ganz allgemein gesagt ist: „Das feste Vertrauen [in der Überzeugung], daß eben Er selbst das Mittel der Erlangung des Erhabenen ist, ist als Bhakti, die zu verwirklichen ist (*sādhyabhaktiḥ*) überliefert, [und] eben diese wird als *prapattiḥ* besungen." (*sādhanaṃ bhagavatprāptau sa eveti sthitiḥ dṛḍhā | sādhyabhaktiḥ smṛtā saiva prapattir iti gīyate ||*).

gonnen hat, durch die spirituelle Praxis des Bhaktiyoga. Der „Unglückliche“ ist auch mit seiner gegenwärtigen Existenz unglücklich und verlangt, ohne den Bhaktiyoga zu praktizieren, nach der unmittelbaren Vereinigung mit Gott.[263] Hier wird der Wandel in der Wertung der *śaraṇāgatiḥ* völlig deutlich: Die *śaraṇāgatiḥ* ist nicht mehr Alternative zum Bhaktiyoga für jene, die keinen Adhikāra zum Vedānta-Studium haben, wie bei Nārāyaṇārya, sondern die spirituell schlechthin endgültige Form der Hingabe an Gott.

Im Zusammenhang mit dem oben zitierten Text[264] ist festzuhalten, daß die dort erwähnte völlige Vernichtung jedes „Übels“ (*agham*) durch die *ārtaprapattiḥ* nicht im Sinne einer „Emanzipation zu Lebzeiten“ (*jīvanmuktiḥ*) verstanden werden darf, die von der Schul-Tradition abgelehnt wird. Der Ausdruck *mukti-* bzw. *mokṣa-* in PraP 10, 24f. dürfte sich nicht unmittelbar auf die Emanzipation des *ārtaprapannaḥ* beziehen, sondern zunächst auf die Befreiung von dem „Übel“ (*agham*), das ihm im gegenwärtigen Körper Kummer bereitet, wie zuvor[265] gesagt ist. Dieses steht der dienenden Nähe zum Erhabenen entgegen und läßt so den *ārtaprapannaḥ* auch seinem gegenwärtigen Körper gegenüber Kummer empfinden. Die vollständige Vernichtung des „Übels“ schließt jedoch die Möglichkeit mit ein, daß der *ārtaprapannaḥ* durch die Gnade Viṣṇus unmittelbar nach seinem Akt der *prapattiḥ* im Tode von seinem Körper befreit wird.[266]

(3) Um zu beurteilen, welche Bedeutung die spirituelle Praxis des „Zufluchtnehmens“ (*śaraṇāgatiḥ*, *prapattiḥ*) in der Schule zur Zeit Varadagurus gehabt hat, ist das dritte Kapitel seines Prapannapārijātam aufschlußreich, das die Frage behandelt, wem der Adhikāra zum „Zufluchtnehmen“ zukommt.[267] Diese

---

[263] Vgl. PraP 10, 24 und 25. Vgl. auch YMD p. 34, 23f.: *jājvalyamānāgnimadhyasthitasyeva saṃsārāvasthiter atiduḥsahatvāt pratyuttarakṣaṇamokṣakāma ārtaḥ.*

[264] PraP 10, 19-25; siehe Anm. 260.

[265] PraP 10, 22. Vgl. auch PraP 10, 23: *karmaṇaḥ śokahetos tvām mokṣayiṣyāmi mā śucaḥ.*

[266] Vgl. PraP 10, 26-32ab.

[267] Vgl. PraP Einleitung Vers 5.

Frage gewinnt insofern Bedeutung, als noch Nārāyaṇārya eine beschränkte Akzeptanz des *prapadanam* als Mittel des Heils bezeugt und es als solches nur entsprechend dem Adhikāra des Betreffenden anerkennt; mit anderen Worten, nur für jene, die keinen Adhikāra zum Studium des Veda und damit der Upaniṣaden besaßen. Der Text dieses Kapitels lautet:

„Das zur *prapattiḥ* Berechtigtsein (*adhikāritā*) kommt dem zu, der nach einem zu Erlangenden verlangt [und] keines anderen Mittels [dazu] fähig ist, weil der Angehörige eines jeden Varṇa Sattvahaftigkeit usw. besitzt. (1) ‚Denn diese verleiht überall jedem die Frucht seiner Wünsche‘[268], ist sie doch so für alle zur Erlangung jeder Frucht eingesetzt. (2)

Der die *prapattiḥ* zum Ausdruck bringende Mantra ist in den Kaṭhavallīs usw. geoffenbart.[269] Dieser, der aus 25 Silben besteht [und] ein und dieselbe Bedeutung wie der Praṇava besitzt,[270] wird mit Ṛṣi usw. und seinen Gliedern im Pādmapurāṇam im Gespräch Parāśaras und Vasiṣṭhas ausführlich dargelegt. (3-4) Dort ist die Berechtigung [zu seinem Gebrauch] für alle (*sarvādhikāratvam*) festgelegt und ebenso, daß er [nur] einmal rezitiert zu werden braucht; in der gleichen Weise ist es auch anderswo vom Erhabenen im Śāstram [festgelegt]. (5) Daher besteht die Berechtigung (*adhikriyā*) [zum Gebrauch des] Dvaya[-Mantra] auch für andere als die Angehörigen der [obersten] drei Varṇas zufolge des den Beschaffenheitsträger betreffenden Erkenntnismittels[271]. Sowohl im Veda als auch in der Welt ist diese [Berechtigung] anerkannt; aufgrund des Erkenntnismittels wie [die] des Wagenbauers usw. bei dem vedischen [Ritual der] Feuergründung usw. [oder] wie [die Berechtigung] der Gattin zum Mantra beim [rituellen] Betrachten der zerlassenen Butter usw.; (6-7) oder anders kommt die Berechtigung zum Dvaya[-Mantra] wegen einer [möglichen] Ver-

---

[268] Sanatkumārasaṃhitā. Nicht im überlieferten Text, siehe unten p. 112.

[269] Vgl. PraP 1, 6 und die Anm. des Herausgebers. Es handelt sich nicht um die Kaṭha-Upaniṣad.

[270] Vgl. PraP 1, 4-5ab.

[271] Der Ausdruck *dharmigrāhakamānam* scheint, wie der Herausgeber in seiner Übersetzung zum Ausdruck bringt, den Träger einer solchen Berechtigung zu meinen.

fehlung der erlernten Abfolge [der Rezitation] oder eines [möglichen] Fehlers hinsichtlich des Akzentes usw. [beim Rezitieren vedischer Mantren] jedem zu, oder aber [jedenfalls] allen nach Art der Tāntrika. (8)

[Diese] Berechtigung zur *prapattiḥ* besteht [sowohl] für den Unwissenden [als auch] für den, der in Besitz des ganzen Wissens ist, und für den Bhakta. Für den Unwissenden besteht sie zu recht aufgrund [seiner] Unfähigkeit, ein anderes Mittel zu erkennen. (9) Jener, der das ganze Wissen besitzt, nimmt, klar erkennend, daß derartige [andere] Mittel vom Erhabenen trennen, seine Zuflucht [zu Ihm], indem er sich vom Weg des Yoga abwendet. (10) Auch der Bhakta, der sich von Liebe getrieben allzeit [dem Erhabenen] hingibt, ohne an einen anderen zu denken, ist [seinerseits] unfähig, sich auf etwas anderes als Mittel und als das durch das Mittel zu Erreichende zu stützen. (11) [Das ist es,] was von Śaunaka in der Erklärung des Jitaṃte-Mantra gesagt wurde: ‚Hari ist Weg und Ziel für den Unwissenden, für den, der das ganze Wissen hat, und für den Bhakta‘[272]. (12) Auch ist von Lakṣmī in ihrem Tantram bezüglich der *prapattiḥ* gesagt: ‚Dies ist die Zuflucht der Unwissenden. Nur dies ist [die Zuflucht] der Weisen, dies ist die Zuflucht jener, die zum anderen Ufer queren wollen, dies die Zuflucht jener, die nach dem Unendlichen verlangen‘[273]. (13-14ab) Den, der die Eigenschaften des Glaubens usw. (*āstikyādi-*) besitzt, nennt das Śāstram einen Berechtigten (*adhikāriṇam*). Wie der Erhabene im Śāstram dem [aufmerksam] hörenden Viṣvaksena sagt: ‚Wer in dieser Weise Zuflucht nimmt, wird sein Ziel erreicht haben. (14cd-15) Dieses Geheimnis ist von den Veden und den Purāṇen anerkannt. (16) [Dieses] von mir verkündete Geheimnis der Geheimnisse ist in den Upaniṣaden gepriesen. Keinem Nicht-Initiierten, keinem, der kein Bhakta ist, darf es jemals mitgeteilt werden; auch nicht jemandem, der nicht zu hören wünscht [und] keinen Glauben hat, (17) [niemandem,] der keine Hingabe zum Lehrer hat, [niemandem,] der keine Unterweisung bezüglich der Bījas, Piṇḍas und Padas erhalten hat; [auch] nicht aus Großmütigkeit darf es mitgeteilt werden. So hat es mir, o Dviradānana,

---

[272] Zitat unbekannt.

[273] LT 17, 100.

der Herr der Welten gesagt. Auch Dir, der Du ein Bhakta bist, wurde von mir, was ich einst vernommen habe, mitgeteilt.‘ (19)“[274]

Betrachtet man diesen Text als Ganzen in seiner Intention und seinem Aufbau, so ist immerhin auffallend, daß Varadaguru ein ganzes Kapitel seines Prapannapārijātam der Frage nach der Berechtigung zur *prapattiḥ* widmet, das in seiner Ausführung offenbar Varadagurus eigener Beitrag ist, der letztlich den Nachweis erbringen will, daß alle in gleicher Weise zur *prapattiḥ* berechtigt sind. Der Text ist gleichsam ein Gegenstück zur Darstellung des *prapadanam* in Nārāyaṇāryas Nītimālā. Die Breite der Argumentation Varadagurus zeigt vor diesem Hintergrund, daß Varadaguru sich offenbar genötigt sah, seine Auffassung von der Berechtigung aller ausführlich zu begründen; entweder weil er eine Lehre vertrat, die neu war, oder weil diese nicht von der ganzen Schultradition geteilt wurde. Dabei ging es ihm nicht darum zu zeigen, daß nicht nur die nicht den drei höheren Kasten ange-

---

[274] PraP 3, 1-19: *ananyopāyaśaktasya prāpyecchor adhikāritā | prapattau sarvavarṇasya sāttvikatvādiyogataḥ* (conj. *sāttvikatvādiyoginaḥ*) || 1 *sā hi sarvatra sarveṣāṃ sarvakāmaphalapradā | iti sarvaphalaprāptau sarveṣāṃ vihitā yataḥ* || 2 *prapatter vācako mantraḥ kaṭhavallyādiṣu śrutaḥ | ayaṃ purāṇe pādme tu parāśaravasiṣṭhayoḥ* || 3 *saṃvāde praṇavaikārthaḥ pañcaviṃśativarṇakaḥ | ṛṣyādisahitaḥ sāṅgaḥ bhūyobhūyaḥ prapañcyate* || 4 *tatra sarvādhikāritvaṃ sakṛduccāryatā tathā | vidhīyate tathānyatra śāstre bhagavatāpi ca* || 5 *traivarṇiketarasyāpi dvaye tasmād adhikriyā | dharmigrāhakamānena siddheyaṃ lokavedayoḥ* || 6 *yathā hi rathakārādeḥ agnyādhānādivaidike | yathājyāvekṣaṇādau tu mantre patnyāḥ pramāṇataḥ* || 7 *yad vādhītakramāpāyāt svarāder vā vilopataḥ | dvayasya sarvādhikṛtiḥ sarveṣāṃ tāntrikaṃ tu vā* || 8 *ajñasarvajñabhaktānāṃ prapattāv adhikāritā | upāyāntaravijñānāśakter ajñasya yujyate* || 9 *sadṛśopāyavaidhuryaṃ sākṣād bhagavato vidan | sarvajñaḥ śaraṇaṃ yāti yogamārgaparāṅmukhaḥ* || 10 *sarvakālaṃ premavaśāt bhajan bhakto ’py ananyadhīḥ | upāyaṃ vāpy upeyaṃ vā kṣamo ’nyaṃ nāvalambitum* || 11 *jitantāmantravivṛtau śaunakena yad īritam | ajñasarvajñabhaktānāṃ gatir gamyo bhaved dhariḥ* || 12 *idaṃ śaraṇam ajñānām idam eva vijānatām | idaṃ titīrṣatāṃ pāram idam ānantyam icchatām* || 13 *iti lakṣmyā svatantre ’pi prapattāv anuvarṇitam | āstikyādiguṇopetaṃ śāstraṃ vakty adhikāriṇam* || 14 *yathāha bhagavān śāstre viṣvaksenāya śṛṇvate | ya evaṃ śaraṇaṃ gacchet kṛtakṛtyo bhaviṣyate* || 15 *etad rahasyaṃ vedānāṃ purāṇānāṃ ca sammatam | guhyād guhyaṃ mayā proktaṃ nigamānteṣu kīrtitam* || 16 *nādīkṣitāya vaktavyaṃ nābhaktāya kadācana | na cāśuśrūṣave vācyaṃ nāstikāya kadācana* || 17 *gurubhaktir na yasyāsti bījapiṇḍapadādiṣu | nopadeśas tu yasyāsti na vaktavyaṃ hitārthinā* || 18 *ity uktavān jagannātho dviradānana māṃ prati | mayāpi tava bhaktasya kathitaṃ yat śrutaṃ purā* || 19.

hörenden Vaiṣṇavas diese Berechtigung haben, wie PraP 3, 6 nahelegen könnte,[275] vielmehr ging es ihm darum, nachzuweisen, daß die *prapattiḥ* auch für die Angehörigen der drei höheren Kasten das eigentliche Mittel des Heils ist.

Varadaguru gliedert seinen Text in vier Abschnitte, von denen die ersten drei die eigentliche Argumentation enthalten und den drei Schritten seiner Argumentation genau entsprechen: (a) Die allgemeine Berechtigung zur *prapattiḥ* resultiert aus ihrer Natur (PraP 3, 1-2). (b) Der beim Vollzug der *prapattiḥ* zu verwendende Mantra ist der in den Kaṭhavallīs geoffenbarte Dvaya-Mantra, den alle berechtigt sind zu verwenden (PraP 3, 3-8). (c) Die *prapattiḥ* ist Mittel des Heils nicht nur für die Unwissenden und jene, die als Wissende den Weg des Yoga gehen, sondern ebenso auch für die Bhaktas Viṣṇu-Nārāyaṇas (PraP 3, 9-15). (d) Die *prapattiḥ* ist ein Geheimnis, das in der orthodoxen Tradition anerkannt ist und in den Upaniṣaden gerühmt wird. Dieses darf nur besonders qualifizierten Heilsuchenden mitgeteilt werden (PraP 3, 16-19).

(a) Ausgangspunkt und erster Argumentationsschritt ist für Varadaguru die allgemeine Definition der *prapattiḥ* als das Mittel, etwas zu erreichen, das man auf andere Weise nicht erreichen kann. Diese allgemeine Bestimmung der *prapattiḥ*, mit der Varadaguru schon seine Erörterung des Wesens der *prapattiḥ* im zweiten Kapitel eröffnet hatte,[276] wird zum Argument dafür, daß jeder zum „Zufluchtnehmen“ berechtigt ist. Dieses Argument wird vertieft und gestützt, wenn Varadaguru es mit der Bemerkung begründet „weil der Angehörige eines jeden Varṇa Sattvahaftigkeit usw. besitzt“[277]. Leider wird das mit diesem Ausdruck Gemeinte von ihm nicht näher erklärt. Wenn man jedoch davon ausgeht, daß dadurch die allgemeine Berechtigung zur *prapattiḥ* begründet werden soll, kann es sich wohl nur um einen Hinweis darauf handeln, daß die Angehörigen jedes Varṇa die gleiche psychische Struktur besitzen, so daß mit diesem Ausdruck eigentlich nur die

---

[275] PraP 3, 6 sagt nämlich nur, daß auch jene, die nicht den drei höheren Kasten angehören, und auch die Frauen zum Gebrauch des Dvaya-Mantra berechtigt sind.

[276] Vgl. PraP 2, 1-2.

[277] *sarvavarṇasya sāttvikatvādiyogataḥ*. Die Konjektur des Herausgebers *-yogataḥ* : *-yoginaḥ* ist wohl anzunehmen.

gleiche Geprägtheit des psychischen Apparates durch die Guṇas der Urmaterie gemeint sein kann und daher die Zugehörigkeit zu einer bestimmten Kaste für den Wunsch des jeweiligen Heilssuchenden bedeutungslos ist. Entscheidend scheint zu sein, daß der psychische Apparat des Betreffenden von Sattvam geprägt ist, falls der Terminus *sāttvika-* nicht im allgemeinen Sinne von „Tugendhaftigkeit" zu verstehen ist. Mit dieser Bemerkung hat daher Varadaguru die Begründung für die Berechtigung aller zur *prapattiḥ* aus der allgemeinen Natur der *prapattiḥ* als ethischer Norm auch auf die Berechtigung zur *prapattiḥ* als spirituellen Akt zur Erlangung der Emanzipation ausgedehnt. Denn Angehörige aller Varṇas haben aufgrund der Konstituiertheit ihres psychischen Apparates, wenn das Sattvam vorherrscht, in gleicher Weise auch den Wunsch nach Emanzipation.

(b) Der zweite Schritt in Varadagurus Argumentation ist der Berechtigung (*adhikāraḥ*) zu dem bei der *prapattiḥ* verwendeten Dvaya-Mantra gewidmet. Varadaguru weist darauf hin, daß dieser aus vedischer Tradition stammt[278] und in der purāṇischen Tradition als wesensgleich mit dem Praṇava betrachtet wird.[279] Dies kann wohl nur an die Angehörigen der drei höheren Varṇas gerichtet sein, um ihnen den Zugang zur *prapattiḥ* zu erleichtern. Darüber hinaus bemüht sich Varadaguru zu zeigen, daß der Gebrauch vedischer Mantren nicht nur auf Angehörige der drei höheren Varṇas beschränkt ist und auch Frauen gestattet ist. Auch dies scheint zunächst an die Angehörigen höherer Kasten gerichtet zu sein, um zu zeigen, daß der Dvaya-Mantra trotz seines vedischen Ursprunges sehr wohl auch von Menschen anderer Abkunft oder von Frauen eben bei dem spirituellen Akt der *prapattiḥ* verwendet werden darf.[280] Die Notwendigkeit solcher Argumentation legt nahe, daß es zur Zeit Varadagurus diesbezüglich in der Schule sehr wohl gewisse Vorbehalte gegeben hat.

(c) Der dritte Schritt seiner Argumentation scheint für Varadaguru von besonderer Wichtigkeit zu sein. Denn er besagt nicht mehr und nicht weniger, als daß die *prapattiḥ* nicht nur für die Un-

---

[278] Vgl. PraP 3, 3ab: *prapatter vācako mantraḥ kaṭhavallyādiṣu śrutaḥ* |.

[279] Vgl. PraP 3, 3cd-4: *ayaṃ purāṇe pādme ... praṇavaikārthaḥ pañcaviṃśativarṇakaḥ ... prapañcyate* ||.

[280] Vgl. PraP 3, 5-7.

wissenden und die dem Yoga Ergebenen Gültigkeit hat, sondern in gleicher Weise auch für jene, die, soweit es ihren Adhikāra betrifft, den Weg der Bhakti gehen könnten, weil auch der Bhakta kein anderes Mittel hat, Gott zu erlangen, als diesen selbst: „Auch der Bhakta, der sich von Liebe (*premaḥ*) getrieben allzeit [dem Erhabenen] hingibt, ohne an einen anderen zu denken, ist [seinerseits] unfähig, sich auf etwas anderes als Mittel und als das durch das Mittel zu Erreichende zu stützen.“[281] Hier scheint Varadaguru nicht gegen den Bhaktiyoga als solchen zu argumentieren, sondern darauf hinzuweisen, daß auch auf dem Weg der Bhakti nur Gott selbst das Mittel des Heils ist und somit auch der Bhakta den Akt der *prapattiḥ* vollziehen muß, die hier mit der Formel von Gott als Mittel (*upāyaḥ*) und dem durch das Mittel zu Erreichenden (*upeyaḥ*) umschrieben ist. Mit diesem Argumentationsschritt hat Varadaguru gezeigt, daß alle, selbst der Bhakta, der den von Rāmānuja gelehrten Weg der Bhakti-Meditation geht, die Berechtigung zur *prapattiḥ* haben.[282]

### *Nicht-tantrische Quellen zur Lehre von der śaraṇāgatiḥ*

Es ist nicht der Zweck dieses kurzen Exkurses über die nicht-tantrischen Quellen der Lehre von der *śaraṇāgatiḥ* als spirituelle Praxis, die Entwicklung dieser Lehre in der viṣṇuitisch-brahmanischen Orthodoxie ausgehend von der Bhagavadgītā über die großen Epen und die Purāṇen nachzuzeichnen. Dies würde weit über den Rahmen dieser Arbeit hinausgehen. Vielmehr soll hier an Hand einiger wichtig erscheinender Texte gezeigt werden, daß es für das Aufkommen dieser Lehre sowohl im Pāñcarātra als auch in der Rāmānuja-Schule eine theologische Reflexion gegeben hat, in der diese Lehre ursprünglich entstanden ist und die nicht dem Pāñcarātra verpflichtet war. Diese wird einerseits in Varadagurus Prapannapārijātam faßbar, das neben anderen ausdrücklich die Upaniṣaden-Tradition und das Rāmāyaṇam als Quelle dieser Lehre erwähnt,[283] aber auch in Texten einer der brahmanischen Orthodo-

---

[281] PraP 3, 11. Text siehe Anm. 274.

[282] Vgl. Varadagurus grundsätzliche Bemerkung, mit der er dieses Kapitel eröffnet: *ananyopāyaśaktasya prāpyecchor adhikāritā* (PraP 3, 1ab).

[283] Vgl. PraP 1, 1ff. und 10, 47 (46 ohne zusätzlichen Śloka 30).

xie verpflichteten Tradition nicht-vedischer Zeit begegnet, wie beispielsweise in jenem der *bhaktiḥ* verpflichteten und als Gebet stilisierten Text, der in die Paramasaṃhitā eingefügt wurde und so älter als die überlieferte Form dieser Saṃhitā sein muß.[284] Die Frage, in wie weit das Jitaṃtestotram, das ebenfalls in der Paramasaṃhitā zitiert wird,[285] dem gleichen Traditionsstrom zuzuzählen ist, kann in diesem Zusammenhang nicht geklärt werden.

(a) Wie erwähnt,[286] referiert Varadaguru in PraP 1, 1ff. eine Auffassung des *nyāsaḥ*, den er mit der *śaraṇāgatiḥ* gleichsetzt, die auf einer exegetischen Interpretation von Mahānārāyaṇa-Upaniṣad 24, 2 und 25 beruht und auch im 37. Kapitel der Ahirbudhnyasaṃhitā faßbar ist.[287] Diese Interpretation ihrerseits dürfte nicht die *śaraṇāgatiḥ* gemeint haben, sondern den *nyāsaḥ*, von dem die Upaniṣad spricht, nämlich die Lebenshaltung des Waldaszeten, die sie, den Gedanken der Upaniṣad weiterdenkend, spirituell als „Opfer des Selbstes im Feuer des Brahma" versteht.[288] Für die Lehre der *śaraṇāgatiḥ* war diese Deutung des *nyāsaḥ* erst von Bedeutung, als diese auf die *śaraṇāgatiḥ* bezogen wurde. Wer diesen Schritt getan hat, bleibt beim gegenwärtigen Stand unserer Kenntnis ungewiß. Varadaguru hat den so verstandenen *nyāsaḥ* jedenfalls mit der *śaraṇāgatiḥ* gleichgesetzt, doch muß ihm die Deutung der *śaraṇāgatiḥ* als „Selbstopfer" bereits vorgelegen sein, da er selbst diese Deutung im Kapitel über das Wesen (*svarūpam*) der *śaraṇāgatiḥ* nicht mehr erwähnt[289] und von ihm durch den Begriff des *ātmanikṣepaḥ* als „Übergabe seinerselbst [an den Gott]" ersetzt wurde. Dieser dürfte seinerseits in der vedisierenden Vaiṣ-

---

[284] Siehe Abschnitt (c), pp. 103ff.

[285] ParS 29, 21-33. Das wenige, das zu dieser Frage gesagt werden kann, und die Übersetzung des Textes siehe unten pp. 164-167.

[286] Siehe pp. 70ff.

[287] Siehe p. 119f. und OBERHAMMER, Ahirbudhnyasaṃhitā 37.

[288] War in der Upaniṣad der Ātmā der Opferherr (*yajamānaḥ*), das Begehren (*kāmaḥ*) die zu spendende geschmolzene Butter (*ājyam*) und der Zorn (*manyuḥ*) das Opfertier, so ist in dieser Interpretation das eigene Selbst (*jīvaḥ*) die Opfergabe (*haviḥ*) geworden; vgl. PraP 1, 4f.

[289] Vgl. auch die nach dem Herausgeber im Rahasyatrayasāra zitierte Smṛti: *havigṛhītvātmarūpaṃ vasuraṇyeti mantrato juhuyāt praṇavenāgnau acyutākhye sanātane* (siehe PraP p. 3, Anm. 9).

ṇava-Tradition im Zusammenhang mit der Formulierung der sechs Charakteristika der *śaraṇāgatiḥ* geprägt worden sein. Jedenfalls spricht Varadaguru in seinem Prapannapārijātam später unter Berufung auf das Lakṣmītantram nur noch vom *ātmanikṣepaḥ*;[290] ein Begriff, der für ihn im Sprachspiel der Brahma-Lehre offenbar die Vorstellung vom „Opfer des Selbstes im mächtigen Feuer des Brahma" (PraP 1, 4) weiterführte.[291]

(b) Unabhängig von diesem Strang ihrer Entwicklung geht die Lehre von der *śaraṇāgatiḥ* außerhalb des Tantra jedenfalls in ihrem Ursprung auf Bhagavadgītā 18, 66 und die daran anschließende Theologie zurück, wobei dieser Vers selbst, falls er tatsächlich von der *śaraṇāgatiḥ* in einem technischen Sinn spricht,[292] bereits Ergebnis einer theologischen Reflexion sein muß, insofern er voraussetzt, daß ein ethisches Prinzip, nämlich das Prinzip, daß ein Hilfesuchender, der bei jemanden Zuflucht genommen hat, von diesem nicht zurückgewiesen werden dürfe,[293] auf Gott angewendet ist und dank der Göttlichkeit Kṛṣṇas absolute

---

[290] Dieser Begriff begegnet in LT 17, 61 als eines der sechs Merkmale der *śaraṇāgatiḥ*; diese Lehre von den sechs Merkmalen dürfte jedoch dort nicht ursprünglich sein (vgl. unten pp. 133 und 136f.).

[291] Diese Vorstellung des Selbstes als Opfergabe (*ātmahaviḥ*) ist noch bei Veṅkaṭanātha belegt: *samastātmahaviḥ prati uddeśyaiko devatātvādiveṣe-ṇa vā* ... ($NyS_1$ p. 362, 2). Vgl. auch die im Rahasyatrayasāra von ihm zitierte Smṛti (siehe Anm. 289).

[292] Tatsächlich begegnet das Wort *śaraṇam* nur an vier Stellen in der Bhagavadgītā, nämlich 2, 49; 9, 18; 18, 62 und 18, 66. Von diesen Stellen spricht 2, 49 sicher nicht vom Zufluchtnehmen im Sinne der *śaraṇāgatiḥ*. In 9, 18 bedeutet *śaraṇam* wohl nur „Zufluchtstätte" als die sich der Erhabene unter anderem bezeichnet, und in 18, 62 und 66 wird Arjuna persönlich angesprochen und können beide Stellen kontextuell wohl kaum als allgemeine Aufforderung zur *śaraṇāgatiḥ* als spirituelle Praxis im späteren Sinne verstanden werden.

[293] Siehe Manu 11, 189 mit dem Kommentar des Medhātithi, ibid. 11, 197; auch Viṣṇusmṛtiḥ 54, 32; Yājñavalkyasmṛti 3, 288; Nāradadharmaśāstra 12, 73; Bṛhaspatismṛtiḥ 1, 11, 7 und 18. Vgl. auch Arthaśāstra 14, 3, 51 (*upāyiśaraṇam*); dieses ethische Prinzip ist in einem Vers Bharatamunis (s. StRBh p. 76, 11f.), der von Varadaguru PraP 2, 2 zitiert wird, zu einem „Mittel auf andere Weise Unerreichbares zu erlangen" verfremdet, was vielleicht auch nur auf die Kürze der Diktion zurückzuführen ist: *ananyasādhye svābhīṣṭe mahāviśvāsapūrvakam | tadekopāyatāyācñā prapattiḥ śaraṇāgatiḥ* ||.

Gültigkeit als geoffenbarte Wahrheit gewinnt. Etwas ganz Ähnliches geschieht mit den Aussagen des Rāmāyaṇam, auf die sich sowohl Rāmānuja[294] als auch Varadaguru[295] in Zusammenhang mit der *śaraṇāgatiḥ* stützen. Alle diese Aussagen stammen aus dem Abschnitt Rām 6, 12, 13-20, in dem erzählt wird, wie Rāma nach Anhörung der Meinung seiner Verbündeten, ob Vibhīṣaṇa, dem Bruder Ravaṇas, der bei ihm Zuflucht genommen hat, Schutz gewährt werden solle oder nicht, mit folgenden Worten seinen Entschluß, Vibhīṣaṇa Schutz zu gewähren, verkündet:

„Höre die dem Dharma völlig entsprechende Strophe, die einst vom großen Seher Kaṇḍu, dem Wahrheit sprechenden Sohn des Sehers Kaṇva, gesungen wurde: (13) Einem Unglücklichen, der mit gefalteten Händen bittend Zuflucht genommen hat, großer Aszet, darf man [, auch wenn er] ein Feind ist, aus Menschlichkeit nicht töten, (14) sei er ein Armseliger (*ārtaḥ*) oder voller Stolz (*dṛptaḥ*), wenn er bei [seinen] Feinden Zuflucht genommen hat. Ein [solcher] Feind ist von einem, der Herr seiner Selbst ist, [auch] unter Einsatz des Lebens zu schützen. (15) Wenn dieser [ihn] aus Furcht, Verblendung oder begehrender Leidenschaft nicht mit [allen] seinen Kräften schützt, wie es sein [soll], ist dies eine böse [Tat], die von jedermann verurteilt wird. (16) Geht er, der Zuflucht genommen hat, unter den Augen dessen, der [ihm] Zuflucht gewährt hat, zugrunde, [so] geht der Ungeschützte dahin und nimmt all das, was jener Gutes getan hat, mit sich. (17) Wenn man Zufluchtnehmende nicht schützt, [liegt] darin ein großes Vergehen, das nicht zum Himmel führt und ruhmlos ist, das Kraft und Heldentum vernichtet.‘ (18) – Ich werde dem trefflichen Wort Kaṇḍus entsprechend handeln, das völlig in Übereinstimmung mit dem Dharma ist,[296] möge es [mir] zum Ruhme gereichen und [mich] beim Eintreten der Frucht [dieser Taten] zum Himmel führen. (19) Dies ist mein Gelöbnis: Ihm, der auch nur einmal mit der Bitte: ‚Dein bin ich!‘ [bei mir] Zuflucht genommen hat, gewähre ich Freiheit von Furcht vor allen Wesen.“[297]

---

[294] ŚarG 22.

[295] PraP 1, 26f. und 2, 24f.

[296] Diese Bemerkung ist wohl als Hinweis auf die Lehre der Dharmaśāstren zu nehmen. Vgl. Anm. 293.

[297] Rām 6, 12, 13-20: *ṛṣeḥ kaṇvasya putreṇa kaṇḍunā paramarṣiṇā* | *śṛṇu gāthāṃ purā gītāṃ dharmiṣṭhāṃ satyavādinā* || 13 *baddhāñjalipuṭaṃ dī-*

Der Text spricht für sich selbst. Auch er wird erst im Verständnis einer späteren Zeit, für die Rāma eine Erscheinung Gottes geworden ist, zu einer Offenbarungsaussage über die *śaraṇāgatiḥ* als spirituelle Praxis. In der Sicht des Heldenepos handelt er lediglich vom ethischen Verhalten von Menschen zu Menschen entsprechend der Überlieferung des Dharma, angewandt auf das ethische Verhalten heldischen Lebensstils.[298] Erst in einer theologischen Perspektive werden die Aussagen Rāmas zu Offenbarungsaussagen über die *śaraṇāgatiḥ* als Mittel höchsten Heils und ermöglichen es Varadaguru, den Zufluchtnehmenden (*prapannaḥ*) in einen „Armseligen" (*ārtaḥ*) und einen „Zufriedenen" (*dṛptaḥ*)[299] zu unterscheiden. Erst als Offenbarungsaussagen sind sie die Grundlage dafür, daß in der Reflexion und gedanklichen Entfaltung von BhG 18, 66 das ethische Prinzip der Dharma-Texte so konkretisiert werden konnte, daß es zu einem Strukturprinzip spirituellen, zum Heil führenden Verhaltens werden konnte.

(c) Die eigentliche spirituelle Dynamik gewinnt das Phänomen der *śaraṇāgatiḥ* nicht aus der Deutung der *śaraṇāgatiḥ* im Sinne der Exegese von MNārU 24, 2 und 25 als „Selbstopfer im Feuer des Brahma",[300] wenngleich diese in der Vorstellung von der *śaraṇāgatiḥ* als *ātmanikṣepaḥ* latent erhalten bleibt, sondern aus

---

*naṃ yācantaṃ śaraṇāgatam | na hanyād ānṛśaṃsyārtham api śatruṃ paraṃtapa* || 14 *ārto vā yadi vā dṛptaḥ pareṣāṃ śaraṇaṃ gataḥ | ariḥ prāṇān parityajya rakṣitavyaḥ kṛtātmanā* || 15 *sa ced bhayād vā mohād vā kāmād vāpi na rakṣati | svayā śaktyā yathātattvaṃ tat pāpaṃ lokagarhitam* || 16 *vinaṣṭaḥ paśyatas tasya rakṣiṇaḥ śaraṇāgataḥ | ādāya sukṛtaṃ tasya sarvaṃ gacched arakṣitaḥ* || 17 *evaṃ doṣo mahān atra prapannānāṃ arakṣaṇe | asvargyaṃ cāyaśasyaṃ ca balavīryavināśanam* || 18 *kariṣyāmi yathārthaṃ tu kaṇḍor vacanam uttamam | dharmiṣṭhaṃ ca yaśasyaṃ ca svargyaṃ syāt tu phalodaye* || 19 *sakṛd eva prapannāya tavāsmīti ca yācate | abhayaṃ sarvabhūtebhyo dadāmy etad vrataṃ mama* || 20.

[298] So wird 6, 12, 14ff. nur von der Begegnung mit Feinden gesprochen und ist die Aussage Rāmas: *evaṃ doṣo mahān atra prapannānāṃ arakṣaṇe | asvargyaṃ cāyaśasyaṃ ca balavīryavināśanam* || (6, 12, 18) nur in der Sicht heldischen Denkens zu verstehen.

[299] Auch diese Termini haben in der Sicht des Heldenepos eine andere Bedeutung als bei Varadaguru. Vgl. oben pp. 81f. und 88ff.

[300] PraP 1, 4: *jīvātmānaṃ haviḥ kṛtvā taccharīre mahīyasi | brahmāgnau juhuyād om ity anena dvayarūpiṇā* ||.

einer tiefen Bhakti-Frömmigkeit und der den *ātmanikṣepaḥ*, das „Übergeben seiner Selbst“ an den Zuflucht gewährenden Gott positiv wertenden Erwartung, bleibend Gottes Diener zu werden, wie dies wohl schon in der Vaiṣṇava-Theologie außerhalb des Tantra gelehrt worden sein muß.

Die *śaraṇāgatiḥ* als frommer Akt der Bhakti wird in der Sanskrit-Tradition beispielsweise schon in einem Text faßbar, der in den überlieferten Text der Paramasaṃhitā eingegangen ist und so jedenfalls älter als diese und daher auch älter als die Texte der Rāmānuja-Schule sein muß, in denen von der *śaraṇāgatiḥ* die Rede ist. Im 30. Kapitel der Paramasaṃhitā begegnet ein Textstück, das eine lange meditative Analyse des Daseins im Saṃsāra darstellt und damit endet, daß sich das meditierende Subjekt betend Gott zuwendet und bei diesem Hilfe suchend Zuflucht nimmt. Der Text lautet: „Allein bin ich ins Leben getreten in jener Zeit und so wie ich bin, mit dieser Gestalt versehen, nachdem ich diesen Körper erlangt hatte. (37) Auch früher schon hat es irgendwo im Lande eine Geburt von mir gegeben, eine, [was die] Fülle der Vorzüge [betrifft], sehr hohe oder niedere oder [auch] mittelmäßige. (38) Es wird eine weitere Geburt von mir geben, was immer sie ist, eine erfreuliche oder eine unerfreuliche, [und] es wird mit Sicherheit [noch] eine andere als diese geben. (39) Niemand ist mit mir, wenn ich aus [irgend]einem Mutterschoß (*mātur āśrayāt*) geboren werde oder mir allein überlassen sterbe. (40) Wenn ich sterbe, entsteht keinem anderen irgendein Leid. Wenn ich glücklich bin, ist niemand anderer glücklich. Und so bin ich ohne Freund. (41) Allein bin ich [in die Welt] gekommen. Allein bin ich [hier in der Welt]. Allein werde ich auch [noch] in einen anderen Körper [ein]gehen. [Dies] ist gewiß. (42) Ob ich lange Zeit lebe oder auch nur eine mittlere Lebenszeit habe oder nur kurz lebe, das [berührt] mich; nicht [berührt es] in gleicher Weise einen anderen. (43)

Was früher von anderen genossen wurde und gegenwärtig von mir genossen wird, wird bei meinem Abscheiden (*apāye*) wiederum von anderen genossen werden. (44) Der Ort [, an dem ich lebe,] gehört nicht mir, nicht dieser [mein] Besitz, [noch meine] Machtstellung (*aiśvarya*), und [nicht] diese [meine Diener], diese [meine] Frauen, diese [meine] Söhne [und] diese [mir] Lieben. (45) Sie alle gehen ihren eigenen Zielen nach. Keiner aber ist für mich da. Diese Krankheit quält mich, und es quält mich dieses [mein] Alter. (46) Auch habe ich anderes Leid. Und so ist dieses schmerzliche [Dasein] nur meines. Was ich im vorigen Jahr erfahren habe, das erfahre ich [wieder] in diesem Jahr. (47) Die Pflichten, die dort vorher getan wurden, müssen hier [wieder] getan werden, wie die Speise, die am vergangenen Tag genossen wurde, auch heute [in gleicher Weise] gegessen wird. (48) Auch heute tut man in der gleichen Weise [sein] Werk, geht man in der gleichen Weise schlafen. So tut es das Vieh, [tun es] die Vögel und tun es die [anderen] Lebewesen. (49) Zwischen ihnen und mir sehe ich keinen Unterschied. [Alle] Lebewesen freuen sich in ihrem Dasein, zu dem sie geboren sind (*jātam*), wenn auch unterschiedlich. (50) Sei daher die Geburt erfreulich oder unerfreulich, gleichviel! Daher hege ich keine Hoffnung in das Geborenwerden, noch in das Anhäufen [von Schätzen], (51) nicht in Wissen, noch Schönheit, nicht in Freunde noch Verwandte. Ich kenne keinen, der mir anhangt, keinen, der in meiner Verfügung wäre. (52) Ich sehe nur mich [allein], eingetaucht in den Ozean des Wesenskreislaufes. Wie ein Wanderer auf dem Wege Freunde [macht], Speise, Geld und Unterkunft hat, so nur betrachte ich die Gegebenheiten dieses Lebens. Wie ein Vogel [seine] Höhle [im Baum] in Besitz nimmt und [wieder] verläßt, (53-54) so gibt es kein verläßliches Bestehen in diesem Körper. Woher bin ich zuvor gekommen? Wohin werde ich wieder gehen? (55) Wieviel [Zeit] werde ich hier verbringen? Alles das weiß ich nicht. Alles Vergangene und [alles] Gegenwärtige (*aparokṣam*) ist für mich fruchtlos, (56) auch alles Zukünftige. In der Zwischenzeit, was wird mir zustoßen?

Deshalb verlange ich nach [jener] Zuflucht (*śaraṇam icchāmi*), wie immer sie ist, die den [Viṣṇu] ausschließlich Ergebenen[301] zuteil wird. (57) Anderenfalls schwindet mir im Wesenskreislauf die Angst nicht. Unversehrtheit [meiner] Sinne, in gleicher Weise Unterscheidungskraft [meines] Denkens (58) habe ich, Dank Gott, wegen [meiner] früher getanen günstigen Werke in diesem Leben erlangt. Ich muß mich anstrengen, [auch] in dieser Geburt Günstiges zu tun, (59) damit mir in einer späteren Geburt die volle Entfaltung der Vollkommenheiten zuteil werden möge. Im Tun

[301] Zu *ekāntisaṃhitam* vgl. auch Gītārthasaṃgrahaḥ 29 und PraP 5, 2ff.

von Werken sehe ich keinen Weg zur Seligkeit. (60) [Ich] lasse [nur] ihre Frucht wachsen, deren Leidhaftigkeit groß ist, und [bringe durch sie] die Erkenntnis zum Schwinden. In den Veden, in den Lehrsystemen (*śāstra*) und Āgamas findet man aber nur Werke [, die vorgeschrieben werden,] (61) und durch diese schwindet zu keiner Zeit die seelische Qual. Deshalb muß ich nach irgendeiner bleibenden Stütze streben, die frei von Leid ist. (62-63ab) Denn das Geringfügige (*kiṃcidarthaḥ*) [, was ich tue,] soll von Nutzen begleitet sein. Nicht in den Epen und Purāṇen, noch in der Welt, in den Veden und Āgamas sehe ich irgend etwas, kein Wesen, das höher wäre denn Viṣṇu. Daher nehme ich bei Dir allein Zuflucht (*tasmāt tvām eva śaraṇaṃ prapadye*), der Du liebevoll bist zu den [Dir] Anhangenden (63cd-64). Ohne Begehren werde ich, der ich in Gedanken, Reden und Tun fest zu [meinen] Vorsätzen stehe, keinen Gedanken irgendwann auf [irgendwelche] Wünsche richten. (65) Was soll mir die [Erfüllung] eines oder auch zweier Wünsche? Das [von mir] Begehrte ist Vollendung (konj. *siddhir*). Daher nehme ich, ohne eine Frucht zu erwarten, [meine] Zuflucht zu Hari (*prapadye śaraṇaṃ harim*). Diesbezüglich steht mein Entschluß fest aus ausschließlicher unerschütterlicher Hingabe (*ekāntadṛḍhayā bhaktyā*)."[302]

[302] ParS 30, 37-67ab: *aham ekaḥ prasūto 'smi saṃprāpya vapur īdṛśam | asmin kāle yathā cāsmi rūpeṇānena saṃyutaḥ* || 37 *pūrvam apy abhavaj janma viṣaye mama kutracit | uttamaṃ vādhamaṃ vā yat samaṃ vā guṇasaṃpadām* || 38 *janmāntaraṃ ca me bhāvi kim apy asti śubhāśubham | tasmād apy aparaṃ janma dhruvam eva bhaviṣyati* || 39 *na ca māṃ jāyamānaṃ vā kutaścin mātur āśrayāt | ekākī* (konj. *ekāki*) *mriyamāṇaṃ vā kaścid apy anudhāvati* || 40 *mama duḥkhena nānyasya duḥkhaṃ kim api jāyate | matsukhena sukhī nānyaḥ tasmān na suhṛdo mama* || 41 *eka evāham āyāta eka evāham āsthitaḥ | eka eva gamiṣyāmi dehāntaram api dhruvam* || 42 *yaj jīvāmi ciraṃ kālaṃ yaj jīvāmi ca madhyamam | yaj jīvāmi kṛśaṃ cedaṃ mama nānyasya tatsamam* || 43 *idam anyaiḥ purā bhuktaṃ bhujyate ca mayādhunā | punar apy etad evānyair madapāye 'pi bhokṣyate* || 44 *naivāspadaṃ mamaivedaṃ dhanam aiśvaryam eva vā | ete bhṛtyā ime dārā ete putrā ime priyāḥ* || 45 *ete svārthaṃ pravartante naike tu nihitaṃ mama | bādhate mām iyaṃ vyādhir bādhate mām iyaṃ jarā* || 46 *santāpo me paraś ceti mamaiveyaṃ ca vedanā | pūrve saṃvatsare dṛṣṭam asmin paśyāmi vatsare* || 47 *tatra pūrvaṃ kṛtaṃ kāryam atra kartavyatāṃ gatam | atīte divase bhuktam annam adyāpi bhujyate* || 48 *tathaiva kriyate karma tathaivādyāpi supyate | kurvanti paśavaś caiva pakṣiṇo jantavas tathā* || 49 *mama teṣāṃ ca paśyāmi na viśeṣaṃ kadācana | svasyāṃ jātau pramodante viśeṣenāpi jantavaḥ* || 50 *tasmāj janma śubhaṃ vā syād aśubhaṃ vā samaṃ tu tat | tasmāj jāte*

Daß dieser Textabschnitt der Paramasaṃhitā ein Zitat ist, geht daraus hervor, daß er ohne jede Überleitung in Vers 37 einsetzt, so daß man versucht ist, das Subjekt des Satzes, das Wort *aham*, auf den im vorhergehenden Vers in der Ich-Form sprechenden Gott zu beziehen, und daß erst nach 30 Versen das klärende *ity evaṃ darśanaṃ kuryāt* folgt. Auch ist sein gedanklicher Inhalt so fern der ritualistischen Denkart des Tantra, daß er höchstens von dem den Text der Paramasaṃhitā überarbeitenden Ācārya[303] stammen könnte. Dies ist jedoch praktisch auszuschließen, da sich der Text trotz seiner Bhakti-Geprägtheit dadurch, daß er Viṣṇu als alleinige „Zuflucht" (*śaraṇam*) in den Mittelpunkt stellt, nicht in den unmittelbaren Kontext fügt. Dazu kommt, daß das „Zufluchtnehmen" als spirituelle Praxis in der Paramasaṃhitā überhaupt fehlt, wenn man von unserem Text und dem Jitaṃtestotram absieht, das seinerseits ein Zitat ist.

Der Text ist bemerkenswert, insofern er, anders als der Kontext der Saṃhitā, als Text keinen Adressaten hat, sondern gleichsam monologisch in die Spannung zwischen dem „Ich" des

---

*na viśvāso mamāsti nidhaneṣu ca* || 51 *na vidyāsu na rūpeṣu na mitreṣu na bandhuṣu* | *madāyattaṃ na jānāmi madvidheyaṃ na cāparam* || 52 *mām ekam eva paśyāmi magnaṃ saṃsārasāgare* | *adhvagasya yathā mārge mitram annaṃ dhanaṃ gṛham* || 53 *evam evāsya paśyāmi jātāṃ me jīvitām imām* | *śakuniḥ koṭaraṃ yadvad ātiṣṭhati jahāti ca* || 54 *evam eva śarīre 'smin na viśvāsyā mama sthitiḥ* | *kuto 'ham āgataḥ pūrvaṃ kva gamiṣyāmi vā punaḥ* || 55 *kiyad vā viharāmy atra na jāne sarvam īdṛśam* | *ākrāntam aparokṣaṃ me sarvaṃ viphalam eva ca* || 56 *anāgataṃ tathā sarvam antarāle kim asti me* | *tasmāc charaṇam icchāmi kiṃcid ekāntisaṃhitam* || 57 *anyathā mama saṃhare* (konj. *saṃsāre*) *bhayaṃ vā na nivartate* | *indriyāṇām avaikalyaṃ vivekaṃ manasas tathā* || 58 *asmin janmany avāptaṃ me diṣṭyā pūrvakṛtaiḥ śubhaiḥ* | *asmin janmani yatnena kartavyaṃ kuśalaṃ mayā* || 59 *yena me saṃpadāṃ puṣṭir bhaved uttarajanmani* | *śreyo mārgaṃ na paśyāmi kriyamāṇeṣu karmasu* || 60 *anuvardhī phalaṃ teṣāṃ suduḥkhaṃ jñānanāśanam* | *karmāṇy eva tu dṛśyante vedaśāstrāgameṣu ca* || 61 *na ca tair mānasaṃ tāpaḥ sarvakāleṣu naśyati* | *tasmād ālaṃbanaṃ kiṃcit kūṭastham anupadravam* || 62 *eṣitavyaṃ mayā kiṃcid artho hy arthānvito bhavet* | *na ca viṣṇoḥ paraṃ kiṃcit paśyāmi puruṣaṃ sthitam* || 63 *itihāsapurāṇeṣu lokavedāgameṣu ca* | *tasmāt tvām eva śaraṇaṃ prapadye bhaktavatsala* || 64 *manasā karmaṇā vācā nirapekṣo dṛḍhavrataḥ* | *na karomi ca kāmeṣu kadācid api mānasam* || 65 *kiṃ mamaikena kāmena dvābhyāṃ vā siddhim* (konj. *siddhir*) *īpsitam* | *tasmāt phalam anākāṃkṣat* (konj. *anākāṃkṣan*) *prapadye śaraṇaṃ harim* || 66 *ekāntadṛḍhayā bhaktyā vyavasāyo 'tra me dhruvaḥ* |.

[303] Zur Überarbeitung der Paramasaṃhitā siehe Anm. 154.

Menschen und dem „Du“ des höchsten Gottes zurückgenommen ist und so die existenzielle Situation des Individuums im Dasein thematisiert. Für die Geistigkeit des Textes scheint das Fehlen jedes „Sündenbewußtseins“ charakteristisch zu sein; es wird auch nicht die „Armseligkeit“ des Individuums zum Anlaß des Zufluchtnehmens. Die Spiritualität des Textes entfaltet sich lehrhaft-reflektierend aus der Grundbefindlichkeit des Menschen im Wesenskreislauf. Er lenkt den Blick auf das allein das Leben leben Müssen, „zurückgeworfen auf sich selbst“.[304] In einem zweiten Schritt entwirft er eine Art „Phänomenologie“ des Daseins im Saṃsāra, indem er die Monotonie der sich wiederholenden Situationen thematisiert und die Ausweglosigkeit dieses Daseins, die „Unbeheimatetheit“ des Subjektes in diesem immer Wiederkehren der Geburten aufzeigt.[305] Aus der Reflexion dieser Grundbefindlichkeit des Daseins im Saṃsāra bricht letztlich die Einsicht auf, daß der Mensch in keinem Tun (*karma*) und in keinem im Saṃsāra zu Erstrebenden Heil finden kann, sondern die ausschließliche Hingabe (*bhaktiḥ*) an Hari, zu dem das Subjekt Zuflucht nimmt, die einzige Hoffnung des Menschen auf bleibendes Heil (*siddhiḥ*) ist.[306] Das bei Gott Zufluchtnehmen bleibt in diesem Text an die Bhakti gebunden. Es ist weder eine Alternative noch ein Ersatz der Bhakti.[307] Auch zeigt die erste Erwähnung des „Zufluchtnehmens“ in Vers 57: *tasmāc charaṇam icchāmi kiṃcid* (!) *ekāntisaṃhitam* eine ganz andere Tonalität als etwa das „Zufluchtnehmen“ in Yāmunamunis Stotraratnam,[308] das wohl die älteste Erwähnung der Haltung der *śaraṇāgatiḥ* in der Schultradition ist. Die Art der Ausdrucksweise ist nüchterner, wenn man will, intellektueller.

[304] ParS 30, 37-43.

[305] ParS 30, 44-62ab.

[306] ParS 30, 62cd-67ab.

[307] Selbst in den entscheidenden Versen, die vom Zufluchtnehmen sprechen, bleibt die Bhakti die das Zufluchtnehmen bestimmende Haltung des Subjektes: *tasmāt ... prapadye śaraṇaṃ harim || ekāntadṛḍhayā bhaktyā* (66cd-67a). Auch dürfte es kein Zufall sein, daß der höchste Gott an der einzigen Stelle, an der er direkt angesprochen ist, als *bhaktavatsalaḥ* bezeichnet wird.

[308] StR 22: *na dharmaniṣṭho 'smi na cātmavedī na bhaktimāṃs tvaccaraṇāravinde | akiñcano 'nanyagatiḥ śaraṇya tvatpādamūlaṃ śaraṇaṃ prapadye.*

Auch das Motiv des zufluchtnehmenden Subjektes: *kiṃ mamaikena kāmena dvābhyāṃ vā siddhir* (konj. für *siddhim*) *īpsitam* zeigt eine deutlich andere Spiritualität als die durch die *śaraṇāgatiḥ* geprägte Spiritualität der Schule. Bemerkenswert ist in diesem Zusammenhang, daß in unserem Text jeder Hinweis auf den Dvaya-Mantra wie auch jede Anrufung der Göttin fehlt, die für die am Dvaya-Mantra orientierte Frömmigkeit der späteren Schultradition charakteristisch ist.

Natürlich wissen wir nicht, ob uns der ganze Text vorliegt oder nur ein Bruchstück von diesem. Wenn es aber richtig ist, daß sich in jedem Teil eines Textes die charakteristische Geistigkeit des ganzen Textes ausdrückt, kann man wohl sagen, daß der Text keine Anzeichen eines tantrischen Denkens enthält und eine religiös weniger emotionale Spiritualität zeigt als die spätere Tradition der Śrīvaiṣṇavas. Am ehesten möchte man ihn einer viṣṇuitischen brahmanischen Denktradition zuordnen, welche eine gewisse Nähe zu den klassischen Heilssystemen bewahrt hat. Daß er aber eine Vorstufe in der Entwicklung der Lehre von der *śaraṇāgatiḥ* belegt, ist außer Frage.

(d) In Zusammenhang mit der Frage nach den nicht-tantrischen Quellen der Praxis der *śaraṇāgatiḥ* in der späteren Schultradition stellt sich weiter die nicht unwichtige Frage nach der Herkunft der Vorstellung, daß der Mensch im Zustand der Emanzipation ewiger „Diener" (*kiṃkaraḥ*) Gottes ist und dies die Erfüllung seines Daseins bedeutet. Die Frage stellt sich vor allem konkret in Zusammenhang mit der Frage nach der Authentizität des Śaraṇāgatigadyam des Rāmānuja.[309] Im vorliegenden Zusammenhang läßt sich die Frage nicht wirklich beantworten. Lediglich einige Beobachtungen, die für die Beantwortung dieser Frage nützlich sein können, sollen hier erwähnt werden.

Fest steht, daß bereits in Yāmunamunis Catuḥślokī 2 der Gedanke des „Dienerseins" *kaiṅkaryam* in Verbindung mit der *prapattiḥ* begegnet[310] und daß in seinem Stotraratnam das endgültige Heil des Menschen von der Freude, ewig Gottes Diener

---

[309] Siehe unten pp. 156f.

[310] *tāṃ tvāṃ dasa iti prapanna iti ca stoṣyāmy ahaṃ nirbhayo lokaikeśvari.*

zu sein, geprägt ist,[311] was der vermutlich älteste Beleg in der Sanskrit-Tradition der Schule ist. Woher gewinnt Yāmunamuni diesen Gedanken? In der Bhagavadgītā kommt die Vorstellung vom ewigen Dienersein nicht vor. Auch die von Veṅkaṭanātha im Kommentar zu den genannten Versen Yāmunamunis zitierten Zeugnisse der autoritativen Überlieferung enthalten keinen Hinweis, daß diese Vorstellung in der brahmanischen Tradition entwickelt wurde.

Nun steht Yāmunamuni in einem deutlichen Nahverhältnis zur Tradition des Pāñcarātra, so daß man vermuten könnte, daß er den Anstoß zu dieser religiösen Vorstellung vom endgültigen Heil des Menschen von dort erhalten hat. Tatsächlich begegnet der Vorstellungskomplex *kiṅkṛ*, *kiṅkaraḥ*, *kaiṅkaryam* in den Saṃhitās des Pāñcarātra und zwar in einer dreifachen Bedeutungsfunktion: Einmal bezieht sich der Bedeutungskomplex auf konkrete mythologisch vorgestellte Wesen wie beispielsweise *siddhāḥ*, *vidyādharāḥ*, Gandharven, die dem erfolgreichen Sādhaka zu Diensten sind, aber auch auf Diener des Gottes und der Göttin.[312] Zum anderen wird der Begriff des Dienens in Zusammenhang mit der religiösen Praxis und des Rituals gebraucht, wenngleich deutlich seltener, wenn der Verehrende sich dem Gott als Diener anbietet.[313] Nur an ganz wenigen Stellen begegnet der Begriff in Zu-

---

[311] Vgl. StR 46cd: *kadāham aikāntikanityakiṃkaraḥ praharṣayiṣyāmi sanāthajīvitaḥ* und 55: *tava dāsyasukhaikasaṅgināṃ bhavaneṣv astv api kīṭajanma me | itarāvasatheṣu mā sma bhūd api me janma caturmukhātmanā ||*.

[312] AhirS 32, 74cd: ... *siddhā vidyādharā yakṣāḥ kaiṃkaryaṃ tasya kurvate ||*; ibid. 50, 67: ... *tataś ca yakṣagandharvān siddhavidyādharān api | nirjitya samare sarvān kiṃkarān akarod balī ||*; ibid. 45, 39: *tataḥ sa paramaprītaḥ samāhūya ca kiṃkarān | yathoktalakṣaṇaṃ tatra maṇḍapaṃ samakārayat ||* hier könnten auch reale Diener gemeint sein; ibid. 48, 60cd: *tataḥ kālena saṃdiṣṭāḥ kiṃkarā bhīmadarśanāḥ ||*; JS 19, 16cd: *sādhakāś copasevante kiṅkaratvena bhaktitaḥ ||*; ibid. 29, 151cd-152ab: *siddhavidyādharāḥ sarve āyānti bhayavihvalāḥ || kiṅkaratvena vartante mantrajñasya mahātmanaḥ |*; ibid. 31, 44: *devāsurās tathā nāgāḥ siddhāś cen muktibhājanāḥ | kiṅkaratvena vartante yogasiddhāś ca devatāḥ ||*; LT 45, 103ab: *mudrā devīsakhīnāṃ ca kiṃkarāṇāṃ ca me vada |*; PādS Cāryapāda 24, 76cd-77ab: *caturviṃśatilakṣeṇa mantrajāpena kiṃkarāḥ || siddhavidyādharāḥ sarve pātāle divi vā bhuvi | ...*

[313] AhirS 28, 59cd: *atha stotrair devaṃ stuvīta vai | svam ātmānaṃ bhagavate kiṃkaratvāya vedayet ||*; JS 16, 366ab: *bījayann agratas tiṣṭhet kiṃkurvāṇaparāyaṇaḥ |*; ParS 4, 55cd: ... *ātmānaṃ kiṅkaratvena nivedyātha*

sammenhang mit dem bleibenden Zustand der Emanzipation.[314] Der Bedeutungskomplex fehlt in der Pauṣkarasaṃhitā, Sātvatasaṃhitā und in der überlieferten Viṣvaksenasaṃhitā. An diesem Befund fällt auf, daß die Stellen, an denen sich der Verehrende dem Gott als Diener anbietet, durchwegs eine stereotype Formel zu sein scheinen, die kaum einen Lehrgehalt aufweist, und daß die wirklich substanzielle Aussage von ParS 30, 94 an einer Stelle begegnet, von der angenommen werden kann, daß sie einem jüngeren Textstück der Saṃhitā angehört.[315] Die PādS ihrerseits ist verhältnismäßig jung und kennt die Paramasaṃhitā.

Versucht man diesen Befund zusammenfassend auszuwerten, so ist man genötigt zu sagen, daß der Bedeutungskomplex der verschiedenen Wortbildungen des Verbum *kiṅkṛ* mit Ausnahme der zuletzt genannten Belege aus der Paramasaṃhitā und Pādmasaṃhitā keine eschatologische Komponente enthält und die entsprechenden Textaussagen zu marginal sind, als daß sie Quelle der im Viśiṣṭādvaita nach Rāmānuja sich durchsetzenden Glaubensvorstellung sein könnten, daß die Emanzipierten ihre ausschließliche und bleibende Freude darin finden, Gottes Diener zu sein. Diese eschatologische Vorstellung mit ihrer emotionell-religiösen Konkretheit scheint vielmehr aus den eigenen Voraussetzungen der Schule hervorzugehen, wesentlich geprägt von Rāmānujas Lehre vom geistigen Seienden als ‚Rest' (*śeṣaḥ*) Gottes[316] und der spiri-

---

*visarjayet* ||; ibid. 23, 59cd: *kiṃkaro 'smīti cātmānaṃ devāyaivaṃ nivedayet* ||; ibid. 29, 34cd: *kiṃkaromīti cātmānaṃ devāyaiva nivedayet* ||; ibid. 30, 6: *pūjayitvā tathā pūjā madhye vā pratipūjayet* | *kiṃkaratvena cātmānaṃ kṛtvāñjalir athomukhaḥ* |; NārS 2, 85cd: *ātmānaṃ kiṅkaratvena devāya vinivedayet* ||; ŚrīpraśnaS 17, 28cd: *bhagavatkaiṃkaryasiddhyarthaṃ saṃdhyopāstiṃ samācare* ||.

314 AhirS 44, 16bcd: ... *prīto 'haṃ manudarśanāt* | *paramavyomanilayo bhagavannityakiṃkaraḥ* ||; PādS Jñānapāda 8, 29ab: *tridhaiva muktir uditā bhede kaiṅkaryalakṣaṇā* |; ibid. 8, 30cd-31ab: *loke tasya samīpasthā muktātmānaḥ samāhitāḥ* || *vasanti kiṅkarāḥ santaḥ tatprasādaparāḥ sadā* |; ibid. 12, 58ab: *muktaiś ca pañcakālajñaiḥ siddhaiḥ kiṅkaratāṃ gataiḥ* |; ParS 30, 94: *sāyujyaṃ pratipannās te tīvrabhaktās tapasvinaḥ* | *kiṃkarā mama te nityā bhavanti nirupadravāḥ* ||.

315 Siehe G. OBERHAMMER, Beobachtungen zur „Offenbarungsgeschichte" der Paramasaṃhitā, in: Studies in Hinduism II, pp. 30ff.

316 Vgl. dazu unten pp. 160f.

tuellen Dynamik der Bhakti. Diese spirituelle Dynamik ist in der Zeit vor Rāmānuja in besonderer Weise in den Hymnen der Āḷvārs faßbar und war mit ihrer religiös-emotionellen Methapher vom „Dienen" als Ausdruck der persönlichen Hingabe an Gott eine der wichtigen Quellen des Glaubens an den eschatologischen Zustand der Emanzipation, der im bleibenden Diener des Gottes Sein – der emotionelle Gehalt dieses Begriffes liegt in der Vorstellung des Dienenden, der als Sklave Eigentum seines Herren ist – die beglückende Erfüllung des menschlichen Daseins erwartet. Die ontologische Vertiefung dieser Metapher aber mit Hilfe der Lehre vom *śeṣaśeṣibhāvaḥ*, die ihr eine klare begriffliche Kontur verlieh, dürfte jedoch erst durch Rāmānuja erfolgt sein. In den Versen etwa Namāḷvārs scheint sie noch zu fehlen.[317]

### *Beobachtungen zur śaraṇāgatiḥ im Pāñcarātra*

Angesichts der Darstellung der Lehre von der *prapattiḥ*, die Vātsya Varadaguru in seinem Prapannapārijātam gibt, kann man die Frage kaum vermeiden, von wo diese Lehre im Viśiṣṭādvaita Rāmānujas in ihrer endgültigen Form stammt. Es gibt in seiner Darstellung keinen wie immer gearteten Hinweis auf die Lehre von der *śaraṇāgatiḥ* innerhalb der eigenen Schultradition. Selbst das Śaraṇāgatigadyam Rāmānujas, das jedenfalls zu seiner Zeit als authentisch betrachtet wurde, wie Meghanādārisūri bezeugt,[318] erwähnt er mit keinem Wort. Die Quellen, an Hand derer er die Lehre von der *śaraṇāgatiḥ* darlegt, sind zunächst nur im wesentlichen die Saṃhitās des Pāñcarātra. – Muß man daher annehmen, daß die Lehre von der *śaraṇāgatiḥ* aus dem Pāñcarātra in die Tradition der Schule übernommen wurde?

Die von Varadaguru zitierten sind zwar nicht die einzigen Aussagen der Pāñcarātrasaṃhitās zur *śaraṇāgatiḥ*, aber die entscheidenden, und es sind jene, die die Vorstellung Varadagurus von der *prapattiḥ* geprägt haben. Dabei handelt es sich zum Teil um Zitate, die merkwürdigerweise in den überlieferten Versionen

---

[317] Vgl. dazu JOHN CARMAN AND VASUDHA NARAYANAN, The Tamil Veda. Piḷḷāṉ's Interpretation of the Tiruvāymoḻi. Chicago, London 1989, Index s.v. *kaiṅkarya*.

[318] Vgl. Anm. 141. Siehe auch pp. 140ff.

der Texte zu fehlen scheinen. Dieser textliche Befund legt es nahe, hier nicht nur nach der in den Texten faßbaren Lehre von der *śaraṇāgatiḥ* zu fragen, sondern ebenso auch die Auswahl der Texte durch Varadaguru und die ihnen zukommende historische Relevanz zu untersuchen.

### a) Das Zitat der Sanatkumārasaṃhitā

„Derart bedarf die *prapattiḥ* nirgends eines anderen [Mittels des Heils]; diese gewährt nämlich allen überall jede Frucht [ihres] Begehrens. Von wem sie [auch nur] ein einziges Mal zum Ausdruck gebracht wurde (*uccāritā*), dem beendet sie [sein Dasein] im Saṃsāra. Wie wegen des mangelnden Vertrauens der Rākṣasas die [an sich] unfehlbare Wurfschlinge (*astrabandhanā*?) beim Binden Hanumans (*āñjaneyasya*) sogleich unwirksam wurde (*vigalitā*), ebenso dürfte die *prapattiḥ* aufgrund mangelnden Vertrauens der Menschen ihre Kraft verlieren. Daher wird diese denen, die Vertrauen besitzen, sogleich Emanzipation (*muktim*) verleihen.“[319]

Das Zitat ist von Varadaguru ausdrücklich für die Sanatkumārasaṃhitā bezeugt,[320] scheint aber im überlieferten Text der Saṃhitā zu fehlen. Da die Saṃhitā nicht vollständig erhalten ist,[321] könnten die Verse aus den fehlenden ersten Adhyāyas des Brahmarātram oder aus dem ebenfalls verlorenen letzten Abschnitt (Bṛhaspatirātram) stammen.

Trotz seiner Kürze enthält der Text einige wertvolle Hinweise zur Lehre, auch wenn diese nicht eindeutig interpretierbar sind. Zunächst scheint der Text als *terminus technicus* für das „Zufluchtnehmen“ das Wort *prapatti-* verwendet zu haben, das in der Schule auch von Varadaguru verwendet wird. Er begegnet, wenn auch nur

---

[319] PraP 1, 12-15ab: *prapatteḥ kvacid apy evaṃ parāpekṣā na vidyate* | *sā hi sarvatra sarveṣāṃ sarvakāmaphalapradā* || 12 *sakṛd uccāritā yena tasya saṃsāranāśinī* | *rākṣasānāmavisrambhāt āñjaneyasya bandhane* || 13 *yathā vigalitā sadyas tv amoghāpy astrabandhanā* | *tathā puṃsām avisrambhāt prapattiḥ pracyutā bhavet* || 14 *tasmād visrambhayuktānāṃ muktiṃ dāsyati sācirāt* |.

[320] Siehe PraP 1, 11.

[321] Vgl. V. RAGHAVANS Vorwort zur Ausgabe, p. IX und Anm. 1, SanatS p. 1.

in einer Form des Verbums *pra-pad* auch im erhaltenen Text der Saṃhitā Brahmarātram 11, 4,[322] wobei auffällt, daß dort die Form *prapannaḥ* in einem Mantra begegnet, der das „Zufluchtnehmen" (*prapattiḥ*) bei Nārāyaṇa zum Ausdruck bringt und kein Beleg dafür ist, daß hier die *prapattiḥ* im späteren, spirituellen Sinne gemeint ist. Offen bleiben muß daher, ob diese im Rahmen ritueller Verehrung[323] oder als eigenständiger ritueller Akt vollzogen wurde. Im Zitat selbst scheint der Umstand, daß die *prapattiḥ*, wenn sie ein einziges Mal artikuliert worden ist, den Menschen aus dem Wesenskreislauf emanzipiert,[324] auf einen eigenständigen Akt hinzuweisen, der durchaus im Sinne einer spirituellen *śaraṇāgatiḥ*, um Emanzipation zu erlangen, verstanden werden kann. Auch die Bemerkung, daß die *prapattiḥ* von anderen Umständen unabhängig sei,[325] kann wohl nicht anders verstanden werden, als daß sie für sich allein ihre Wirkung hervorbringt. Wie dies freilich im Kontext des tantrischen Rituals zu denken ist, bleibt offen. Die Art, in der von der *prapattiḥ* die Rede ist, vermittelt, ohne den Text überinterpretieren zu wollen, durchaus den Eindruck, tantrischem Denken verpflichtet zu sein. Gerade der letzte Vers mit seiner Betonung des Vertrauens im Beispiel läßt eher an ein dem Ritus selbst innewohnendes Eigenwirken als an ein sich der göttlichen Gnade Anvertrauen denken. Auffallend ist, daß die *śaraṇāgatiḥ* allen Menschen jede Frucht ihres Begehrens verleiht. Wie weit und in welcher Weise die *śaraṇāgatiḥ* als spirituelle Praxis ein genuiner Lehrgegenstand der Saṃhitā war, läßt sich wegen des fehlenden Kontextes nicht sagen.

### b) Die Darstellung in der Ahirbudhnyasaṃhitā

„,Wer diesen [Sudarśana] in Bhakti mit Hilfe des zuvor erwähnten Vorgehens[326], sei es mit Hilfe des äußeren und des

---

[322] *... bhagavan nārāyaṇa ... namo 'stu te | tvām prapanno 'smi ...*

[323] Vgl. unten pp. 118f. das zur Ahirbudhnyasaṃhitā Gesagte.

[324] *sakṛd uccāritā yena tasya saṃsāranāśinī.*

[325] PraP 1, 12.

[326] D.h. die Meditation über Sudarśana als furchterregenden Gott; vgl. AhirS 37, 6cd-17ab.

inneren, Yoga genannten Weges, verehrt, großer Muni, oder mit Hilfe des Nyāsa, der ist ohne Zweifel hier und in der anderen [Welt] glücklich.' (20cd-21)

Nārada: ,Der äußere wie auch der innere Yoga wurde mir [von Dir] zuvor verkündet. Das eben erwähnte Mittel, das Nyāsa genannt ist, das sage mir, Maheśvara!' (22)

Ahirbudhnya: ,Dieses höchste Geheimnis der Götter, das eine große Upaniṣad ist [und] das Erwünschte sogleich verleiht [und] alles Böse vernichtet, (23) das darf niemandem, der keine Bhakti hat, jemals mitgeteilt werden. Du bist mein Bhakta und [in ihr] festgegründet, [daher] werde ich [es Dir] aus Wohlwollen mitteilen. (24) Was von ihm, der einen Wunsch hegt, durch andere Mittel nicht zu verwirklichen ist, was von dem, der nach Emanzipation strebt, weder durch Sāṃkhya [und] Yoga noch auch durch Bhakti (25) erlangt wird, [jene] höchste Stätte, von wo es keine Wiederkehr gibt, von dem wird jeweils das betreffende durch Nyāsa erlangt, großer Muni; (26) von ihm [allein] wird der höchste Ātmā erlangt. Fürwahr, die den Veda kennen, sagen, daß der [Nyāsa] sechsfach ist, großer Muni: (27) Wollen, was entsprechend ist (*ānukūlyasya*), Meiden, was nicht entsprechend ist, (*prātikūlasya*); das Vertrauen: ,Er wird [mich] beschützen', ebenso das Erwählen zum Beschützer, (28) das Darbringen seiner selbst [und] Armseligkeit (*ātmanikṣepakārpaṇye*) ist das sechsfache Zufluchtnehmen (*śaraṇāgatiḥ*). Im Falle von Haus [und] Beschützer hat das Wort *śaraṇam* die Bedeutung von ,Mittel' (29) und drückt im vorliegenden [Kontext] allein die Bedeutung ,Mittel' aus. Die Gesinnung der Bitte: ,Ich bin eine Stätte der Fehler, ein Nichts, ohne [Aus]weg. (30) Sei Du mir Mittel [des Heils]!' wird *śaraṇāgatiḥ* genannt. Sie soll man diesem Gott gegenüber praktizieren. (31)

,Erhabener, Du Alles-Besieger, Du Tausend-Strahliger, Unbesiegter! Ich habe meine Zuflucht zu Dir genommen (*prapannaḥ*), Du Heilbringer, Sudarṣana.' (32) Ihm, der mit dieser [Bitte] zum erhabenen Sudarśana [seine] Zuflucht nimmt, schwindet, ohne Zweifel, alles [ihm] anhangende Böse. (33) Dadurch ist alle Aszese derer, die Tapas üben, Teurer, alle Wallfahrten, alle Opfer und alle Spenden augenblicks vollbracht, (34) und wird er durch diesen [Nyāsa] der Emanzipation teilhaftig. [Daran] gibt es keinen Zweifel.'

Nārada: ‚Wie werden nur durch den Nyāsa aszetische Praktiken, Opfer, Wallfahrten und Spenden gerade für diesen verwirklicht? Das sage mir, Herr.‘ (35-36ab) – Ahirbudhnya: ‚Es ist [in der Śruti] gehört, daß der Nyāsa ein diese aszetischen Praktiken, die um des höchsten Heiles willen vorgeschrieben sind, übertreffendes Tapas ist. (36cd-37ab) Wer für die Opfer, die mit Brennholz gemacht werden, den Nyāsa seiner selbst mit *namas* dem Gott darbringt, wird gerühmt als einer, der ein gutes Opfer darbringt, (37cd-38ab) sagt die *samit*-Śruti des Ṛgveda, die mitleidvolle. (52cd)[327] Das eigene Selbst als Mittel des Opfers opfert er dem zu erkennenden Herrn. Dies sind die vortrefflichen Verdienste. So ist es uns in der Śruti [geoffenbart]. (38cd-39ab) Wer eben sein eigenes Selbst dem Gott, der die Form eines Opfers annimmt, opfert, von diesem Großmütigen sind hier alle Opfer vollzogen. (39cd-40ab) Der Körper dessen, der die Form des Opfers hat, wird als die Vedī betrachtet. (40cd) In der Śruti ist [sein] Mund als das Āhavanīya-Feuer, [sein] Herz als das Feuer des Südens und sein Bauch als das Gārhapatya-Feuer vorgeschrieben. (41) Die Wesenheit [seines] Manas ist als der Opferherr [und] die Buddhi als [seine] Gattin verkündet, die Feinde dessen, der bei ihm Zuflucht genommen hat, sind als die [Opfer-]Tiere verkündet. (42) [Seine] Körperhaar werden aber als das Opferstreu, der Jīva dessen [, der das Opfer darbringt,] als Opferspende genannt. Als die drei Somaspenden sind Kopf, mittlerer Teil des Körpers und die Füße verkündet. (43) Auch sind die zehn Opferinstrumente [seine] Erkenntnis- und Tatsinne. Opferpriester sind die sechzehn Arme dieses Gottes, Du großer Muni. (44) Die Dīkṣā, o Nārada, ist der Wille des Gottes, den Bhakta zu schützen. Der Klang des Schmuckes ist als das Tönen von Ṛg, Yajus und Sāman betrachtet. (45) Seine Schmuckstücke sind die Sadasya[-Priester und] das Mitleid des Gottes ist die Dakṣiṇā. (46ab) Juhūs, Dhruvā, ebenso das Prāśika-Gefäß, Mekṣaṇa und Upabhṛt und ebenso das Spendengefäß (*īḍāpātrī*), der Holzlöffel und die Schnur (*yotram*), das Opfergefäß (*camasaḥ*), ebenso die Sṛṣṭi [und] die Piṣṭodvapanī, das Gefäß für die geschmolzene Butter und das Messer zum Zerkleinern des Brennholzes sind stolz mit Seinen Waffen wie

[327] Wie der Herausgeber der Saṃhitā (p. 360, Anm. 1) vermutet, ist Vers 37, 52cd hier einzufügen.

Cakra usw. gleichgesetzt. (46cd-48) Wenn er diesen in derartiger Form verehrt hat, sind alle seine Vergehen getilgt, [und] ist er einer, der hundert Opfer dargebracht hat. Da gibt es keinen Zweifel.“[328]

---

[328] AhirS 37, 20cd-49: *ya enaṃ pūjayed bhaktyā pūrvoktenaiva vartmanā* || 20 *bāhyena cāntareṇāpi yogākhyena mahāmune* | *nyāsena vā sukhī so 'tra paratra ca na saṃśayaḥ* || 21 *nāradaḥ – bāhya ābhyantaraś cāpi mama yogaḥ puroditaḥ* | *nyāsākhyaṃ sādhanaṃ proktaṃ tan me brūhi maheśvara* || 22 *ahirbudhnyaḥ – etan mahopaniṣadaṃ devānāṃ guhyam uttamam* | *abhīṣṭārthapradaṃ sadyaḥ sarvapāpapraṇāśanam* || 23 *avācyam etat sarvasmai nābhaktāya kadācana* | *bhakto 'si me sthiraś ceti vakṣyāmi hitakāmyayā* || 24 *yad yena kāmakāmena nāsādyaṃ sādhanāntaraiḥ* | *mumukṣuṇā yat sāṃkhyena yogena na ca bhaktitaḥ* || 25 *prāpyate paramaṃ dhāma yato nāvartate punaḥ* | *tena tenāpyate tat tan nyāsenaiva mahāmune* || 26 *paramātmā ca tenaiva sādhyate puruṣottamaḥ* | *ṣoḍhā hi vedaviduṣo vadanty enaṃ mahāmune* || 27 *ānukūlyasya saṃkalpaḥ prātikūlyasya varjanam* | *rakṣiṣyatīti viśvāso goptṛtvavaraṇaṃ tathā* || 28 *ātmanikṣepakārpaṇye ṣaḍvidhā śaraṇāgatiḥ* | *upāye gṛharakṣitroḥ śabdaḥ śaraṇam ity ayam* || 29 *vartate sāṃprataṃ caiṣa upāyārthaikavācakaḥ* | *aham asmy aparādhānāmālayo 'kiṃcano 'gatiḥ* || 30 *tvam evopāyabhūto me bhaveti prārthanāmatiḥ* | *śaraṇāgatir ity uktā sā deve 'smin prayujyatām* || 31 *bhagavan sarvavijayisahasrārāparājita* | *śaraṇaṃ tvāṃ prapanno 'smi śrīkaraṃ śrīsudarśanam* || 32 *anenaiva prapannasya bhagavantaṃ sudarśanam* | *tasyānubandhāḥ pāpmānaḥ sarve naśyanty asaṃśayam* || 33 *kṛtāny anena sarvāṇi tapāṃsi tapatāṃ vara* | *sarve tīrthāḥ sarvayajñāḥ sarvadānāni ca kṣaṇāt* || 34 *kṛtāny anena mokṣaś ca tasya haste na saṃśayaḥ* | *nāradaḥ – kathaṃ tapāṃsi yajñāś ca tīrthadānāni sarvaśaḥ* || 35 *tasyaiva nyāsamātreṇa sidhyante tad vada prabho* | *ahirbudhnyaḥ – yāni niḥśreyasārthāni coditāni tapāṃsi vai* || 36 *teṣāṃ tu tapasāṃ nyāsam atiriktaṃ tapaḥ śrutam* | *samitsādhanakādīnāṃ yajñānāṃ nyāsam ātmanaḥ* || 37 *namasā yo 'karod deve sa svadhvara udīritaḥ* | (38ab) *samid ity asya ṛgvedaśrutir āha dayāvatī* || 52 *yāgasādhanabhūtena svātmanā vedyam īśvaram* || 38 *ayajat tāni dharmāṇi prathamānīti naḥ śrutam* | *yajñarūpadharaṃ devaṃ yajate svātmanaiva yaḥ* || 39 *tena sarve kṛtā yajñā bhavantīha mahātmanā* | *yajñarūpadharasyāsya śarīraṃ vedir iṣyate* || 40 *āsyamāhavanīyāgnir hṛdayaṃ dakṣiṇānalaḥ* | *athāsya gārhapatyāgnir udaraṃ śruticoditam* || 41 *yajamāno manastattvaṃ buddhiḥ patnī prakīrtitā* | *svāśritapratyanīkā ye paśavas te prakīrtitāḥ* || 42 *lomāni barhiṣas tv asya jīvaṃ havyaṃ pracakṣate* | *savanāni śiromadhyagātrapādāḥ prakīrtitāḥ* || 43 *daśa yajñāyudhāny asya jñānakarmendriyāṇy api* | *ṛtvijaḥ ṣoḍaśa bhujā devasyāsya mahāmune* || 44 *bhaktarakṣaṇasaṃkalpo dīkṣā devasya nārada* | *ṛgyajuḥsāmaghoṣo 'sya bhūṣaṇārāva iṣyate* || 45 *sadasyā bhūṣaṇāny asya dayā devasya dakṣiṇā* | *juhūr dhruvā sruvaś caiva prāśitraharaṇaṃ tathā* || 46 *mekṣaṇopabhṛtau veda iḍāpātrī tathaiva ca* | *dārupātraṃ ca yoktraṃ ca camasaḥ sṛṣṭir eva ca* || 47 *piṣṭodvapanyājyasthālyāvidhmapravraścanaṃ tathā* | *madantīty asya śastreṣu*

Dieser Text ist eines der für die Geschichte der *śaraṇāgatiḥ* besonders wichtigen Zeugnisse des Pāñcarātra. Er ist jedenfalls Varadaguru bekannt, auch wenn er ihn nur sehr selektiv zitiert.[329] Schon O. SCHRADER bemerkte, daß der Text in zwei Teile zerfällt,[330] ohne daß er jedoch daraus irgendwelche Schlüsse zog. Bei einer näheren Analyse zeigt sich tatsächlich eine recht komplexe Struktur des Abschnittes. Den Ausgangspunkt einer solchen Analyse bieten die Verse AhirS 37, 27cd-29ab. Sie begegnen ohne Einleitung (AhirS 37, 27cd) auch in Lakṣmītantram 17, 60-61ab und in Varadagurus Zitat aus der Viṣvaksenasaṃhitā. Betrachtet man diese Verse der Ahirbudhnyasaṃhitā in ihrem Kontext näher, kommt man zu dem Schluß, daß diese zu einem bestimmten Zeitpunkt eingeschoben wurden: In ihnen begegnet der im Kontext ausschließlich verwendete Terminus *nyāsa-* nicht. Der Einleitungsvers *ṣoḍhā hi vedaviduṣo vadanty enaṃ mahāmune*, der die Aussage über die *śaraṇāgatiḥ* durch *enam* mit dem im Kontext begegnenden Wort *nyāsa-* verbindet (!), schreibt die folgenden Verszeilen ausdrücklich Vedakundigen (*vedavisuṣaḥ*) zu. In Vers AhirS 37, 29cd-30ab *upāye gṛharakṣitroḥ śabdaḥ śaraṇam ity ayam* || *vartate sāṃpratam caiṣa upāyārthaikavācakaḥ* | wird auch noch das Wort *śaraṇam*, das im Kontext nicht begegnet, erklärt. Diese Beobachtungen lassen sich wohl nur so erklären, daß die betreffenden Verse zu einem späteren Zeitpunkt in die ältere Beschreibung eines tantrischen, dem Sudarśana gewidmeten Rituals zum Schutz des Herrschers vor übermächtigen Feinden eingefügt worden sind.

Man vergleiche in diesem Zusammenhang die den ganzen Abschnitt einleitenden Verse: „Wenn Herrscher von machtvollen Feinden bedrängt werden, Städte niedergebrannt werden [und] die Streitkraft der Herrscher zerstreut ist; (4) wenn das Wohl der Bewohner der betreffenden Gebiete beinträchtigt wird, wenn die Herrschaft durch die Feinde derart in Bedrängnis gerät (5) [und] die Existenz des Herrschers, der beständig den Feinden ausgesetzt

---

*cakrādyeṣu samāśritāḥ* || 48 *evaṃrūpaṃ tam abhyarcya prakṣīṇāśeṣapātakaḥ* | *anuṣṭhitakratuśato bhaved eṣa na saṃśayaḥ* || 49.

[329] PraP 2, 30-31 = AhirS 37, 25-26; PraP 2, 5-6ab = AhirS 37, 30cd-31.

[330] F.O. SCHRADER, Introduction to the Pāñcarātra and the Ahirbudhnyasaṃhitā. Madras 1916, p. 128.

ist, in Frage steht, soll er [ein Bild des] unbehinderbaren, sechzehnarmigen Sudarśana anfertigen. (6)“[331] In ihnen ist von einer Spiritualität der *śaraṇāgatiḥ*, wie sie etwa bei Varadaguru begegnet, keine Rede. Die Darstellung selbst beschreibt im Grunde zwei unterschiedliche tantrische Rituale: Einmal das herzustellende beziehungsweise in der Meditation zu vergegenwärtigende Bild des sechzehnarmigen Sudarśana,[332] das der bedrängte Herrscher meditierend verehren soll,[333] und zum anderen das Ritual des Nyāsa. Es ist diese zweite Darstellung, in die die fraglichen Verse, die die *śaraṇāgatiḥ* betreffen, eingefügt sind. Konkret handelt es sich um den Abschnitt AhirS 37, 27cd-31 und die den engeren Kontext bildenden Verse AhirS 37, 25f. und 32f. Man möchte annehmen, daß die Verse ursprünglich vielleicht als erklärende Bemerkung am Rande des Manuskriptes standen und dann von einem späteren Ācārya im späteren Verständnis des Nyāsa als *śaraṇāgatiḥ* in den Text des Adhyāya eingearbeitet wurden, wobei der ursprüngliche Text überarbeitet wurde.[334]

Ohne eine endgültige Analyse vorwegnehmen zu wollen, möchte man annehmen, daß beispielsweise die Halbverse AhirS 37, 25cd, 26ab und 27ab mit ihrem Bezug zur Emanzipation im Sinne der späteren Spiritualität der *śaraṇāgatiḥ* eingearbeitet

---

[331] AhirS 37, 4-6: *parair abhibhave prāpte rājñāṃ balasamanvitaiḥ* | *nagareṣu pradagdheṣu rājñāṃ vidrāvite bale* || 4 *uparuddheṣu bhogeṣu tattadviṣayavāsinām* | *pīḍyamāne parabalair itthaṃ rāṣṭre mahāmune* || 5 *sthitāv anupapannāyāṃ rājño 'vyucchinnavairiṇaḥ* | *kārayet ṣoḍaśabhujaṃ sudarśanam avāritam* || 6. Vgl. auch AhirS 37, 17-18ab und die den Abschnitt schließenden Verse AhirS 37, 50ff.

[332] AhirS 37, 7-17ab.

[333] Vgl.: „Derart möge er den glorreichen Sudarśana meditierend [verehren], dessen Wesen die [alles verzehrende] Zeit ist. Nur durch dessen meditierende [Verehrung] wird der Herrscher sogleich von den Feinden befreit. Nirgends auf Erden gibt es für diese Feinde ein Bleiben. Zugrunde gehen [seine] Feinde dort, wohin immer sie geflüchtet sind“ (AhirS 37, 17cd-19ab: *evaṃ sudarśanaṃ dhyāyet kālātmānaṃ mahādyutim* || 17 *rājā taddhyānamātreṇa niḥsapatno bhavet kṣaṇāt* | *na kvāpy upasthitis teṣāṃ sapatnānāṃ mahītale* || 18 *naśyanti śatravas tatra yatra yatra ca vidrutāḥ* |).

[334] Man darf diesen Vorgang nicht als mechanischen Abschreibefehler eines Kopisten verstehen. Dazu sind die dabei am ursprünglichen Text vorgenommenen Veränderungen zu sehr überdacht.

wurden, so daß die ursprüngliche Gestalt des Verses vielleicht nur war: *yad yena kāmakāmena nāsādyaṃ*[335] *sādhanāntaraiḥ | tena tenāpyate tat tan nyāsenaiva mahāmune* ||. Desgleichen möchte man annehmen, daß anläßlich der Einfügung der Verse aus dem Lakṣmītantram auch die Verse AhirS 37, 29cd-31 eingeschoben wurden, während Vers 32 der alte Mantra gewesen sein dürfte, der im neuen Kontext eingearbeitet wurde. Wenn dies alles richtig ist, stellt AhirS 37, 34-48 eine ältere Textschichte dar, die die tantrische Vorschrift für den Nyāsa enthalten hat.

Dieser alte Nyāsa der Ahirbudhnyasaṃhitā scheint die Hingabe seiner selbst[336] an Sudarśana gewesen zu sein, um den Schutz des Gottes vor einem übermächtigen Feind zu erlangen. Es gibt in dem ganzen Ritual keinen einzigen Hinweis zu einer spirituell verstandenen *śaraṇāgatiḥ* in Hinblick auf eine Emanzipation aus dem Saṃsāra. Die ganze Darstellung zeigt mit ihrer bis ins Detail durchgeführten Parallelität von Nyāsa und vedischem Opfer einen ausgesprochen ritualistisch-technischen, um nicht zu sagen tantrisch-magischen Charakter.[337]

Dennoch besitzt diese Darstellung (Verse 37, 34-48) einen gewissen hybriden Charakter, der verschiedene Denkstile in sich vereinigt und so auf das Entstehen dieser Darstellung verweist. Zunächst lassen die Verse 37, 34-40ab mit der Aussage, daß der *nyāsaḥ* gleichwertig mit allen aszetischen Praktiken, Wallfahrten, Opfern und Spenden sei, einen unverkennbaren Einfluß orthodox-brahmanischen Denkens erkennen, der wohl auch in jenem Abschnitt, der von der *śaraṇāgatiḥ* und ihren sechs Charakteristika handelt,[338] angenommen werden muß. Dieser Einfluß zeigt sich auch darin, daß in diesen Versen der Begriff des *tapas* ein anderer ist als in Vers 34 und 35ab. Bezeichnet dort das Wort *tapas* aszetische Praktiken neben Opfer, Spenden und Wallfahrten, so

---

[335] Varadaguru liest *na sādhyam.*

[336] AhirS 37, 37f.: ... *nyāsam ātmanaḥ* || 37 *namasā yo 'karod deve sa svadhvara udīritaḥ* | *yāgasādhanabhūtena svātmanā vedyam īśvaram* || 38 *ayajat* ... und AhirS 37, 39cd : *yajñarūpadharaṃ devaṃ yajate svātmanaiva yaḥ* ||; und schließlich AhirS 37, 43ab: *jīvaṃ havyaṃ pracakṣate.*

[337] Man vergleiche beispielsweise die Parallele: Feinde – Opfertiere.

[338] AhirS 37, 27-29 einschließlich der vermutlichen Überarbeitung in 37, 25cd; 26ab und 27ab.

meint es hier in Vers 34 und 35ab in einem umfassenderen Sinne alle religiösen Observanzen und wird der *nyāsaḥ* als deren höchste Form bezeichnet. Woher kommt diese Vorstellung vom *nyāsaḥ* als höchste Form des so verstandenen *tapas*?

Sie begegnet jedenfalls in MNārU 24, 1,[339] das nahezu wortwörtlich die gleiche Aussage enthält wie AhirS 37, 37ab. Dort bezeichnet das Wort *nyāsaḥ* offenbar die Lebensform des „Weltentsagens" des Vanaprastha und ist für diesen somit tatsächlich die höchste Form des *tapas* im Sinne eines umfassenden religiösen Vollzuges.[340] Auch dürfte es kein Zufall sein, daß im Anschluß an diese in AhirS 37, 37cd ff. so wie in MNārU 25, 1 die Darstellung eines meditativ vollzogenen Opfers folgt: In der Mahānārāyaṇa-Upaniṣad die Darstellung der Interiorisierung des Lebensvollzuges des Vanaprastha als vedisches Opfer, in dem der Ātmā des Meditierenden als „Opferherr" (*yajamānaḥ*) verstanden ist, in der Ahirbudhnyasaṃhitā die Darstellung des Opfers zur Errettung vor übermächtigen Feinden, in dem das Selbst (*jīvaḥ*) des Meditierenden die „Opfergabe" (*haviḥ*) ist und die Feinde die „Opfertiere" (*paśavaḥ*) sind.

Wenn diese Parallelität zu Recht als Hinweis auf eine Abhängigkeit des Abschnittes der Ahirbudhnyasaṃhitā von der Mahānārāyaṇa-Upaniṣad betrachtet werden darf,[341] dann muß man annehmen, daß die Auffassung des *nyāsaḥ* als „Opfer des eigenen Selbstes" (*jīvaḥ*) aus einer vedāntischen Exegese von MNārU 24, 2 übernommen ist, in der die Worte der Upaniṣad *brahmaṇe tvā mahasa om ity ātmānaṃ yuñjīta* im Sinne eines solchen Opfers gedeutet wurden,[342] da die Upaniṣad ein solches Opfer nicht kennt, die Deutung des *nyāsaḥ* als „Opfer des eigenen Selbstes" jedoch

[339] *tasmān nyāsam eṣāṃ tapasām atiriktam āhuḥ.*

[340] Vgl. VARENNE, Mahā Nārāyaṇa Upaniṣad, tome 2, p. 29.

[341] Diese Annahme scheint auch dadurch bestätigt zu werden, daß im vorliegenden Abschnitt der Ahirbudhnyasaṃhitā immer wieder auf die Śruti als Autorität verwiesen wird. Vgl. AhirS 37, 37ab; 37cd und 52cd; 39ab und 41cd.

[342] Eine solche Deutung bezeugt tatsächlich Varadaguru in PraP 1, 4: *jīvātmānaṃ haviḥ kṛtvā taccharīre mahīyasi* | *brahmāgnau juhuyād om ity anena dvayarūpiṇā* || 4 *iti prapatter āmnātaḥ prayogaḥ praṇavātmanā* |. Für die Übersetzung siehe oben p. 70.

eine solche Deutung voraussetzt. Dennoch zeigt die Form, in der der Gedanke des *nyāsaḥ* als „Opfer seines Selbstes" übernommen ist, den spezifischen Charakter eines tantrischen Denkens, indem dieser *nyāsaḥ* nicht wie beispielsweise im Zeugnis Varadagurus (PraP 1, 2ff.) als *śaraṇāgatiḥ* im theologisch vertieften Sinne als allgemeine spirituelle Praxis zur Erlangung der Emanzipation usw. verstanden ist, sondern zu einem Kāmya-Ritus gleichsam „verengt" erscheint. Die spirituelle Praxis des als *śaraṇāgatiḥ* verstandenen *nyāsaḥ* begegnet lediglich in den eingeschobenen Versen 25cd, 26ab und 27ab ff.[343]

Aufgrund dieser Analyse möchte man zu dem Schluß kommen, daß der untersuchte zweite Text von Ahirbudhnyasaṃhitā 37, 21-49 dadurch die überlieferte Gestalt erhalten hat, daß die Darstellung des „Opfers seines Selbstes" als meditativ sublimiertes vedisches Opfer unter dem Einfluß vedāntischer Upaniṣaden-Exegese von zum Pāñcarātra gehörenden Brahmanen des Tattirīya-Veda verfaßt wurde. In diese Darstellung scheint dann zu einem späteren Zeitpunkt die spezifische Lehre von der *śaraṇāgatiḥ* als Hingabe seines Selbstes (*ātmanikṣepaḥ*) eingearbeitet zu sein (Verse 23-30ab).[344] Dieses spätere Verständnis der *śaraṇāgatiḥ*, im Grunde ohne jeden tantrischen Aspekt, begegnet in den beiden anderen, von Varadaguru vor allem herangezogenen Pāñcarātra-Texten, der Viṣvaksenasaṃhitā und dem Lakṣmītantram.

### c) Die Fragmente der Viṣvaksenasaṃhitā

(1) „Da ein anderes Mittel wegen des Fehlens eines Adhikāra usw. schwer anzuwenden ist, werde ich Dir jetzt ein Mittel sagen, das jedem möglich ist: (17) Aufgrund eines falschen Zeitpunktes und wegen der Unbeständigkeit des Denkorgans (*manas*) der Menschen, aufgrund der Verbindung der Sinne mit den Objekten, [aber] auch aufgrund des Tuns von Verbotenem (18) [beziehungsweise] des Nichttuns von Gebotenem, aufgrund der

---

343 Die in Vers 33cd-32 begegnende Formel des „Zufluchtnehmens" bei Sudarśana könnte jedoch zur Verehrung des in der Meditation als alles vernichtende Zeit vorgestellten sechzehnarmigen Sudarśana (siehe AhirS 37, 4-20ab) gehört haben.

344 Zum Ganzen vgl. OBERHAMMER, Ahirbudhnyasaṃhitā 37.

Natur [der Zeit] können die Sinne und die Objekte der Sinne der Menschen nicht unter Kontrolle gebracht werden, o Herr der Scharen. (19) Deshalb gibt es nämlich keinen Adhikāra für diesen Karmayoga, und weil dieser hinsichtlich allem Gebotenem fehlt, Du Großmütiger, (20) hat auch niemand eine Freude am Jñānayoga; und da dieser fehlt, entsteht weder Freude an mir noch Bhakti zu mir. (21) Daher soll man einzig und allein beim Paar meiner Füße Zuflucht nehmen, nachdem man den mißlichen Zustand seiner selbst und die Eigenschaften von mir erwogen hat. (22) Wer im Bewußtsein, daß ich das einzige Mittel [zum Heil] bin, zu mir [seine] Zuflucht genommen hat, wird [vom Saṃsāra] befreit werden. Wollen, was entsprechend ist (*ānukūlyasya saṃkalpaḥ*), Meiden, was nicht entsprechend ist (*prātikūlyasya varjanam*), (23) das Vertrauen: ‚Er wird [mich] beschützen', ebenso das zum Beschützer Erwählen, das Darbringen seiner selbst (*ātmanikṣepaḥ*) und die Armseligkeit (*kārpaṇyam*) sind die sechsfache *śaraṇāgatiḥ*. (24) Und so möge der Mensch vermittels dieser Prapatti, allein veranlaßt durch die [eigene] Nichtigkeit, zu Mir seine Zuflucht nehmen, wenn er Mich als Mādhava[345] erkannt hat. (25) Nur der [zu Mir] seine Zuflucht nimmt, wird fürwahr sein Ziel erreichen."[346]

(2) „Die Prapatti möge man in Bhakti auf sich nehmen, deren Erscheinungsform die *śaraṇāgatiḥ* ist."[347]

---

[345] Die Erwähnung Mādhavas, das ein Name Kṛṣṇas ist, könnte ein bewußter Hinweis auf BhG 18, 66 sein.

[346] PraP 1, 17-26ab: *itaropāyadauṣkaryāt adhikārādihānitaḥ* | *upāyam iha vakṣyāmi sāmpratam sārvalaukikam* || 17 *kāladoṣāt manuṣyāṇāṃ manaś cāñcalyayogataḥ* | *viṣayendriyasaṃyogāt niṣiddhakaraṇād api* || 18 *vihitākaraṇān nāpi jetuṃ śakyaṃ gaṇādhipa* | *indriyāṇīndriyārthāś ca nṝṇāṃ kālasvabhāvataḥ* || 19 *tasmān na karmayoge 'smin adhikāro hi vidyate* | *vihiteṣu ca sarveṣu tadabhāvān mahāmate* || 20 *jñānayoge 'py abhiratiḥ kasyacid vidyate na ca* | *tadabhāvān mayi prītir na ca bhaktiś ca jāyate* || 21 *tasmān matpādayugalam aikāntyāc charaṇaṃ vrajet* | *ātmano durdaśāpattiṃ vimṛśya ca guṇān mama* || 22 *madekopāyasaṃvittiḥ mā prapanno vimucyate* | *ānukūlyasya saṃkalpaḥ prātikūlyasya varjanam* || 23 *rakṣiṣyatīti viśvāso goptṛtvavaraṇaṃ tathā* | *ātmanikṣepakārpaṇye ṣaḍvidhā śaraṇāgatiḥ* || 24 *anayā ca prapattyaivam ākiñcanyaikapūrvakam* | *māṃ mādhava iti jñātvā māṃ gacchec charaṇaṃ naraḥ* || 25 *eva hi śaraṇaṃ gacchan kṛtakṛtyo bhaviṣyati* |.

[347] PraP 2, 3cd: *prapattiṃ saṃśrayed bhaktyā śaraṇāgatilakṣaṇām* ||. Das Fragment ist von Varadaguru mit den Worten ausgewiesen: *ity hy uktaṃ*

(3) „Wer in dieser Weise Zuflucht nimmt, wird sein Ziel erreicht haben. (14cd-15) Dieses Geheimnis ist von den Veden und den Purāṇen anerkannt. (16) [Dieses] von mir verkündete Geheimnis der Geheimnisse ist in den Upaniṣaden gepriesen. Keinem Nicht-Initiierten, keinem, der kein Bhakta ist, darf es jemals mitgeteilt werden; auch nicht jemandem, der nicht zu hören wünscht [und] keinen Glauben hat, (17) [niemandem,] der keine Hingabe zum Lehrer hat, [niemandem,] der keine Unterweisung bezüglich der Bījas, Piṇḍas und Padas erhalten hat; [auch] nicht aus Großmütigkeit darf es mitgeteilt werden. So hat es mir, o Dviradānana, der Herr der Welten gesagt. Auch von mir wurde Dir, der Du ein Bhakta bist, was ich einst vernommen habe, mitgeteilt."[348]

Die von Varadaguru aus einer Viṣvaksena[saṃhitā] zitierten Fragmente verdienen Beachtung, weil sie offensichtlich nicht aus der erhaltenen Viṣvaksenasaṃhitā stammen.[349] In dieser ist Viṣvaksena der Sprecher und Nārada der Zuhörer, während in den von Varadaguru zitierten Fragmenten Viṣvaksena der Zuhörer ist und

*bhagavatā viṣvaksenāya sādaram*. Der Herausgeber korrigiert zu Recht für *sādaram*: *śṛṇvate* in Übereinstimmung mit den anderen Zitaten aus demselben Text.

[348] PraP 3, 15cd-19: *ya evaṃ śaraṇaṃ gacchet kṛtakṛtyo bhaviṣyati* || 15 *etad rahasyaṃ vedānāṃ purāṇānāṃ ca sammatam* | *guhyād guhyaṃ mayā proktaṃ nigamānteṣu kīrtitam* || 16 *nādīkṣitāya vaktavyaṃ nābhaktāya kadācana* | *na cāśuśrūṣave vācyaṃ nāstikāya kadācana* || 17 *gurubhaktir na yasyāsti bījapiṇḍapadādiṣu* | *nopadeśas tu yasyāsti na vaktavyaṃ hitārthinā* || 18 *ity uktavān jagannātho dviradānana māṃ prati* | *mayāpi tava bhaktasya kathitaṃ yat śrutaṃ purā* || 19. Das Fragment ist von Varadaguru mit den Worten ausgewiesen: *yathāha bhagavān śāstre viṣvaksenāya śṛṇvate* |. In den Kontext der von Varadaguru zitierten Fragmente der Saṃhitā gehört wohl auch ein von Veṅkaṭanātha überliefertes Fragment: [*viṣvaksenasaṃhitāyāṃ ca*] *sarvadharmān sarvakāmān aihikāmuṣmikān api* | *santyajya vidhinā nityaṃ ṣaḍvidhāṃ śaraṇāgatim* | *ācāryānujñayā kuryāc chāstradṛṣṭena vartmanā* | [*iti*] (StRBh p. 75, 25f.).

[349] Publiziert als: Viṣvaksena Saṁhitā. Crit. ed. by LAKSHMI NARASIMHA BHATTA. (Kendriya Sanskrit Vidyapeetha Series 17). Tirupati 1972.

der Erhabene selbst (*bhagavān*) der Sprecher.[350] Varadaguru zitiert diesen Text in seinem Prapannapārijātam öfters und scheint ihn als eine für ihn wichtige Autorität des Pāñcarātra betrachtet zu haben. Tatsächlich zeigt dieser Text auch eine relativ große Nähe zur Rāmānuja-Schule, die wohl kaum ohne einen Einfluß dieser Schule erklärt werden kann.[351] Daß dieser Text einer jüngeren Schichte der Saṃhitā angehört, ergibt sich auch aus dem Umstand, daß Fragment (1) die Verse aus LT 17, 60f. enthält, die auch schon die Ahirbudhnyasaṃhitā übernommen hatte.[352] Diese könnten aus dem Lakṣmītantram in das Fragment (1) übernommen worden sein, da diese sechs Bestimmungen der *śaraṇāgatiḥ* im Lakṣmītantram näher erklärt werden und so in einem logischen Kontext zu stehen scheinen, während sie sowohl in der Ahirbudhnyasaṃhitā als auch in Fragment (1) ohne jede Erklärung angeführt sind, und darüber hinaus der Viṣvaksena-Text im Kontext dieser Verse den Terminus *śaraṇāgatiḥ* nicht verwendet, sondern von *prapattiḥ* spricht,[353] auch wenn er natürlich in der Umschreibung der *prapattiḥ* den Ausdruck *śaraṇam gam* verwendet. Wenn diese Beobachtungen stichhaltig sind, müßte der Viṣvaksena-Text, wenigstens in den zitierten Versen jünger als der entsprechende Abschnitt des Lakṣmītantram sein.[354] Da auch Rāmānuja diesen Text nicht kennt oder jedenfalls nicht zitiert, könnte man daher annehmen, daß der Text nach Rāmānuja und vor Varadaguru entstanden ist oder wenigstens in Kenntnis von Lehren der Schule überarbeitet worden ist.

Was die Lehre von der *śaraṇāgatiḥ* betrifft, so bezeugt dieser Text zusammen mit dem Fragment aus der Sanatkumārasaṃhitā (PraP 1, 12cd), daß im Pāñcarātra die Auffassung geherrscht hat, daß die spirituelle Praxis der *śaraṇāgatiḥ* von jedem praktiziert werden konnte, weil die anderen Wege des Heils den

---

[350] Es ist unklar, wer im 3. Fragment dieser Erhabene (*bhagavān*) ist, der von sich selbst sagt, daß er die Lehre von der *śaraṇāgatiḥ* vom „Herren der Welten" (*jagannāthaḥ*) gehört hat.

[351] Vgl. dazu OBERHAMMER, Materialien VI, pp. 30f.

[352] Siehe oben p. 117.

[353] Vgl. PraP 2, 30 und 31.

[354] Zum entsprechenden Abschnitt des Lakṣmītantram vgl. jedoch auch unten pp. 134ff.

Menschen nicht möglich sind, wie die Verse PraP 1, 17-22 relativ ausführlich darlegen. Diese Verse sind insofern bemerkenswert, als sie eine der wichtigen autoritativen Aussagen des Pāñcarātra für die Auffassung innerhalb der Rāmānuja-Schule sind, daß die *prapattiḥ* Mittel für alle Menschen ist, des höchsten Heils teilhaftig zu werden. Noch Nārāyaṇārya referiert innerhalb der Rāmānuja-Schule ein Verständnis der *prapattiḥ*, wonach diese lediglich für jene Mittel des Heils ist, die für den meditativen Weg der Bhakti keinen Adhikāra haben.[355] Demgegenüber vertritt der Viṣvaksena-Text nicht nur die Meinung, daß die *prapattiḥ* allen Menschen möglich ist, sondern auch, daß *nur* die *prapattiḥ* das Mittel ist, das höchste Heil der Emanzipation zu erlangen, wenngleich auch er diese an gewisse Voraussetzungen der tantrischen Disziplin bindet.[356]

In seiner Begründung für die Notwendigkeit der *prapattiḥ* zeigt er, daß weder der Karmayoga noch der Jñānayoga den Menschen möglich sind und daher auch nicht die aus diesen hervorgehende Bhakti. Die hierarchische Abhängigkeit dieser drei Heilspraktiken, deren höchste der Weg der Bhakti ist, legt den Gedanken nahe, daß der Text mit seiner Argumentation, ohne es ausdrücklich zu sagen, Rāmānujas meditative Praxis der Bhakti im Auge hat.

Auffallend ist, daß der Text in Fragment (1) die Unwirksamkeit dieser drei Praktiken letztlich auf das Wesen der Bedingtheit des menschlichen Daseins durch die Zeit zurückführt. Wenn man nämlich die Verse PraP 1, 17-19 zu verstehen sucht, möchte man den für sich ans Ende gestellten Ausdruck *kālasvabhāvataḥ* nicht wie der Herausgeber des Textes als einen weiteren Grund dafür verstehen, daß es den Menschen nicht möglich ist, die Sinne und ihr Verfallensein an die Sinnesgegenstände unter Kontrolle zu bringen, sondern als den Grund, der die Unmöglichkeit aller drei Mittel des Heils im Ganzen begründet. Wenn dies richtig ist, dann verweisen die genannten Verse auf Lakṣmītantram 17, 50-53, wo ebenfalls die Zeit als Grund für die Unzulänglichkeit aller anderen Mittel des Heils außer der *śaraṇāgatiḥ* erwähnt wird: „O Gott der Götter! Diese können zufolge der verstreichenden Zeit [diese Mit-

---

[355] Siehe oben pp. 47ff..

[356] Vgl. Fragment (3).

tel des Heils wie Karma, Jñāna und Yoga] nicht anwenden. (50cd) Denn eben [diese] vorantreibende Zeit, die eigenständig ist und deren Wesen das Werden ist, zerstört deren Erkennen, Sein, Kraft und Leben. (51) Die vielfältigen psychischen Dispositionen (*vāsanā*), die sich in ihrem psychischen Apparat vorfinden, irritieren, wenn sie in einer bestimmten Zeit Wirksamkeit erlangt haben, die Körperbehafteten. (52) Unberührt (*udāsīnaḥ*) teilst Du [dann] den [ihre] Taten verübenden Lebewesen die Frucht [ihrer Taten] zu in Übereinstimmung mit der jeweiligen Zeit. (53)“[357] Die Stelle mutet wie eine Erklärung dessen an, was mit dem Ausdruck *kālasvabhāvataḥ* in PraP 1, 19d gemeint ist, und würde den Eindruck bestätigen, daß der Viṣvaksena-Text in Kenntnis des Lakṣmītantram verfaßt ist.

Bemerkenswert ist, daß der Text anders als der entsprechende Abschnitt der Ahirbudhnyasaṃhitā keinen Bezug zu einem älteren tantrischen Kontext enthält und, soweit die Fragmente erkennen lassen, die *prapattiḥ* zum rein spirituellen Mittel, Emanzipation zu erlangen, geworden ist,[358] wenn auch die Bhakti-Spiritualität anders als in jener immer wieder betont wird,[359] so daß man annehmen möchte, daß es sich beim Viṣvaksena-Text, d.h. bei jenen Abschnitten des Textes, aus denen die von Varadaguru zitierten Texte stammen, um einen unabhängig vom tantrischen Kontext entstandenen jüngeren Lehrtext zur *prapattiḥ* gehandelt haben könnte. Darauf würde auch das Fragment (3) hinweisen, das seiner ganzen Diktion nach aus dem Schluß eines entsprechenden Abschnittes stammen könnte.

### d) Der Abschnitt des Lakṣmītantram

Zur Darstellung seiner Lehre von der *prapattiḥ* zieht Varadaguru vor allem das im 17. Adhyāya des Lakṣmītantram zur

---

[357] LT 17, 50cd-53: *devadeva na te śakyāḥ kartuṃ kālena gacchatā* || 50 *kālo hi kalayann eva svatantro bhavadātmakaḥ* | *jñānaṃ sattvaṃ balaṃ caiṣām āyuś ca vinikṛntati* || 51 *antaḥkaraṇasaṃsthā hi vāsanā vividhātmikāḥ* | *tattatkālavaśaṃ prāpya yātayanti śarīriṇaḥ* || 52 *udāsīno bhavān evaṃ prāṇināṃ karma kurvatām* | *tattatkālānukūlāni tatphalāni prayacchati* || 53.

[358] Vgl. PraP 1, 23.

[359] Vgl. PraP 1, 21; 2, 3; 2, 17 und 19.

*śaraṇāgatiḥ* Gesagte heran.[360] Der entscheidende Inhalt des dort Gesagten ist die Lehre von der *śaraṇāgatiḥ* als Mittel, das höchste Heil zu erlangen. Auf Bitte der Göttin verkündet ihr dieser die Lehre, und Lakṣmī selbst teilt sie ihrem Gesprächspartner Śakra auf dessen Bitte hin mit.

(1) Der Text:

„So angesprochen sagte der Gott der Götter lächelnd folgendes: ‚Göttin, Du Lotusgeborene, die Du auf dem Lotus thronst, dem Lotus entsprossen bist! (48) Für diese [Wesen] habe ich Mittel festgesetzt, die Ursachen des Heils sind und auf dem Śāstra beruhen, [nämlich] die Riten (*karma*), Sāṃkhya und Yoga.‘ (49) So angesprochen erwiderte ich Gott, dem höchsten Wesen: ‚O Gott der Götter! Diese können zufolge der eilenden Zeit nicht praktiziert werden. (50) Denn eben diese vorantreibende Zeit, die eigenständig ist und deren Wesen das Werden ist, zerstört deren Erkennen, [deren] Sein, Kraft und Leben. (51) Vielfältige psychische Dispositionen (*vāsanā*) in ihrem psychischen Apparat irritieren die Körperbehafteten, wenn sie in einer bestimmten Zeit Wirksamkeit erlangt haben. (52) Unberührt teilst Du [dann] in Übereinstimmung mit der jeweiligen Zeit den [ihre] Taten verübenden Lebewesen die Frucht der [Taten] zu. (53) Sage mir, die sich vor Dir neigt, jenes Mittel, Janārdana, durch welches Du, [von Mitleid] bewegt, diese Lebewesen schützen wirst.‘

So angesprochen antwortete der Erhabene gleichsam lächelnd folgendes: ‚Alles weißt Du aus Dir selbst, Lotusentsprossene, (55) aber mich willst Du fragen! Dennoch höre mir zu! Ich habe Mittel [des Heils] wie auch Gründe des Unheils dargelegt. (56) Jene, die geboten sind, sind als Mittel [des Heils], [jene], die verboten sind, sind als die anderen zu betrachten. Nach unten führen die Gründe des Unheils den, der sich ihnen entsprechend verhält. (57) Nach oben führen die Mittel [des Heils] den, der sich diesen entsprechend verhält. Wer sowohl den Mitteln [des Heils] als auch den Gründen des Unheils entsagt, indem er eine mittlere Lebensweise angenommen hat, (58) genießt am Ende Mich, nachdem er bei Mir allein Zuflucht genommen hat. Höre, Du Lotusentstandene, von Mir dieses Mittel [des Heils] mit seinen sechs

[360] Varadaguru ist so der bisher bekannte älteste Autor, der das Lakṣmītantram erwähnt und als Autorität verwendet.

Gliedern: (59) Wollen, was entsprechend ist (*ānukūlyasya saṃkalpaḥ*), Meiden, was nicht entsprechend ist (*prātikūlyasya varjanam*), das Vertrauen: ‚Er wird [mich] beschützen', ebenso das zum Beschützer Erwählen, (60) das Darbringen seiner selbst (*ātmanikṣepaḥ*) und die Armseligkeit (*kārpaṇyam*) sind die sechsfache *śaraṇāgatiḥ*. Wenn er so bei Mir Zuflucht genommen hat, ist [sein] Kummer, [seine] Furcht und Erschöpfung geschwunden, (61) unternimmt er nichts [mehr im Interesse seiner selbst], ist er ohne Begehren, selbstlos [und] ohne Egoismus. Wenn er bei Mir Zuflucht genommen hat, wird er das Meer des Wesenskreislaufs überqueren. (62) Jene, die [nur] an rechten Taten [ihre] Freude haben, ebenso die in Sāṃkhya und Yoga Bewanderten sind nicht den billionsten Teil [jenes] wert, der [bei Mir] Zuflucht genommen hat.' (60) – Als ich diese Worte Viṣṇus, des Gottes der Götter, gehört hatte, war ich voll Freude; Dir, o Śakra, habe ich eben dieses mitgeteilt.' (61) – Śakra: ‚Verehrung Dir, große Göttin, die Du dem Gotte lieb bist! Erkläre mir ausführlich, was [jenes] ‚Wollen, was entsprechend ist' (*ānukūlyam*) usw. ist.' (65)

Śrī: ‚Das als *ānukūlyam* verkündete ist allen Wesen wohlgesinnt Sein aus der Überlegung, daß ich allen Wesen zu innerst bin. (66) Zu allen Wesen möge er wie zu mir Wohlgesinntheit pflegen; genau so möge er vermeiden (*pratikūlyam*), den Wesen feindlich gesinnt zu sein. (67) [Bewußtsein der] Armseligkeit (*kārpaṇyam*) ist Aufgeben des Stolzes, der aus Bildung, guten Getragen usw. entsteht. Aufgrund der Unvollständigkeit aller Elemente und [so] der Unwirksamkeit der Riten, (68) aufgrund des fehlenden Adhikāra, aufgrund der Ungunst von Ort und Zeit (*deśakālaguṇakṣayāt*) verwirklichen sich nämlich die Mittel [des Heils] nicht, [wohl aber] die vielfältigen Gründe des Unheils (*apāyāḥ*). (69) Das in diesem Sinne Aufgeben des Stolzes, diese Erniedrigung, wird [Bewußtsein der] Armseligkeit genannt. Die feste Überzeugung, daß Er uns beschützen wird, weil Er die Macht [dazu] hat und Er ewig Mitleid besitzt und das Verhältnis von Herr und [ihm] Untergeordnetsein anfanglos gegeben ist, (70-71) ist das Vertrauen, o Śakra, das alles fehlerhaft Getane beseitigt. [Insofern als] Er, auch wenn er voll Mitleid ist und offenkundig die Macht hat als Herr der Verkörperten, ungebeten nicht schützen dürfte, ergibt sich der Entschluß, Ihn zu bitten. In dieser Weise ist [die Bitte]: ‚Sei mein Beschützer!' als das zum Beschützer Erwählen (*goptṛtvavaraṇam*) gelehrt. (73) Das Aufgeben des Anrechtes auf die Frucht [seiner Taten] durch ihn, der von diesem geschützt wird, das mit der Übertragung [dieses Anrechtes] auf Keśava [seinen] Abschluß findet, wird Darbringung seiner selbst (*ātmanikṣepaḥ*) genannt. (74) Der Nyāsa mit seinen fünf Elementen, der mit dem Synonym *nikṣepaḥ* [bezeichnet wird] und [auch] *saṃnyāsaḥ* [und] *tyāgaḥ* genannt wird, wird auch als *śaraṇāgatiḥ* [bezeichnet]. (75)

Das ist das vierte, Dir zuvor genannte Mittel [des Heils], welches schnell [seine] Frucht verleiht. Denn, für die, welche nach diesem Gesetz wandeln, das von den Brahmanen (*vipra-*) befolgt wird, (76) sind die ersten drei Mittel [des Heils] nicht attraktiv. Durch [Gesinnung der] Entsprechendheit und das von dieser Unterschiedene (= Vermeiden der Gesinnung der Nicht-Entsprechendheit) tritt das Freisein von Gründen des Unheils (*apāyāḥ*) ein. (77) Es wurde hier auch zufolge der [eigenen] Armseligkeit (*kārpaṇyena*) zum Ausdruck gebracht, daß keine Mittel zur Verfügung stehen! Die Ausführung des Mittels für das Erwünschte ergibt sich aufgrund des Vertrauens, daß Er beschützen wird. (78) Das zum Beschützer Erwählen ist [lediglich] die Mitteilung der eigenen Absicht [, bei Ihm Zuflucht zu nehmen]. Denn wenn Er auch allwissend ist [und] Herr von allen und auch zu jeder Zeit Mitleid hat, (79) [so] wartet er [dennoch] auf das Verlangen beschützt zu werden, da Er das Gefüge des Wesenskreislaufs in Gang hält. Das Hingeben seiner selbst und dessen, was einem zugehört, wird Darbringung seiner selbst (*ātmanikṣepaḥ*) genannt. (80) Gewalttätigkeit (*hiṃsā*), Stehlen usw. werden von den Śāstren als Gründe des Unheils (*apāyāḥ*) dargelegt. [Vollbringen der] Werke (*karma*), Sāṃkhya und Yoga werden von den Śāstren als Mittel [des Heils] dargelegt. (81) Der, der einen mittleren Stand einnimmt und sich [sowohl] der Mittel [des Heils] als auch der Gründe des Unheils enthält, und nachdem er begriffen hat, daß [nur] Er [ihn] schützen wird, all das Seine darbringt, (82) wird erkennen, daß das höchste Wesen, der Herr und Gott der Götter, [sein] Schützer ist.‘

Śakra: ‚Was ist [dieser] Stand in der Mitte zwischen den Mitteln [des Heils] und den Gründen des Unheils, Ambikā? (83) Erhält [doch] jedes Tun den Charakter eines Mittels [des Heils] oder eines Grundes des Unheils. [Je nachdem] die Gebote und Verbote des Śāstram zu eigen gemacht werden oder nicht, (84) sieht man deutlich, daß das Tun [der Werke] entweder den Charakter eines Mittels [des Heils] besitzt oder den eines Grundes des Unheils.‘ – Śrī: ‚Betrachte, Herr der Götter, das dreifache, unerforschliche Wirken des Tuns (*karma*). Lerne von mir diese [Wirk-]weise [der Werke, die sich] aufgrund der Gebote und Verbote des Śāstram [ergibt]: Ein gewisses [Tun] bewirkt Unglück, und ein gewisses [Tun] bewirkt ein gutes Ergebnis, (86) und ein anderes Tun (*karma*) ist als Unglück verhindernd gelehrt. So sind die drei Gruppen der Werke in der Sicht des Śāstra zu wissen. (87) Der beiden ersten Gruppen, die *upāya*- und *apāya*-heißen, soll man sich enthalten. Die dritte Gruppe, welche Unglück verhindert, ist [ihrerseits] zweifach: (88) Die eine [Gruppe], welche Prāyaścittas enthält, vernichtet entstandenes Unheil. Der Weise soll diese Teil[-Gruppe] meiden wie die beiden ersten. (89) Das Werk (*karma*) aber soll man sich angelegen sein lassen, das, wenn es ausgeführt wird, keinem Gut (*arthāya*) dienlich ist, das aber, wenn es nicht ausgeführt wird, zum Unheil (*anarthāya*) führt. (90) Das ist die vedische [Geistes-]Haltung in der Mitte zwischen *upāyaḥ* und *apāyaḥ*. In dieser gefestigt, möge er sich Janārdana, dem Herrn der Welt, [Schutz suchend] nähern. (91) Dies [vom] Śāstra [Gelehrte, selbst] nur ein einziges Mal ausgeführt, rettet den Menschen. Wenn man den Mitteln [des Heils] oder den Gründen des Unheils hingegeben ist, ist einem diese [Möglichkeit, die *śaraṇāgatiḥ*] auszuführen, genommen. (92) Wenn [jemand] einem Grund des Unheils erlegen ist, soll er sogleich einen Sühneritus ausführen. Diese Sühne ist hier [im Falle der *śaraṇāgatiḥ*] die, daß er neuerlich Zuflucht nimmt. (93) Auch wenn man sich die Mittel [des Heils] als Mittel zu eigen macht, [gilt] genau dies. Um den Dharma nicht zu verletzen und um die Familie zu schützen, (94) die Welt zu bewahren und den Lauf der Welt aufrecht zu erhalten und aus Liebe zu mir und Śārṅgin, Viṣṇu, den Gott der Götter, (95) soll der Weise auch nicht in Gedanken den Wandel nach dem Veda aufgeben. (96ab) ... Indem der Weise das Anwenden der Mittel im Geist vermeidet und so das vierte Mittel [des Heils], das Zufluchtnehmen, erwählt, (99) geht er, nachdem er alle Befleckung hinter sich gelassen hat, zur fleckenlosen Stätte ein. Diese *śaraṇāgatiḥ*, welche der mittlere Stand ist, frei von Mitteln [des Heils] und Gründen des Unheils, (100) diese vorzügliche läßt [den Menschen] den Ozean des Saṃsāra überqueren. Dieses Zufluchtnehmen (*śaraṇam*) ist [Mittel des Heils] für die Unwissenden, eben dieses ist es [auch] für die Wissenden; (101) es ist für [jene, die] das andere Ufer [des Wesenskreislaufes] erreichen wollen und nach Unendlichkeit verlangen. (102ab)“[361]

---

[361] LT 17, 48-102ab: *ity ukto devadeveśaḥ smayamāno ’bravīd idam | aravindāsane devi padmagarbhe saroruhe* || 48 *uttārahetavo ’mīṣām upāyā vihitā mayā | karma sāṃkhyaṃ tathā yoga iti śāstravyapāśrayāḥ* || 49 *pratyavocam ahaṃ devam ity uktā puruṣottamam | devadeva na te śakyāḥ kartuṃ kālena gacchatā* || 50 *kālo hi kalayann eva svatantro bhavadātmakaḥ | jñānaṃ sattvaṃ balaṃ caiṣām āyuś ca vinikṛntati* || 51 *antaḥkaraṇasaṃsthā hi vāsanā vividhātmikāḥ | tattatkālavaśaṃ prāpya yātayanti śarīriṇaḥ* || 52 *udāsīno bhavān evaṃ prāṇināṃ karma kurvatām | tattatkālānukūlāni tatphalāni prayacchati* || 53 *yena tvaṃ bata saṃrabdhaḥ prāṇinaḥ pālayiṣyasi | prabrūhi tam upāyaṃ me praṇatāyai janārdana* || 54 *ity uktaḥ pratyuvācedaṃ bhagavān utsmayann iva | saroruhe vijānīṣe sarvam evātmano gatam* || 55 *māṃ tu jijñāsase devi tathāpi śṛṇu bhāmini | upāyāś cāpy apāyāś ca śāstrīyā nirmitā mayā* || 56 *vihitā ya upāyās te niṣiddhāś cetare matāḥ | adho nayanty apāyās taṃ ya enān anuvartate* || 57 *ūrdhvaṃ nayanty upāyās taṃ ya enān anuvartate | upāyāpāyasaṃtyāgī madhyamāṃ vṛttim āśritaḥ* || 58 *mām ekaṃ śaraṇaṃ prāpya mām evānte samaśnute | ṣaḍaṅgaṃ tam upāyaṃ ca śṛṇu me padmasaṃbhave* || 59 *ānukūlyasya saṃkalpaḥ prātikūlyasya varjanam | rakṣiṣyatīti viśvāso goptṛtvavaraṇaṃ tathā* || 60 *ātmanikṣepakārpaṇye ṣaḍvidhā śaraṇāgatiḥ | evaṃ māṃ śaraṇaṃ prāpya vītaśokabhayaklamaḥ* || 61 *nirārambho nirāśīś ca nirmamo nirahaṃkṛtiḥ | mām eva śaraṇaṃ prāpya taret saṃsārasāgaram* || 62 *satkarmaniratāḥ śuddhāḥ sāṃkhyayogavidas tathā | nārhanti śaraṇasthasya kalāṃ koṭitamīm api* || 63 *iti tasya vacaḥ śrutvā devadevasya śārṅgiṇaḥ | prītāham abhavaṃ śakra tad idaṃ varṇitaṃ tava* || 64 *śakraḥ – devapriye mahādevi namas te paṅkajāsane | ānukūlyādikaṃ bhāvaṃ mama vyācakṣva vistarāt* || 65 *śrīḥ – ānukūlyam iti proktaṃ sarvabhūtānukūlatā | antaḥ sthitāhaṃ sarveṣāṃ bhāvānām iti niścayāt* || 66 *mayīva sarvabhūteṣu hy ānukūlyaṃ samācaret | tathaiva prātikūlyaṃ ca bhūteṣu parivarjayet* || 67 *tyāgo garvasya kārpaṇyaṃ śrutaśīlādijanmanaḥ | aṅgasāmagryasampatter aśakter api karmaṇām* || 68 *adhikārasya cāsiddher deśakālaguṇakṣayāt | upāyā naiva sidhyanti hy apāyā bahulās tathā* || 69 *iti yā garvahānis tad dainyaṃ kārpaṇyam ucyate | śakteḥ sūpasadatvāc ca kṛpāyogāc ca śāśvatāt* || 70 *īśeśitavyasaṃbandhād anidaṃprathamād api | rakṣiṣyaty anukūlān na iti yā sudṛḍhā matiḥ* || 71 *sa viśvāso bhavec chakra sarvaduṣkṛtanāśanaḥ | karuṇāvān api vyaktaṃ śaktaḥ svāmy api dehinām* || 72 *aprārthito na gopāyed iti tatprārthanāmatiḥ | gopāyitā bhavety evaṃ goptṛtvavaraṇaṃ smṛtam* || 73 *tena saṃrakṣyamāṇasya phale svāmyaviyuktatā | keśavārpaṇaparyantā hy ātmanikṣepa ucyate* || 74 *nikṣepāparaparyāyo nyāsaḥ pañcāṅgasaṃyutaḥ | saṃnyāsas tyāga ity uktaḥ śaraṇāgatir ity api* || 75 *upāyo ’yaṃ caturthas te proktaḥ śīghraphalapradaḥ | asmin hi vartamānānāṃ vidhau vipraniṣevite* || 76 *pūrve traya upāyās te bhaveyur amanoharāḥ | ānukūlyetarābhyāṃ ca vinivṛttir apāyataḥ* || 77 *kārpaṇyenāpy upāyānāṃ vinivṛttir ihoditā | rakṣiṣyatīti viśvāsād*

(2) Bemerkungen zum Text:

Bei diesem Text handelt es sich, wenn man von der späten Bhāradvājasaṃhitā[362] absieht, um den längsten Textzusammenhang in einer Pāñcarātrasaṃhitā, in dem die Lehre von der *śaraṇāgatiḥ* als spirituelle Praxis und nicht als tantrisches Ritual wie in der Ahirbudhnyasaṃhitā in ihrer endgültigen Gestalt begegnet. Es ist vermutlich auch der älteste Beleg dieser Form des „Zufluchtnehmens" in der Pāñcarātra-Literatur. Er ist jedenfalls älter als Vātsya Varadagurus Prapannapārijātam, vielleicht jünger als

---

*abhīṣṭopāyakalpanam* || 78 *goptṛtvavaraṇaṃ nāma svābhiprāyanivedanam* | *sarvajño 'pi hi viśveśaḥ sadā kāruṇiko 'pi san* || 79 *saṃsāratantravāhitvād rakṣāpekṣāṃ pratīkṣate* | *ātmātmīyabharanyāso hy ātmanikṣepa ucyate* || 80 *hiṃsāsteyādayaḥ śāstrair apāyatvena darśitāḥ* | *karmasāṃkhyādayaḥ śāstrair upāyatvena darśitāḥ* || 81 *apāyopāyasaṃtyāgī madhyamāṃ sthitim āsthitaḥ* | *rakṣiṣyatīti niścitya nikṣiptasvasvagocaraḥ* || 82 *budhyeta devadeveśaṃ goptāraṃ puruṣottamam* | *śakraḥ – upāyāpāyayor madhye kīdṛśī sthitir ambike* || 83 *upāyopāyatām eva kriyā sarvāvalambate* | *svīkāre vyatireke ca niṣedhavidhiśāstrayoḥ* || 84 *dṛśyate karmaṇo vyaktam apāyopāyarūpatā* | *śrīḥ – trividhāṃ paśya deveśa karmaṇo gahanāṃ gatim* || 85 *niṣedhavidhiśāstrebhyas tāṃ vidhāṃ ca nibodha me* | *anarthasādhanaṃ kiṃcitkiṃcic cāpy arthasādhanam* || 86 *anarthaparihāraṃ ca kiṃcit karmopadiśyate* | *trairāśyaṃ karmaṇām evaṃ vijñeyaṃ śāstracakṣuṣā* || 87 *apāyopāyasaṃjñau tu pūrvarāśī parityajet* | *tṛtīyo dvividho rāśir anarthaparihārakaḥ* || 88 *prāyaścittātmakaḥ kaścid utpannānarthanāśanaḥ* | *tam aṃśaṃ naiva kurvīta manīṣī pūrvarāśivat* || 89 *kriyamāṇaṃ na kasmaicid yad arthāya prakalpate* | *akriyāvad anarthāya tat tu karma samācaret* || 90 *eṣā sā vaidikī niṣṭhā hy upāyāpāyamadhyamā* | *asyāṃ sthito jagannāthaṃ prapadyeta janārdanam* || 91 *sakṛd eva hi śāstrārthaḥ kṛto 'yaṃ tārayen naram* | *upāyāpāyasaṃyoge niṣṭhayā hīyate 'nayā* || 92 *apāyasaṃplave sadyaḥ prāyaścittaṃ samācaret* | *prāyaścittir iyaṃ sātra yat punaḥ śaraṇaṃ śrayet* || 93 *upāyānām upāyatvasvīkāre 'py etad eva hi* | *aviplavāya dharmāṇāṃ pālanāya kulasya ca* || 94 *saṃgrahāya ca lokasya maryādāsthāpanāya ca* | *priyāya mama viṣṇoś ca devadevasya śārṅgiṇaḥ* || 95 *manīṣī vaidikācāraṃ manasāpi na laṅghayet* | ... *upāyatvagrahaṃ tatra varjayan manasā sudhīḥ* | *caturtham āśrayann evam upāyaṃ śaraṇāśrayam* || 99 *atītya sakalaṃ kleśaṃ saṃviśaty amalaṃ padam* | *apāyopāyanirmuktāṃ madhyamāṃ sthitim āsthitā* || 100 *śaraṇāgatir agryaiṣā saṃsārārṇavatāriṇī* | *idaṃ śaraṇam ajñānām idam eva vijānatām* || 101 *idaṃ titīrṣatāṃ pāram idam ānantyam icchatām* |.

[362] Nārada Pancharātra-Bhāradwāja Samhitā with Tatvaprakashika Hindi Commentary. Introduction, Index and Appendices by BABULAL SHUKLA. Bombay 1990. Vgl. SMITH, Bibliography, pp. 316ff.

Rāmānuja und seine unmittelbaren Schüler.[363] Für die Beurteilung der Darstellung der Lehre von der *śaraṇāgatiḥ* ist vor allem die Struktur des Textes wichtig und aufschlußreich. Er fügt sich als Ganzer in eine Erörterung der vier von der Saṃhitā diskutierten Mittel des Heils (*upāyaḥ*), nämlich Ausführung der vorgeschriebenen Werke (*karma*) (LT 15, 17ff.), Sāṃkhya (LT 15, 24ff.), Yoga (LT 16, 30ff.) und als viertes die *śaraṇāgatiḥ*, und gliedert sich in vier Abschnitte:

(a) Bitte der Göttin an den höchsten Gott um Belehrung über ein wirksames Mittel des Heils (*upāyaḥ*), da die zuvor dargelegten Mittel *karma*, Sāṃkhya und Yoga für die Menschen nicht leicht anwendbar sind (LT 17, 48-56ab)

(b) Belehrung des Gottes über das Mittel der *śaraṇāgatiḥ* (LT 17, 56cd-64ab)

(c) Erklärung der sechs für den Akt der *śaraṇāgatiḥ* notwendigen ethisch-spirituellen Konstituenten durch die Göttin (LT 17, 66-75)

(d) Die *śaraṇāgatiḥ* als vierter Heilsweg unter Verzicht auf die Anwendung der Mittel (*upāyāḥ*) und unter Vermeidung der Gründe von Unheil (*apāyāḥ*) sowie deren Verhältnis zu der tantrischen bzw. vedischen rituellen Praxis (LT 17, 77-107)

An dieser Gliederung fällt auf, daß die Darlegung der *śaraṇāgatiḥ* im eigentlichen Sinne (LT 17, 56cd-64ab), selbst wenn man die Erklärung der sechs Elemente der *śaraṇāgatiḥ* durch die Göttin (LT 17, 66-75) dazuzählt, wesentlich kürzer ist als der breite Abschnitt (d), in dem die Lehre von der *śaraṇāgatiḥ* eher in einer von außen herangetragenen Perspektive erörtert als in sich selbst dargestellt wird. Bemerkenswert ist, daß die entscheidende Lehre über die *śaraṇāgatiḥ* (LT 17, 55-62) nahezu wortwörtlich dieselbe ist wie jene in der Ahirbudhnyasaṃhitā (AhirS 37, 27-29ab) und in der Viṣvaksenasaṃhitā (PraP 1, 23-24), so daß man

---

[363] Dies gilt aber nur von dem kleinen Kontext dieses Adhyāya des Lakṣmītantram, nicht notwendigerweise von der ganzen Saṃhitā. – Es gibt im Lakṣmītantram noch eine andere, kurze Darstellung zur Lehre von der *śaraṇāgatiḥ* (LT 28, 8-17), die sich auf die vorliegende Darstellung bezieht und die *śaraṇāgatiḥ* als ein Element der täglichen Pflichten (*ācāraḥ*) am Morgen versteht. Diese dürfte jedoch schon aus diesem Grunde ein späterer Einschub sein, bietet aber eine interessante Information über die Wertung dieser Praxis in der Tradition des Lakṣmītantram.

nach dem oben Gesagten[364] zu dem Schluß kommt, daß die dort begegnende Aussage über die sechs Elemente der *śaraṇāgatiḥ* aus dem Lakṣmītantram übernommen ist oder aus einer allen drei Texten gemeinsamen Quelle stammt.

Tatsächlich schreibt die Ahirbudhnyasaṃhitā diese Lehre „Vedakundigen" (*vedaviduṣaḥ*) zu,[365] womit schwerlich das Lakṣmītantram gemeint sein kann. Es ist auch nicht anzunehmen, daß die Viṣvaksenasaṃhitā die Quelle des Lakṣmītantram ist, da die Verse in jener nicht ursprünglich zu sein scheinen, während sie in diesem anders als in der Viṣvaksenasaṃhitā[366] mit dem Kontext eine Einheit bilden. Demnach ist nicht auszuschließen, daß das Lakṣmītantram die Quelle der Viṣvaksenasaṃhitā ist. Sind sie jedoch in diesem ursprünglich? Um diese Frage zu klären, ist es notwendig, den kontextuellen Zusammenhang dieser Verse zu untersuchen, der bereits durch die Beobachtung der relativen Kürze der Darstellung der *śaraṇāgatiḥ*, in der die betreffenden Verse begegnen, in Frage gestellt ist.

Die Belehrung über die *śaraṇāgatiḥ* durch den höchsten Gott – nicht durch Lakṣmī selbst – setzt mit einer Aussage über *upāyaḥ* und *apāyaḥ* in LT 17, 56-58ab ein, die sich außerhalb des Lakṣmītantram in Zusammenhang mit der *śaraṇāgatiḥ* nicht zu finden scheint und offenbar für diesen Text charakteristisch ist. Diese Aussage ist bemerkenswert, weil sie einem anderen „Sprachspiel" angehört als das des Kontextes. Im Kontext meint der Begriff des *upāyaḥ* einen Heilsweg, durch den der Mensch, wenn er ihn geht, Emanzipation erlangen kann. So heißt es in LT 15, 16f.: „Höre nun, Śakra, die vier Mittel (*upāyāḥ*), die meine Freude mehren, durch welche ich höchste Freude erlange, die nicht vergeht. (16) Das Werk, das für die jeweilige Kaste vorgeschrieben ist, Sāṃkhya, ebenso der Yoga und das Aufgeben von allem, das wird von den Wissenden *upāyaḥ* genannt. (17)"[367] In dem Abschnitt, in dem Gott die Lehre von der *śaraṇāgatiḥ* verkündet,

---

[364] Vgl. pp. 123ff.

[365] AhirS 37, 27cd: *ṣoḍhā hi vedaviduṣo vadanty enam mahāmune.*

[366] Vgl. oben p. 124.

[367] *upāyāṃś caturaḥ śakra śṛṇu matprītivardhanān | yair ahaṃ paramāṃ prītiṃ yāsyāmy anapagāminīm* || 16 *svajātivihitaṃ karma sāṃkhyaṃ yogas tathaiva ca | sarvatyāgaś ca vidvadbhir upāyāḥ kathitā ime* || 17.

meinen die Termini *upāyaḥ* und *apāyaḥ* im Grunde nichts anderes als das vorgeschriebene und das verbotene Tun (*karma*). Man vergleiche LT 17, 83-88ab mit 17, 57-58, wo dieser Sprachgebrauch bereits in der Einleitung der Darlegung als mit der Lehre von der *śaraṇāgatiḥ* harmonisierbar vorweggenommen ist. Dieser ambivalente Gebrauch des Terminus *upāyaḥ* vermittelt den Eindruck, daß die Darstellung zwei ursprünglich nicht miteinander verbundene Gedanken sekundär zur Einheit zu bringen sucht, wobei das primäre Interesse des Textes weniger eine ursprüngliche Darlegung der Lehre von der *śaraṇāgatiḥ* zu sein scheint, sondern die Harmonisierung einer übernommenen Lehre von der *śaraṇāgatiḥ* mit dem als „vedisch" stilisierten tantrischen Ritual der Göttin.[368]

Der entscheidende Gedanke scheint dabei der zu sein, daß die *śaraṇāgatiḥ* als dritte Weise des religiösen Vollzuges im Aufgeben der *upāyaḥ*, nämlich des Tuns vorgeschriebener Werke mit seinem erwünschten Ergebnis, und des *apāyaḥ*, dem Begehen verbotener Handlung besteht; auch die Sühneriten für das Tun von Verbotenem soll man aufgeben.[369] Damit scheint der Abschnitt (d) des Textes dem Vers 18, 66 der Bhagavadgītā zu folgen, wie dies bereits in LT 16, 42f. angedeutet ist: „Höre [nun] von mir das vierte Mittel [des Heils] (*upāyaḥ*), welches das allem Entsagen genannt ist: (42) Bei diesem soll [der Mensch], der vom Feuer des Saṃsāra gequält ist, nachdem er alle Dharmas,[370] seien sie hoch oder niedrig, aufgegeben hat, zu mir allein seine Zuflucht nehmen.

---

[368] Vgl. den Schluß des ganzen Abschnittes LT 17, 104-108ab: *tanūkṛtyākhilaṃ pāpaṃ māṃ cāpnoti naraḥ śanaiḥ* | *athopāyaprasaktaś ca bhuktvā bhogān anāmayān* || 104 *ante viraktim āsādya viśate paramaṃ padam* | *upāyaḥ sukaraḥ so 'yaṃ duṣkaraś ca mato mama* || 105 *śiṣṭair niṣevyate so 'yam akāmahatacetanaiḥ* | *akāmaiś ca sakāmaiś ca tasmāt siddhyartham ātmanaḥ* || 106 *arcanīyā naraiḥ śaśvan mama mantramayī tanuḥ* | *praviśya vidhivad dīkṣāṃ guror labdhvārthasaṃpadaḥ* || 107 *manmayair arcayen mantrair māmikāṃ māntrikīṃ* ||.

[369] Vgl. LT 17, 88-89.

[370] Dies ist offenbar ein Hinweis auf BhG 18, 66, wie bereits S. GUPTA (Lakṣmī Tantra. A Pāñcarātra Text. Translation and Notes with Introduction. [Orientalia Rheno-Traiectina 15]. Leiden 1972, p. 94, Anm. 2.) bemerkt hat.

(43)"[371] Damit scheint jedoch das Anliegen dieses Abschnittes noch nicht gänzlich erfüllt zu sein. Denn der Text fährt mit Vers 17, 90f. fort: „Das Werk (*karma*) aber soll man sich angelegen sein lassen, das, wenn es ausgeführt wird, keinem Gut (*arthāya*) dienlich ist, das aber, wenn es nicht ausgeführt wird, zum Unheil (*anarthāya*) führt. (90) Das ist die vedische [Geistes-]Haltung in der Mitte zwischen *upāyaḥ* und *apāyaḥ*. In dieser gefestigt, möge er sich Janārdana, dem Herrn der Welt, [Schutz suchend] nähern." Der entscheidende Gedanke dieser Verse ist der in Vers 17, 90cd ausgedrückte, daß nämlich jenes Werk (*karma*) trotz allem Entsagen sehr wohl zu tun ist, dessen Aufgeben zum Unheil gereicht, nämlich die tantrische Verehrung der Göttin und des Gottes, die beide, wenn mit dem von ihnen geoffenbarten Ritual verehrt, aus Gnade rettenden Schutz gewähren, während dem Menschen, wenn er dies nicht tut, die Möglichkeit, Gottes Gnade zu gewinnen, fehlt und ihm so Heil verwehrt bleibt. Die den Abschnitt beschließenden Verse in ihrer logischen Stimmigkeit bestätigen diese Interpretation, indem sie ohne diese Interpretation mit dem über die *śaraṇāgatiḥ* Gesagten in Widerspruch stünden: „Dieses [Mittel des Heils[372]] wird daher von den Gebildeten (*śiṣṭaiḥ*), deren Geist durch kein Begehren behindert ist, seien sie frei von Begehren oder [auch] mit Begehren, zur Vollkommenheit [ihres] Selbstes angewendet. Immer ist mein mantrahafter Körper von den Menschen zu verehren. Nachdem man der Vorschrift entsprechend die Dīkṣā auf sich genommen hat [und so] durch [seinen] spirituellen Lehrer die Vollkommenheiten des [angestrebten] Zieles erreicht hat, soll man mit mir entsprechenden Mantren meine mantrahafte Wirklichkeit verehren."[373]

Versucht man rückblickend die aus den analysierten Pāñcarātra-Texten gewonnenen Erkenntnisse zusammenzufassen und wenigstens hypothetisch im Sinne einer Geschichte der Lehre von der *śaraṇāgatiḥ* im Pāñcarātra zu denken, so ergibt sich folgender Befund: Die entscheidenden Texte scheinen die von Vātsya

---

[371] *śṛṇūpāyaṃ caturthaṃ me sarvatyāgasamāhvayam* || 42 *tatra dharmān parityajya sarvān uccāvacāṅgakān* | *saṃsārānalasaṃtapto mām ekāṃ śaraṇaṃ vrajet* || 43.

[372] Scil. die *śaraṇāgatiḥ*.

[373] LT 17, 106-108ab, Text siehe Anm. 368.

Varadaguru vor allem verwendeten Quellen zu sein, nämlich Ahirbudhnyasaṃhitā, Lakṣmītantram und Viṣvaksenasaṃhitā, während die Sanatkumārasaṃhitā die *prapattiḥ* zwar als einmal auszuführenden Ritus und als allgemeines Mittel des Heils zu kennen scheint, aber über das von Varadaguru Zitierte hinaus, was den erhaltenen Text der Saṃhitā betrifft, nichts Entscheidendes zum Verständnis der *śaraṇāgatiḥ* beizutragen hat. Den drei anderen Texten gemeinsam ist, daß sie alle die Verse über die sechs Elemente der *śaraṇāgatiḥ* enthalten und so eine gemeinsame Quelle für die Lehre der *śaraṇāgatiḥ* bezeugen. Auffallend ist, daß diese Verse jedenfalls in der Ahirbudhnyasaṃhitā einen Fremdkörper darstellen, auch wenn sie kontextuell entsprechend eingefügt sind.[374] Im Lakṣmītantram hingegen, wo sie nicht in einen älteren Kontext eingefügt zu sein scheinen, sind sie jedenfalls nicht die entscheidende Lehre von der *śaraṇāgatiḥ*, die vielmehr darin besteht, daß die spirituelle Praxis der *śaraṇāgatiḥ* vom Autor des Abschnittes zwar in die Heilspraxis des Pāñcarātra einbezogen wurde, aber zu diesem Zweck so interpretiert werden mußte, daß sie mit der tantrischen Praxis des Textes[375] vereinbar war.[376] Man muß daher wohl annehmen, daß er die Lehre von der *śaraṇāgatiḥ* bereits in einer Lehrtradition vorgefunden hat, aus der er auch die fraglichen Verse übernommen hat. Der sonst nicht erhaltene Text zur *śaraṇāgatiḥ* der Viṣvaksenasaṃhitā seinerseits könnte in Kenntnis des entsprechenden Abschnittes des Lakṣmītantram verfaßt worden sein.[377]

Wenn dies alles richtig ist, ist die Lehre von der *śaraṇāgatiḥ* zwar in den besprochenen Texten vertreten und tradiert worden,

---

[374] Man vgl. die Einfügung der Verse unter Bezugnahme durch *enam* auf den im Kontext allein begegnenden Terminus *nyāsa-* (AhirS 37, 27). Siehe auch OBERHAMMER, Ahirbudhnyasaṃhitā 37.

[375] Vgl. z.B. die Vorstellung vom mantrahaften Körper der Göttin, der von den Gebildeten (*śiṣṭaiḥ*) mit Mantren zu verehren ist (LT 17, 106f.).

[376] Vgl. das oben pp. 132ff. Gesagte.

[377] Man vgl. die Verse PraP 1, 17-25, die in ihrer Ablehnung von Karmayoga, Jñānayoga und Bhakti die entsprechenden Gedanken aus dem Lakṣmītantram aufzugreifen scheinen. Vgl. auch das über die Nähe zur Rāmānuja-Schule dieser Saṃhitā in OBERHAMMER, Materialien VI, pp. 31f. und 35, Gesagte, so daß diese Saṃhitā jedenfalls in den besprochenen Abschnitten einen jüngeren Eindruck als das Lakṣmītantram macht.

und scheint die Rāmānuja-Schule die Praxis der *śaraṇāgatiḥ*, sofern es die Sanskrit-Tradition betrifft, aus dem Pāñcarātra übernommen zu haben. Dies bezeugt jedenfalls Vatsyavaradagurus Prapannapārijātam, auch wenn seine Darstellung nahelegt, daß dieser Vorgang vielschichtiger vor sich gegangen sein muß.[378] Auffallend ist in diesem Zusammenhang, daß die Ahirbudhnyasaṃhitā die Lehre von den sechs Elementen der *śaraṇāgatiḥ* und damit die entsprechenden, in allen drei Texten begegnenden Verse „Vedakundigen" (*vedaviduṣaḥ*) zuschreibt. Auch wenn man diese Aussage vielleicht nicht überbewerten sollte, scheint sie zu bezeugen, daß sie der Überarbeiter des 37. Adhyāya der Ahirbudhnyasaṃhitā nicht aus einem Pāñcarātra-Text übernommen hat, den er wohl nicht in dieser Weise zitiert hätte, sondern aus einem Werk vedischer Tradition verpflichteter Brahmanen.[379]

Im Lichte dieser Zuschreibung würden auch Varadagurus Verse PraP 1, 1-9 eine besondere Bedeutung bekommen, in denen Varadaguru die Lehre von der *prapattiḥ* mit Hilfe vedischer Texte belegt. Dann würden diese nämlich darauf hinweisen, daß dem Veda und dem Vedānta verpflichtete Brahmanen vedische Texte tatsächlich so interpretiert hatten, daß Varadaguru die betreffenden Texte dem exegetischen Verständnis dieser Brahmanen entsprechend als Zeugnisse der *śaraṇāgatiḥ* deuten und an die Spitze des ersten Kapitels seines Prapannapārijātam stellen konnte.[380] Vergegenwärtigt man sich die von ihm in diesem Zusammenhang zitierten Texte, möchte man annehmen, daß es sich um zum schwarzen Yajurveda gehörende Brahmanen gehandelt haben dürfte. Wenn man Varadagurus Verse im erwähnten Sinne verstehen darf, möchte man weiters annehmen, daß sich die Schultradition bewußt gewesen sein muß, daß es sich bei der *śaraṇāgatiḥ* um eine spirituelle Praxis gehandelt hat, die in brahmanischen Kreisen entwickelt wurde, auch wenn sie die konkrete Lehre als von Gott geoffenbart aus den Saṃhitās des Pāñcarātra übernahm.

---

[378] Siehe das über die nicht-tantrischen Quellen der *śaraṇāgatiḥ* Gesagte.

[379] Den Bezug zur „vedisierenden" Orthodoxie könnte auch LT 16, 6 nahelegen, wo von den „Gebildeten" (*śiṣṭāḥ*) als die *śaraṇāgatiḥ* Praktizierenden die Rede ist.

[380] Siehe Text und Übersetzung dieser Verse oben pp. 65ff.

In dieser Weise ließe sich der Textbefund sinnvoll deuten und für die Entwicklung der Lehre von der *śaraṇāgatiḥ* auswerten. Dennoch birgt diese Deutung ein Problem in sich: Warum hat Varadaguru seinerseits die Lehre von der *śaraṇāgatiḥ* an Hand von Aussagen der Pāñcarātrasaṃhitās dargestellt und nicht anhand von Texten jener Lehrer, deren exegetische Grundlegung der *śaraṇāgatiḥ* in den Texten vedischer Tradition er übernommen hatte?[381] Vielleicht weil die Aussagen der Saṃhitās für ihn göttliche Offenbarung waren, was für die Intention des Prapannapārijātam als Werk über die Lebensführung eines *prapannaḥ* von Wichtigkeit war.

Andererseits werden in Nārāyaṇāryas Nītimālā tatsächlich Lehrer der Schule faßbar, deren Lehre vom „Zufluchtnehmen" Nārāyaṇārya referiert. Diese dürften jedenfalls in der brahmanischen Tradition gestanden sein. So zitieren sie Vaiśeṣikasūtram I, 1, 2 als Definition des Dharma, sie ziteren die zum schwarzen Yajurveda gehörende Śvetāśvatara-Upaniṣad[382] und das Brahmasūtram[383]. Diese Lehrer aus brahmanischem Milieu hatten tatsächlich durchaus im Sinne von Rāmānujas Śaraṇāgatigadyam[384] für jene frommen und nach Emanzipation strebenden Vaiṣṇavas, die keinen Adhikāra zum Vedastudium hatten und daher auch nicht den Weg der Bhakti, wie ihn Rāmānuja gelehrt hatte, praktizieren konnten, das *prapadanam* als spirituellen Weg zum höchsten Heil gelehrt. Sie konnten dabei auf das „bei Gott Zufluchtnehmen" als Akt persönlicher Frömmigkeit zurückgreifen, das beispielsweise im Jitaṃtestotram und auch sonst in den von Bhakti inspirierten Abschnitten der Saṃhitās begegnet; Texte, die ihnen jedenfalls bekannt gewesen sein müssen.

Anläßlich der Interpretation dieses Abschnittes[385] wurde vermutet, daß der Ausdruck *bhagavadguṇapravīṇāḥ*, mit dem sie

---

[381] Daß es solche Texte gegeben haben muß, bezeugen die Verse von den sechs Elementen der *śaraṇāgatiḥ*, die in der Ahirbudhnyasaṃhitā den „Vedakennern" zugeschrieben werden.

[382] ŚvetU 6, 18.

[383] BrSū 4, 1, 1.

[384] Vgl. den Deutungsversuch dieses Werks pp. 154ff.

[385] Siehe oben p. 44.

Nārāyaṇārya bezeichnet, ein Hinweis auf Lehrer des Pāñcarātra sein könnte. In Verbindung mit den hier gemachten Beobachtungen zur *śaraṇāgatiḥ* und der Reflexion dieser spirituellen Praxis durch dem Vedānta verpflichtete Brahmanen möchte man diese Vermutung dahingehend präzisieren, daß er sich auf solche viṣṇuitische Vedānta-Vertreter beziehen könnte, welche Gedanken des Pāñcarātra stärker in die vedāntische Theologie der Vaiṣṇavas einbezogen haben, so daß man sie in der Tat als „einige [Vertreter der Schule (?)], die in den Eigenschaften des Erhabenen bewandert waren" bezeichnen konnte. Doch scheinen diese keine konkrete Lehre zur rituellen Praxis der *śaraṇāgatiḥ* vertreten zu haben[386] und konnten diese nicht als Offenbarungsautorität für ihre Praxis herangezogen werden, so daß sich Varadaguru in seiner Darstellung der Lehre auch deshalb an die entsprechenden Abschnitte der Pāñcarātrasaṃhitās, vor allem das Lakṣmītantram gehalten hat, zumal Varadaguru auch als Person ein verhältnismäßig nahes Verhältnis zum Pāñcarātra gehabt haben dürfte.

## *Das Śaraṇāgatigadyam des Rāmānuja*

Das Śaraṇāgatigadyam unterscheidet sich sowohl der literarischen Form als auch dem religiösen Gedanken nach von Rāmānujas anderen Werken. Es ist dies der Grund, daß seine Authentizität in der Gegenwart geleugnet wurde.[387] Die Diktion des Werkes spricht jedoch nicht gegen eine Verfasserschaft Rāmānujas. Sie steht beispielsweise jener in Rāmānujas Einleitung

[386] Darauf könnte der Umstand hinweisen, daß nach ihrer Lehre der Akt der *śaraṇāgatiḥ* ohne jede ritualistische Beschränkung ausgeführt werden konnte. Vgl. NM p. 68, 8: *na caitad itaropāyopādānavad deśakālādiniyamāpekṣam.*

[387] Vgl. R.C. LESTER, Rāmānuja, Appendix II; ders., The Concept of *prapatti* in the Thought of Rāmānuja. Proceedings and Transactions of the All-India Oriental Conference. 21st Session Srinagar. Vol. 2, Part 1. Poona 1966, pp. 271-285; vgl. dazu J. B. CARMAN, The Theology of Rāmānuja. An Essay in Interreligious Understanding. (Yale Publications in Religion 18). New Haven, London 1974, pp. 62f. und vor allem pp. 230ff., wo sich der Autor kritisch mit den von R.C. LESTER vorgebrachten Argumenten auseinandersetzt. Vgl. auch JULIUS J. LIPNER, The Face of Truth. A Study of Meaning and Metaphysics in the Vedāntic Theology of Rāmānuja. Albany 1986, pp. 116ff.

zu seinem Gītābhāṣyam, was Wortwahl, Anordnung der Aussagen über Gott und Länge der Komposita betrifft, so nahe, daß man kaum einen, jedenfalls keinen wesentlichen Unterschied sehen kann.[388] Fest steht außerdem, daß beide Traditionen der Rāmānuja-Schule, sowohl die Vaḍagalai als auch die Teṅgalai, das Śaraṇāgatigadyam Rāmānuja zugeschrieben haben. Der älteste in Sanskrit erhaltene Autor der Schule, der Rāmānujas Verfasserschaft ausdrücklich bezeugt, ist, wenn man davon absieht, daß nach dem Zeugnis Veṅkaṭanāthas Śrīviṣṇucitta das Śaraṇāgatigadyam kommentiert hat,[389] Meghanādārisūri (ca. 13. Jh. n. Chr.), der in seinem Nayadyumaṇiḥ einen Satz aus dem Śaraṇāgatigadyam[390] zitiert und dem Bhāṣyakāra zuschreibt.[391] Aus etwa derselben Zeit ist auch ein Kommentar von Sudarśanasūri, einem Schüler Varadagurus, erhalten.

Hinsichtlich der dem Werk zugrunde liegenden Intention des Verfassers gab es schon zur Zeit Veṅkaṭanāthas eine unterschiedliche Überlieferung in der Schule. Veṅkaṭanātha beginnt seinen Kommentar zum Śaraṇāgatigadyam mit folgenden Worten: „Das Gespräch des Gatten der Lakṣmī und des Herrn der Aszeten (Rāmānuja), beide ein Hort einzig des Erbarmens, [ein Gespräch,] das einst zum Wohl der Welt entstand, soll Euch, insofern als es die Quintessenz des Śaraṇāgati-Mantra enthält, das alt[ehrwürdige], höchste Geheimnis (*rahasyam*) verdeutlichen.“ und fährt fort: „Diesbezüglich [sagen] einige, der ehrwürdige Bhāṣyakāra (= Rāmānuja) schreibe [hier] jenes besondere Gespräch nieder, das ihm vom Erhabenen nach seiner Zufluchtnahme ... bei der [Göttin] Śrī und deren Hilfe zum eigenen Zweck eingegeben (*saṃjātam*) wurde, indem er die von ihm selbst durch das Aussprechen des ihm in der Tradition der guten Lehrer zugekommenen Dvaya-Mantra vollzogene, Nyāsa genannte besondere Zeremonie (*vidyā*) zufolge seines Wunsches, [sie] für seine Anhänger zum Leben zu erwecken, in rechter Weise darlegt (*prakāśayan*). Der Antwortteil [des Textes] hingegen sei wegen der Explizierung (*unnayanena*)

---

[388] BhGBh p. 18, 4ff.

[389] ŚarGBh p. 134, 22f.

[390] ŚarG 5.

[391] NyD p. 255, 23f.: *bhāṣyakāreṇāpi śrībhūminīlānāyakatvam apy uktam evambhūtabhūminīlānāyaketi vadatā.*

der Intention des durch die Zufluchtnahme bewegten (*vaśīkṛta-*), Zuflucht gewährenden [Gottes so] geschrieben.“[392] Veṅkaṭanātha selbst hingegen vertritt die Auffassung, daß das Werk von Rāmānuja als erklärende Darlegung (*vivaraṇam*) des Dvaya[-Mantra][393] verfaßt worden sei.[394]

### (1) Text und Übersetzung des Śaraṇāgatigadyam

(a) „,Zuflucht nehme ich, der ich ohne andere Zuflucht bin, bei der verehrungswürdigen Göttin Śrī, die alle unendlichen, jedes Maß übersteigenden, zahllosen Perfektionen besitzt wie Sittsamkeit (*śīla-*), Herrschermacht (*aiśvaryam*), machtvolle Entfaltung (*vaibhavam*) usw., [deren] Wesen (*svarūpam*), Gestalt und Eigenschaften dem erhabenen Nārāyaṇa lieb [und] angemessen ähnlich sind, die in der üppigen Fülle von Lotussen weilt, die ewig unvergängliche, makellose, himmlische Gattin des Gottes der Götter, der Mutter der gesamten Welt, unserer Mutter,[395] bei der [alle] Zuflucht nehmen können, die ohne Zuflucht sind. (1)

Möge mir echtes [und] dauerndes Zufluchtnehmen bei den Lotusfüßen des Erhabenen [gegeben] sein, wie es sich ergibt, im

---

[392] ŚarGBh p. 126, 1-7: *lakṣmīpater yatipateś ca dayaikadhāmnor yo 'sau purā samajaniṣṭa jagaddhitārtham | prācyaṃ prakāśayatu vaḥ paramaṃ rahasyaṃ saṃvāda eṣa śaraṇāgatimantrasāraḥ || 2 atra bhagavān bhāṣyakāraḥ sadācāryasaṃpradāyāgatadvayavacanena svayam anuṣṭhitaṃ nyāsākhyavidyāviśeṣaṃ svānubandhisaṃjijīvayiṣayā yathāvat prakāśayan ... śrīprapatitadanugrahapūrvakaṃ svasya bhagavatā saṃjātaṃ svayaṃprayojanasaṃvādaviśeṣaṃ nibadhnāti. prativacanāṃśas tu śaraṇāgativaśīkṛtaśaraṇyābhiprāyaviśeṣonnayanena nibadhyata iti eke.*

[393] *śrīmannārāyaṇacaraṇaṃ śaraṇaṃ prapadye, śrīmate nārāyaṇāya namaḥ.*

[394] Vgl. Veṅkaṭanāthas einleitende Worte und: *ataḥ kṛtsnam idaṃ gadyaṃ dvayavivaraṇam iti sādhīyān sampradāyaḥ*, ŚarGBh p. 126, 19. Er folgt hier offenkundig der in der Einleitung zu seinem Kommentar des Śaraṇāgatigadyam von Sudarśanasūri vertretenen Meinung.

[395] Vgl. „Śrīviṣṇucitta u.a. lesen in der gleichen Weise wie *asmatsvāmin* auch *asmanmātaram* und erklären [dies mit den Worten:] ‚*asmanmātaram* [sagt er] im Besonderen noch einmal wegen des Hineingeborenseins in die [Lehrer-]Sukzession Yāmunamunis‘.“ (ŚarGBh p. 134, 22f.: *atra asmatsvāmin itivad asmanmātaram ity api śrīviṣṇucittādyaḥ paṭhanti vyācakṣate ca yāmunamunivaṃśajananena punaś ca viśeṣeṇa asmanmātaram iti.*).

Hinblick auf die Erlangung ewigen Dienerseins (*kaiṃkaryam*) in Form allein der Freude zur Gänze Rest zu sein (*aśeṣaśeṣatā*) in welchen Zuständen auch immer, das durch grenzenlose, alle Maße übersteigende Freude (*prītiḥ*) bedingt ist, hervorgerufen durch die volle, ununterbrochen ewige [und] klare durch nichts anderes hervorgerufene Erfahrung (*anubhavaḥ*) des unendlichen und im höchsten Maße geliebten Erhabenen, die zustande kommt durch die echte (*paramārthika-*) ausschließliche (*aikāntika-*) und dauernde (*atyantika-*) je höhere Hingabe, je höhere Erkenntnis und höchste Hingabe (*parabhaktiparajñānaparamabhaktiḥ*) zu dem Lotuspaar der Füße des Erhabenen.‘ (2) –

‚Soll es Dir sein! (3)

Gerade dadurch wird alles erfüllt werden.‘ (4) –

(b) ‚Der Du einzig die allem zu Meidenden feindlichen Perfektionen (*kalyāṇa-*) besitzest (*ekatāna-*)! Der Du von allem anderen Seienden als Du selbst unterschieden bist (*vilakṣaṇa-*)! Dessen Eigenwesen (*svarūpa-*) unendliches Erkennen und Wonne ist! Dessen himmlische Gestalt, welche allein die von Dir selbst erwünschte, angemessen ähnliche Gestalt ist, ein Tresor unendlicher Eigenschaften (*anantaguṇa-*), wie Glanz, Schönheit (*saundarya-*), Wohlriechendheit (*saugandhya-*), Zartheit (*saukumārya-*), Anmut (*lāvaṇya-*) und Jugend (*yauvana-*) usw., die [alle] unausdenkbar, himmlisch, wunderbar, ewig, makellos [und] unüberbietbar sind! Der Du ein Ozean bist, den Strömen [Deiner] unzähligen Perfektionen (*kalyāṇaguṇa-*), die zu [Deiner göttlichen] Wirklichkeit gehören, unbegrenzt und unüberbietbar sind, wie Jñāna, Bala, Aiśvarya, Vīrya, Śakti und Tejas [sowie Deine] Wohlwollendheit (*sauśīlya-*), mütterliche Zuneigung (*vātsalya-*), Milde (*mārdava-*), Lauterkeit (*ārjava-*), Freundlichkeit (*sauharda-*), Unparteilichkeit (*sāmya-*), Mitleid (*kāruṇya-*), Milde (*mādhurya-*), Würde (*gāmbhīrya-*), Majestät (*audārya-*), Liebenswürdigkeit (*cāturya-*), Beständigkeit (*sthairya-*), Geduld (*dhairya-*), Heldenhaftigkeit (*śaurya-*), Mut (*parākrama-*), [immer schon] verwirklichte Wünsche [Besitzen] (*satyakāma-*], [immer schon] verwirklichtes Wollen [Besitzen] (*satyasaṃkalpa-*); [zum Ziel führendes] Tätigsein (*nṛtitva-*) [und] das [verstehende] Erkennen des [von anderen] Getanen (*kṛtajñātva-*) usw.! Der Du angemessene, vielfältige, mannigfaltige, unendlich wunderbare, ewige und makellose himmlische Ornamente [trägst], die überaus wohlriechend, überaus angenehm zu fühlen [und] glanzvoll sind, wie Kronendiadem (*kirīṭamakuṭa-*), Haarschopf (*cūḍā*), [Schmuck]girlande (*vataṃsa-*), Makara-Ohrringe (*makarakuṇḍala-*), Halskette (*graiveyaka-*), Perlenhalsband (*hāra-*), Armspange (*keyūra-*), Armband (*kaṭaka-*), Śrīvatsa, Kaustubha, Perlencollier (*muktādāma-*), Gürtel (*udarabandhana-*), gelb [leuchtendes] Gewand [und] Knöchelspangen, [wohlklingend wie der tönende Schmuck eines] Gürtels (*kāñcīguṇanūpura-*)! Der Du unzählige, ewige, nichtfehlende (*niravadya-*), überaus heilvolle (*kalyāṇa-*), himmlische Waffen [besitzest], die Dir angemessen und von unausdenkbarer Macht sind wie Muschel, Diskus, Keule, Schwert und Bogen usw.!

Der Du Śrī zur Geliebten hast, welche Dir erwünschte, ewige, makellose [Dir] angemessen ähnliche Eigenwesen (*svarūpa-*), Gestalt (*rūpa-*), Eigenschaften (*guṇa-*) und Machtentfaltungen (*vibhava-*), sowie unbegrenzte, unüberbietbare, unzählige Perfektionen (*kalyāṇaguṇagaṇa-*) besitzt wie Herrscherlichkeit, Sittsamkeit usw.! Der Du [auch] Gatte bist der Bhūmī und Nīlā, die so sind wie diese! Dessen Paar der Füße umsorgt ist von der unbegrenzten, unendlichen [Schar Deiner] Diener und Dienerinnen, allen voran Śeṣa [und] der den Śeṣa[-Dämon] fressende Garuḍa, die alle unendliche Perfektionen (*guṇagaṇa-*) besitzen, Jñāna, Kriyā, Aiśvarya usw., die ewig, makellos und unüberbietbar sind, die einzig bestimmt sind vom Verlangen (*ekarati-*) restlos ‚Rest' [zu Dir] zu sein (*aśeṣaśeṣatā-*) [je nach ihrem] bleibenden Wesen (*svarūpasthiti-*) und [ihren] unterschiedlichen Tätigkeiten in freier Unterordnung [zu Dir] (*svaccandānuvarti-*)!

Der Du Herr von Śrīvaikuṇṭha bist, das ewig ist, makellos und unübertrefflich, das mit Fülle gesegnet ist (*samṛddha-*), [voll] unendlicher Wunder und unendlich ist [in seiner] machtvollen Erscheinung (*anantamahāvibhava-*) und unendlichen Ausdehnungen, ein Ort des Genusses [dienlich] den vielfältigen, mannigfachen, unendlich [vielen] Genüssen, die Dir erwünscht sind, und das von den großen Yogins weder in Gedanken noch in Worten ermessen werden kann!

Du, dessen Spiel das Entstehen, sich Entfalten und Vergehen der gesamten Welt ist, die die Form eines Ortes des Genießens hat, dem Genießen der Menge vielfacher, mannigfacher, unendlich [vieler] Genüsse Genießender dienlich, die in Urmaterie, Seelen und Zeit besteht, deren einziges Eigensein (*svabhāva-*) darin besteht, Dein ‚Rest' zu sein (*śeṣatā*), indem sie in Eigenwesen, Bestehen und Wirken mit Deinem Wollen übereinstimmt (*svasaṃkalpānuvidhāyi-*)!

Du, dessen Wünsche erfüllt sind, dessen Wollen Wirklichkeit [geworden] ist! Der Du das höchste Brahma bist, das höchste Wesen (*puruṣottamaḥ*), der du von machtvoller Entfaltung bist! Der Du Śrī besitzest, Nārāyaṇa, Herr von Vaikuṇṭha!

Der Du ein Meer bist des höchsten Mitleids, der Gewogenheit (*sauśīlya-*), der mütterlichen Zuneigung (*vātsalya-*), der Würde (*audārya-*), der Herrscherlichkeit (*aiśvarya-*) und der Schönheit (*saundarya-*)! Der Du die Zuflucht (*śaraṇya-*) aller Welt bist, im Besonderen der Unerleuchteten! Der Du den Gebeugten das Leid nimmst! Du Ozean reiner mütterlicher Zuneigung zu dem, der sich [Dir] anvertraut (*āśrita-*)! Von dem der wahre Zustand aller Wesen beständig erkannt ist, dessen Freude es ist, alles Bewegliche und Unbewegliche zu lenken! Der Du *śeṣī* bist alles geistigen und ungeistigen Seienden! Der Du die ganze Welt trägst! Der Du der Herr der ganzen Welt bist! Der Du unser Herr bist!

Du, dessen Verlangen wirklich ist (*satyakāma-*), dessen Wollen [immer schon] Wirklichkeit geworden ist (*satyasaṃkalpa*)! Der Du von allem anderen unterschieden bist! Der Du den Wünschenden die Wünsche gewährst! Du Freund im Unglück! Du, der Du Śrī besitzest! Nārāyaṇa! Zuflucht dessen, der ohne Zuflucht ist! Ich, der ich keine andere Zuflucht habe, nehme meine Zuflucht zum Lotuspaar [Deiner] Füße!' (5) –

‚Hier der Dvaya[-Mantra].' –

‚Nachdem ich Vater, Mutter, Söhne, Verwandte, Freunde und Lehrer, Edelsteine, Geld und Getreide, Felder und Häuser und alle Dharmas aufgegeben habe, auch alle Wünsche einschließlich jener bezüglich des Unvergänglichen (*sākṣarān*[396]), habe ich meine Zuflucht zu Deinen Füßen genommen, welche die Welt [souverän] durchschreiten.[397] (6)

Du allein bist [mir] Mutter, Vater Du allein. Auch Verwandte bist Du allein [mir]. Lehrer bist nur Du [mir]. Nur Du bist Wissen (*vidyā*), Reichtum (*draviṇam*) nur Du. Du bist mir alles, Gott der Götter, (7)

---

[396] *akṣaram* = das Selbst (*ātmā*), vgl. ŚarGBh p. 161, 10.

[397] Jitaṃtestotram (?), siehe Veṅkaṭanātha unten p. 153, doch findet keiner der Verse sich in JSt noch in JSt[1].

Vater bist Du der Welt, der beweglichen und unbeweglichen. Du bist es, der von ihr zu verehren ist, der [ihr] je würdigerer Lehrer ist. Es gibt keinen, der Dir gleich wäre. Wo ist ein anderer in [allen] drei Welten, der [Dir] überlegen wäre; Du unvergleichlich Machtvoller?[398] (8)

Daher bitte ich, hingestreckt [zu Deinen Füßen] Dich, den Herrn, den man bitten darf, [daß] Du mich ertragen mögest, o Gott, wie der Vater den Sohn, wie der Freund den Freund, wie der Liebende den Geliebten.[399] (9)

Tilge die vielfältigen, unzähligen (*ananta-*) Vergehen, die [von mir] getan wurden, getan werden und [in Zukunft noch] getan werden, jene, deren Wirkung [bereits] begonnen hat, und jene, deren Wirkung noch nicht begonnen hat, unzählige, unerträgliche Vergehen, [begangen] in Gedanken, Worten und Taten (*manovākkāyaiḥ*) gegenüber [Dir], dem Erhabenen, und Vergehen gegen die Anhänger des Erhabenen seit anfangsloser Zeit durch das Tun von Nicht-zu-Tuendem und das Nichttun von zu Tuendem. (10)

Tilge zur Gänze die verkehrte Erkenntnis hinsichtlich [meines] Ātmā und hinsichtlich der ganzen Welt, auch [alles] Verkehrte hinsichtlich allem, das heute gegenwärtige und das zukünftige! (11)

Laß mich, der ich ausgesprochen habe, daß ich als [Dein] Diener Zuflucht genommen habe und Dein Diener bin, die guṇahafte Māyā, die schicksalhafte, überwinden, die durch den anfanglosen Fluß meiner Werke im Gang ist, [mir] das Eigenwesen des Erhabenen verhüllt, die verkehrte Erkenntnis hervorbringt, hinsichtlich ihrer selbst die Vorstellung des zu Genießenden hervorbringt [und] als Körper und Sinne, als zu Genießendes und in feiner Form besteht. (12)

Mache mich zu [jenem] Wissenden, von dem in den drei Śloken [der Bhagavadgītā] die Rede ist: ‚Unter diesen ragt der Wissende hervor, der [mir] ewig verbunden ist, den einzig Hingabe [treibt]. Denn dem Wissenden bin ich überaus lieb, und er ist mir lieb! Sie alle sind ehrenwert, der Wissende aber ist [mir wie] der Ātmā selbst. [So] ist meine Zusage. Denn er ist gesammelten Selbstes auf dem höchsten Weg zu mir! Nach vielen Geburten

---

[398] BhG 11, 43.

[399] BhG 11, 44.

nimmt der Wissende zu mir seine Zuflucht [wissend], daß Vāsudeva alles ist. Ein solcher Hochgesinnter ist schwer zu finden.‘[400] (13)

Mache mich zu einem, der Dir in je höherer Hingabe (*parabhaktiḥ*) verbunden ist, von der an den drei Stellen [der Bhagavadgītā] die Rede ist [, wenn gesagt ist]: ‚Dieses höchste Wesen, o Pārtha, wird durch Hingabe erlangt, die keinem anderen gilt‘,[401] ‚Aber durch Hingabe, die keinem anderen gilt, kann [ich erlangt werden]‘,[402] ‚höchste Hingabe zu mir erlangt er‘[403]. (14)

Mache mich zu einem, dessen Eigenwesen einzig je höhere Hingabe, je höhere Erkenntnis [und] höchste Hingabe ist. (15)

Möge ich im Besitz der Erfahrung (*anubhava-*) des Erhabenen, die bewirkt ist durch je höhere Hingabe, je höhere Erkenntnis und höchste Hingabe, [und] die zur Fülle gelangt (*paripūrṇa-*), ununterbrochen (*avavarata-*) und ewig, völlig klar [und] ohne [jeden] anderen Zweck, grenzenlos und unüberbietbar lieb ist, ewig [Dein] Diener sein, der einzig und allein durchdrungen ist von der Freude (*ekaratirūpa-*), völlig ‚Rest‘ zu sein (*aśeṣaśeṣatā*), die [diesem] ganzen Zustand entsprechend ist [und] bedingt ist durch grenzenlose, unüberbietbare Freude, die hervorgerufen ist von [einer] derartigen Erfahrung des Erhabenen.“ (16) –

(c) „Auch wenn Du alles entbehrst, das als Mittel, in solcher Weise mein Diener zu sein, [nützlich] wäre, auch wenn Du vom Bösen überwältigt bist, das dem entgegensteht, auch wenn Dich unendlich [viele] Vergehen gegen mich belasten, auch wenn Dich unendlich [viele] Vergehen gegen die Meinen belasten, wenn Dich unendlich [viele] untragbare Verfehlungen belasten, auch wenn die Eigenwirklichkeit (*svabhāvaḥ*) [Deines] Ātmā durch den anfanglosen widrigen Ahaṃkāra, welcher deren Wirkung und Ursache ist, verdunkelt ist (*vimūḍha-*), auch wenn Du durch die anfanglosen widrigen psychischen Eindrücke (*vāsanā*), die Wirkung und Ursache von diesen beiden (= *ahaṃkāraḥ* und *pāpam*) sind, [im Saṃsāra] gebunden bist, auch wenn Du durch die besondere [Form

---

[400] BhG 7, 17-19.

[401] BhG 8, 22.

[402] BhG 11, 54.

[403] BhG 18, 54.

der] Urmaterie, die dem entsprechend ist, [im Saṃsāra] gebunden bist, auch wenn Du durch Hindernisse in Form der Verengung [Deiner] Erkenntnis durch die Erfahrung von Freud‘ und Leid, das in der eigenen Person liegt, durch andere Wesen oder durch schicksalhafte Umstände bedingt ist, die diese zur Wurzel haben, sowie deren Ursachen [und ebenso] Objekte, die davon unterschieden sind [und] zu vernachlässigen sind, an der grenzenlosen unüberbietbaren je höheren Hingabe, je höheren Erkenntnis und höchsten Hingabe zum Lotuspaar meiner Füße gehindert bist,

sei Du, der Du in irgendeiner Weise (*yena kenāpi prakāreṇa*) den Dvaya[-Mantra] zum Ausdruck bringst, allein dank meines Erbarmens völlig von der Behinderung und deren Ursache befreit, [die Dich] an der ausschließlichen, bleibenden je höheren Hingabe, der je höheren Erkenntnis und der höchsten Hingabe zum Lotuspaar meiner Füße [hindert]; erlange dank meiner Gnade die ausschließliche bleibende je höhere Hingabe, je höhere Erkenntnis und höchste Hingabe zum Lotuspaar meiner Füße; erkenne dank meiner Gnade unmittelbar, wie es zutrifft, die Entfaltung meines Eigenwesens (*svarūpa-*), [meiner] Gestalt, [meiner] Eigenschaften [und meines] mächtig Inerscheinungtretens (*vibhūtiḥ*), das dem Spiel [der Schöpfung etc.] dient. Erkenne unmittelbar das Eigenwesen (*svarūpa-*) [Deines] Ātmā, dessen Wirklichkeit es allein ist, als von mir zu Lenkender mein Diener zu sein. Habe allein mich zur Erfahrung. Habe einzig Freude [daran], mein Diener zu sein. Habe Du die Erfahrung [meiner selbst], die zu Erfüllung gekommen, ohne Unterbrechung, ewig, lauter und ohne jeden anderen Zweck ist, die [Dir] unbegrenzt und unüberbietbar lieb ist. Sei ewig mein Diener, der einzig die Freude hat, [zu mir] ‚Rest‘ zu sein, die [diesem] Zustand restlos entspricht [und] bedingt ist durch die grenzenlose, unüberbietbare Freude, die hervorgerufen ist durch eine derartige Erfahrung von mir. (17)

Derart bist Du [nun]. (18)

Frei von [jeder] Spur einer Behinderung durch Leid, das in [Diener] eigenen Person gründet, von den Wesen kommt oder sich schicksalhaft ereignet, weile Du glücklich hier [hinieden] in Śrīraṅgam, indem Du so beständig bis zu Deinem Tode den Dvaya[-Mantra], [seine] Bedeutung bedenkend (*arthānusaṃdhānena saha*), rezitierst. (19)

Nachdem Du zur Zeit des Todes einzig dank meines Erbarmens völlig erwacht, nur mich betrachtend, ohne den auf den früheren Saṃskāras [beruhenden] Wunsch [, mein Diener zu sein,] zu verlieren, diese Prakṛti in [ihrer] feinen und groben Form wie ein zerschlissenes Gewand leichter Hand abgelegt hast, wirst Du dann ewig [mein] Diener sein, dessen einzige Freude es ist, völlig ‚Rest' [zu mir] zu sein, die [diesem] Zustand völlig entspricht und bedingt ist durch die grenzenlose, unüberbietbare Freude, die hervorgerufen ist durch die Erfahrung [meiner selbst], die zur Erfüllung gekommen, ununterbrochen ewig, überaus klar, ohne jeden anderen Zweck, unbegrenzt und unüberbietbar lieb ist, hervorgerufen durch die ausschließliche, unbegrenzte je höhere Hingabe, je höhere Erkenntnis und höchste Hingabe zum Lotuspaar meiner Füße, die [Du] dank meiner Gnade erlangt hast. (20)

Diesbezüglich sollst Du keinen Zweifel haben! (21)

Wurde doch von mir gesagt: ‚Bisher wurde von mir keine Unwahrheit gesagt, noch werde ich [eine solche] je sagen',[404] ‚Man wendet sich nicht zwei Mal an Rāma',[405] ‚Ihm, der [auch] nur einmal [zu mir] seine Zuflucht genommen hat und bittet ‚ich bin Dein', gewähre ich Furchtlosigkeit vor allen Wesen. Dies ist mein Gelübde'[406] [und] ‚Wenn Du jeden Dharma aufgegeben hast, nimm [Deine] Zuflucht einzig zu mir. Ich werde Dich von allem Bösen befreien. Sorge Dich nicht'[407]. (22)

Weile daher aufgrund dessen, daß [Du] so bist (*tattvato*), frei von [jedem] Zweifel glücklich unter denen, die [schon] die Erkenntnis meiner [selbst] erlangt haben.' (23) –

‚Erhabener, die Erinnerung, die [daraus] entsteht, daß ich Dein Diener bin, eben diese [Erinnerung], die heute bewirkt wird, verleihe mir [auch] in der Stunde [meines] Todes.' (24)"[408]

---

[404] Rām 4, 7, 21ab.

[405] Rām 2, 16, 19.

[406] Rām 6, 12, 20.

[407] BhG 18, 66.

[408] ŚárG: *bhagavannārāyaṇābhimatānurūpasvarūparūpaguṇavibhavaiśvaryaśīlādyanavadhikātiśayāsaṅkhyeyakalyāṇaguṇagaṇām, padmavanālayām, bhagavatīm, śriyam, devīm, nityānapāyinīm, niravadyām, devadevadivyamahiṣīm, akhilajaganmātaram, asmanmātaram, aśaraṇyaśaraṇyām, ananyaśaraṇaḥ śaraṇam ahaṃ prapadye* || 1 ||

*pāramārthikabhagavaccaraṇāravindayugalaikāntikātyantikaparabhak-
tiparajñānaparamabhaktikṛtaparipūrṇānavaratanityaviśadatamānanyaprayo-
janānavavadhikātiśayapriyabhagavadanubhavajanitānavadhikātiśayaprītikā-
ritāśeṣāvasthocitāśeṣaśeṣataikaratirūpanityakaiṅkaryaprāptyapekṣayā pāra-
mārthikī bhagavaccaraṇāravindaśaraṇāgatir yathāvasthitā aviratāstu me* || 2 ||

*astu te* || 3 || *tayaiva sarvaṃ saṃpatsyate* || 4 ||

*akhilaheyapratyanīkakalyāṇaikatānasvetarasamastavastuvilakṣaṇānan-
tajñānānandaikasvarūpa! svābhimatānurūpaikarūpācintyadivyādbhutanitya-
niravadyaniratiśayaujjvalyasaundaryasaugandhyasaukumāryalāvaṇyayauva-
nādyanantaguṇanidhidivyarūpa! svābhāvikānavadhikātiśayajñānabalaiśvarya-
vīryaśaktitejassauśīlyavātsalyamārdavārjavasauhārdasāmyakāruṇyamādhur-
yagāmbhīryaudāryacāturyasthairyadhairyaśauryaparākramasatyakāmasatya-
saṅkalpakṛtitvakṛtajñatādyasaṃkhyeyakalyāṇaguṇagaṇaughamahārṇava, svo-
citavividhavicitrānantāścaryanityaniravadyaniratiśayasugandhaniratiśayasu-
khasparśaniratiśayaujjvalyakirīṭamakuṭacūḍāvataṃsamakarakuṇḍalagraiveya-
kahārakeyūrakaṭakaśrīvatsakaustubhamuktādāmodarabandhanapītāmbarakāṃ-
cīguṇanūpurādyaparimitadivyabhūṣaṇa! svānurūpācintyaśaktiśaṅkhacakraga-
dāśārṅgādyasaṃkhyeyanityaniravadyaniratiśayakalyāṇadivyāyudha! svābhi-
matanityaniravadyānurūpasvarūparūpaguṇavibhavaiśvaryaśīlādyanavadhikā-
tiśayāsaṃkhyeyakalyāṇaguṇagaṇaśrīvallabha! evaṃbhūtabhūminīlānāyaka!
svacchandānuvartisvarūpasthitipravṛttibhedāśeṣaśeṣataikaratirūpanityanira-
vadyaniratiśayajñānakriyaiśvaryādyanantakalyāṇaguṇagaṇaśeṣaśeṣāśanaga-
ruḍapramukhanānāvidhānantaparijanaparicārikāparicaritacaraṇayugala! pa-
ramayogivāṅmanasāparicchedyasvarūpasvabhāvasvābhimatavividhavicitrānan-
tabhogyabhogopakaraṇabhogasthānasamṛddhānantāścaryānantamahāvibha-
vānantaparimāṇanityaniravadyaniratiśayavaikuṇṭhanātha! svasaṅkalpānuvi-
dhāyisvarūpasthitipravṛttisvaśeṣataikasvabhāvaprakṛtipuruṣakālātmakavividha-
vicitrānantabhogyabhoktṛvargabhogopakaraṇabhogasthānarūpanikhilajagad-
udayavibhavalayalīla! satyakāma! satyasaṅkalpa! parabrahmabhūta! puru-
ṣottama! mahāvibhūte! śrīman! nārāyaṇa! śrīvaikuṇṭhanātha! apārakāruṇya-
sauśīlyavātsalyaudāryaiśvaryasaundaryamahodadhe! anālocitaviśeṣāśeṣalo-
kaśaraṇya! praṇatārtihara! āśritavātsalyaikajaladhe! anavarataviditanikhila-
bhūtajātayāthātmya! aśeṣacarācarabhūtanikhilaniyamananirata! aśeṣacid-
acidvastuśeṣibhūta! nikhilajagadādhāra! akhilajagatsvāmin! asmatsvāmin!
satyakāma! satyasaṅkalpa! sakaletaravilakṣaṇa! arthikalpaka! āpatsakha!
śrīman! nārāyaṇa! aśaraṇyaśaraṇya! ananyaśaraṇas tvatpādāravindayu-
galaṃ śaraṇaṃ ahaṃ prapadye* || 5 ||

*atra dvayam*

*pitaraṃ mātaraṃ dārān putrān bandhūn sakhīn gurūn* |
*ratnāni dhanadhānyāni kṣetrāṇi ca gṛhāṇi ca* ||
*sarvadharmāś ca saṃtyajya sarvakāmāṃś ca sākṣarān* |
*lokavikrāntacaraṇau śaraṇaṃ te 'vrajaṃ vibho!* || 6 ||
*tvam eva mātā ca pitā tvam eva tvam eva bandhuś ca gurus tvam eva* |
*tvam eva vidyā draviṇaṃ tvam eva tvam eva sarvaṃ mama devadeva* || 7 ||
*pitāsi lokasya carācarasya tvam asya pūjyaś ca gurur garīyān* |

*na tvatsamo 'sty abhyadhikaḥ kuto 'nyo lokatraye 'py apratimaprabhāva* || 8 ||

*tasmāt praṇamya praṇidhāya kāyaṃ prasādaye tvām aham īśam īḍyam* |
*piteva putrasya sakheva sakhyuḥ priyaḥ priyāyārhasi deva soḍhum* || 9 ||

*manovākkāyair anādikālapravṛttānantākṛtyakaraṇakṛtyākaraṇabhagavadapacārabhāgavatāpacārāsahyāpacārarūpanānāvidhānantāpacārān ārabdhakāryān anārabdhakāryān kṛtān kriyamāṇān kariṣyamāṇāṃś ca sarvān aśeṣataḥ kṣamasva* || 10 ||

*anādikālapravṛttaṃ viparītajñānam ātmaviṣayaṃ kṛtsnajagadviṣayaṃ ca viparītavṛttaṃ cāśeṣaviṣayam adyāpi vartamānaṃ vartiṣyamāṇaṃ ca sarvaṃ kṣamasva* || 11 ||

*madīyānādikarmapravāhapravṛttām bhagavatsvarūpatirodhānakarīm viparītajñānajananīm svaviṣayāyāś ca bhogyabuddher jananīm dehendriyatvena bhogyatvena sūkṣmarūpeṇa cāvasthitām daivīm guṇamayīm māyām; dāsabhūtam ‚śaraṇāgato 'smi; tavāsmi dāsaḥ' iti vaktāraṃ māṃ tāraya* || 12 ||

*teṣāṃ jñānī nityayukta ekabhaktir viśiṣyate* |
*priyo hi jñānino 'tyartham ahaṃ sa ca mama priyaḥ* ||
*udarās sarva evaite jñānī tv ātmaiva me matam* |
*āsthitas sa hi yuktātmā mām evānuttamāṃ gatim* ||
*bahūnāṃ janmanām ante jñānavān māṃ prapadyate* |
*vāsudevas sarvam iti sa mahātmā sudurlabhaḥ* ||
*iti ślokatrayoditajñāninaṃ māṃ kuruṣva* || 13 ||

*puruṣas sa paraḥ pārtha! bhaktyā labhyas tv ananyayā bhaktyā tv ananyayā śakyaḥ, madbhaktiṃ labhate parām iti sthānatrayoditaparabhaktiyuktaṃ māṃ kuruṣva* || 14 ||

*parabhaktiparajñānaparamabhaktyekasvabhāvaṃ māṃ kuruṣva* || 15 ||

*parabhaktiparajñānaparamabhaktikṛtaparipūrṇānavaratanityaviśadatamānanyaprayojanānavadhikātiśayapriyabhagavadanubhavo 'haṃ tathāvidhabhagavadanubhavajanitānavadhikātiśayaprītikāritāśeṣāvasthocitāśeṣaśeṣataikaratirūpanityakiṅkaro bhavāni* || 16 ||

*evaṃbhūtamatkaiṅkaryaprāptyupāyatayāvakḷptasamastavastuvihīno 'pi, anantatadvirodhipāpākrānto 'pi, anantamadapacārayukto 'pi, anantamadīyāpacārayukto 'pi, anantāsahyāpacārayukto 'pi, etatkāryakāraṇabhūtānādiviparītāhaṅkāravimūḍhātmasvabhāvo 'pi, etadubhayakāryakāraṇabhūtānādiviparītavāsanāsaṃbaddho 'pi, etadanuguṇaprakṛtiviśeṣasaṃbaddho 'pi, etanmūlādhyātmikādhibhautikādhidaivikasukhaduḥkhataddhetutaditaropekṣaṇīyaviṣayānubhavajñānasaṅkocarūpamaccaraṇāravindayugalaikāntikātyantikaparabhaktiparajñānaparamabhaktivighnapratihato 'pi, yena kenāpi prakāreṇa dvayavaktā tvaṃ kevalaṃ madīyayaiva dayayā niḥśeṣavinaṣṭasahetukamaccaraṇāravindayugalaikāntikātyantikaparabhaktiparajñānaparamabhaktivighnaḥ, matprasādalabdhamaccaraṇāravindayugalaikāntikātyantikaparabhaktiparajñānaparamabhaktiḥ, matprasādād eva sākṣātkṛtayathāvasthitamatsvarūparūpaguṇavibhūtilīlopakaraṇavistāraḥ, aparokṣasiddhamanniyāmyatāmaddāsyaikasvabhāvātmasvarūpaḥ, madekānubhavaḥ, maddāsyaikapriyaḥ, paripūrṇānavaratanityaviśadatamānanyaprayojanānavadhikātiśayapri-*

## (2) Versuch einer Interpretation

Diesen Text kommentiert Veṅkaṭanātha in seiner Einleitung zum Śaraṇāgatigadyabhāṣyam, indem er die einzelnen Abschnitte des Gadyam den jeweiligen Worten des Dvaya-Mantra zuordnet: „Die Erklärung des mit dem Wort *śrīmat* (Śrī besitzend) Gemeinten [reicht] hier bis zu [dem Wort] *sampatsyate*. Die Erklärung des Wortes *nārāyaṇa-* [reicht] vom [Wort] *akhila* bis *aśaraṇya-śaraṇya-*. Das dazwischen zwei Mal Vorkommen der [Anrufung] *śrīmannārāyaṇa* drückt das Hauptelement [des Mantra im Sinne des] sprachlichen Ausdruckes ‚Mittel' und ‚durch das Mittel zu Erreichendes' in Form eines [allgemein] Anerkannten aus. [Die Worte] ‚Ich, der ich keine andere Zuflucht habe' nennen den besonderen vom höchsten Wesen geliebten Berechtigten (*adhikārī*). [Die Worte] ‚Lotuspaar Deiner Füße' läßt dem Sinn nach und dem Eigenwesen nach die drei Wortelemente des Mantra (scil. *śrīmannārāyaṇacaraṇam*) erkennen. In dieser Weise wird zusammen mit dem seiend gegebenen ‚Mittel' und dem seiend gegebe-

---

*yamadanubhavas tvaṃ tathāvidhamadanubhavajanitānavadhikātiśayaprītikāritāśeṣāvasthocitāśeṣaśeṣataikaratirūpanityakiṅkaro bhava* || 17 ||

*evaṃbhūto 'si* || 18 ||

*ādhyātmikādhibhautikādhidaivikaduḥkhavighnagandharahitas tvaṃ dvayam arthānusandhānena saha sadaivaṃ vaktā yāvac charīrapātam atraiva śrīraṅge sukham āssva* || 19 ||

*śarīrapātasamaye tu kevalaṃ madīyayaiva dayayā atiprabuddhaḥ, mām evāvalokayann apracyutapūrvasaṃskāramanorathaḥ, jīrṇam iva vastraṃ sukhenemāṃ prakṛtiṃ sthūlasūkṣmarūpāṃ visṛjya, tadānīm eva matprasādalabdhamaccaraṇāravindayugalaikāntikātyantikaparabhaktiparajñānaparamabhaktikṛtaparipūrṇānavaratanityaviśadatamānanyaprayojanānavadhikātiśayapriyamadanubhavas tvaṃ tathāvidhamadanubhavajanitānavadhikātiśayaprītikāritāśeṣāvasthocitāśeṣataikaratirūpanityakiṅkaro bhaviṣyasi* || 20 ||

*mā te bhūd atra saṃśayaḥ* || 21 ||

*anṛtaṃ noktapūrvaṃ me na ca vakṣye kadācana, rāmo dvir nābhibhāṣate, sakṛd eva prapannāya tavāsmīti ca yācate* | *abhayaṃ sarvabhūtebhyo dadāmy etad vrataṃ mama* || *sarvadharmān parityajya mām ekaṃ śaraṇaṃ vraja* | *ahaṃ tvā sarvapāpebhyo mokṣayiṣyāmi mā śucaḥ* || *ity mayaiva hy uktam* || 22 ||

*atas tvaṃ tava tattvato majjñānadarśanaprāptiṣu nissaṃśayas sukham āssva* || 23 ||

*antyakāle smṛtir yā tu tava kaiṅkaryakāritā* |
*tām enāṃ bhagavann adya kriyamāṇāṃ kuruṣva me* || 24.

nen ‚zu Erlangendem', die das Wichtigste sind, das zu verwirklichende ‚Mittel', dem der sprachliche Ausdruck hauptsächlich zukommt, als dem Sinn der Mahāvākyas entsprechender Gegenstand gezeigt; auch das zu verwirklichende zu Erlangende ist durch [die Worte] *paramārthika* usw. kurz erwähnt. Um diese Erkenntnis zu vermitteln, ist in der Mitte (ŚarG 6) das [Wort] *dvayam* der Hinweis auf den Namen des Gemeinten. Mit den Textstellen *pitāram* usw., die in der Bhagavadgītā [und] ohne Unterschied im Jitaṃte[stotram vorkommen], dem Gesagten entsprechen und [dieses] bekräftigen, erwähnt er das Ergreifen des gepriesenen besonderen [Heils-]Mittels in der Erinnerung an die Eigenwirklichkeit (*svabhāvaḥ*) dessen, bei dem er Zuflucht sucht, indem er den [Text]teil des Verlangens nach der Tilgung dessen, was zu dem zu Erlangenden in Widerspruch steht, als darzulegenden Gegenstand des Dvaya[-Mantra] kurz zusammengefaßt hinzugefügt hat. Mit den Worten *manovākkāyaiḥ* verdeutlicht er in sachgerechter Reihenfolge, unter Voraussetzung der Erklärung des Sinnes des Wortes *namas*, das Verlangen nach dem höchsten Wesen, das mit dem Dativ gemeint ist. Mit den Antworten [des Gottes] erklärt er die Absicht dessen, bei dem er Zuflucht sucht, der um den in Rede stehenden Berechtigten (*adhikārī*) von seiner Last zu befreien, dank des in [seiner] Natur gegebenen Erbarmens die Last an sich genommen hat, das wie der Keim der im zweiten Teil erwähnten höchsten Frucht frisch [entstanden] ist. Daher ist dieses Gadyam als Ganzes eine Erklärung des Dvaya[-Mantram]. So ist die bessere Überlieferung."[409]

---

[409] ŚarGBh p. 126, 7-19: *iha saṃpatsyate, ityantaṃ śrīmacchabdābhipretapradarśanam. akhiletyādikam āśaraṇyaśaraṇya!, ityantaṃ nārāyaṇaśabdārthavivaraṇam. tanmadhye śrīman nārāyaṇa iti dviḥpaṭhanam upāyopeyavākyayoḥ siddharūpapradhānāṃśavyañjanam. ananyaśaraṇaḥ aham ity uttamapuruṣābhipretādhikāriviśeṣoktiḥ. tvatpādāravindayugalam, ityādikam apy arthataḥ svarūpataś ca māntravarṇikapadatrayajñāpakam. evaṃ pradhānatamena siddhopāyena siddhaprāpyena ca saha mahāvākyārthaparyavasānabhūmitayā śābdaprādhānyavān sādhyopāyāṃśo darśitaḥ, sādhyaprāpyam api pāramārthika, ityādinā saṃkṣiptam – iti jñāpayituṃ madhye dvayam iti vyākhyeyasamākhyānirdeśaḥ. pitaram ityādibhir jitaṃtāviśeṣabhagavadgītādipaṭhitair uktasaṃvādakair upabṛṃhaṇagranthaiḥ, prastutopāyaviśeṣaparigrahaṃ śaraṇyasvabhāvānusaṃdhānapūrvakaṃ prāpyavirodhinivṛttiprārthanāṃśaṃ ca prapañcayiṣyamāṇadvayārthatayā saṃgraheṇa saṃkalayyāha. manovākkāyaiḥ, ityādibhir arthakrameṇa namaḥśabdārthavivaraṇapūrvakaṃ*

Dennoch zeigt Veṅkaṭanāthas Einleitung seines Kommentars zum Śaraṇāgatigadyam,[410] daß der Charakter dieses Werks schon zur Zeit Veṅkaṭanāthas in der Schule nicht einheitlich beurteilt wurde; indem man das Werk als persönliches Zeugnis von Rāmānujas eigenem Akt der *śaraṇāgatiḥ* gesehen oder, so wie Veṅkaṭanātha, als poetische Auslegung des Dvaya-Mantra zu verstehen versucht hat. Eine Unterschiedlichkeit im Verständnis des Werkes wird auch im Kommentar Veṅkaṭanāthas selbst deutlich, wenn er zu vielen Pratīkas des Gadyam unterschiedliche Deutungen erwähnt, die durch die langen Komposita des Textes und die begrifflich eher unscharfe Wortwahl begünstigt werden. Was war aber die eigentliche Intention dieses Textes?

Die zahlreichen Wiederholungen formelhafter Anrufungen, die sich durchaus in eine logisch-systematische Ordnung einfügen,[411] und die wörtliche Aufnahme dieser Formeln in der Antwort des Gottes vermitteln den Eindruck einer Einübung von Glaubensinhalten. Sie motivieren sich nicht aus den Forderungen eines ästhetischen Kanons, sondern verraten eine im Hintergrund stehende lehrhafte Absicht. Darüber hinaus fällt auf, daß der Autor neben dem Jitaṃtestotram ausschließlich Smṛti-Literatur zitiert, nämlich Bhagavadgītā und Rāmāyanam, und auf solche vedischer Überlieferung verzichtet. Beides legt den Gedanken nahe, daß der Autor auch Anhänger der Schule ansprechen will, die nicht den drei höheren Varṇas angehören.[412] Man möchte daher annehmen,

---

*caturthyabhipretaparamapuruṣārthaprārthanā prakāśyate. prativacanavākyais tu, prakṛtādhikārinirbharatvāya svīkṛtabharasya śaraṇyasya svābhāvikadayārdram uttarakhaṇḍoktaparamaphalāṅkurakalpam abhiprāyaṃ vyavṛṇuta. ataḥ kṛtsnam idaṃ gadyaṃ dvayavivaraṇam iti sādhīyān saṃpradāyaḥ.*

[410] Siehe oben p. 141.

[411] So enthält ŚarG 5 Anrufungen mit (a) theologischen Aussagen über Gott selbst, mit (b) solchen über Gottes Gattinnen und sein Gefolge, (c) solchen über Gott als Herren von Vaikuṇṭha, (d) Anrufungen, die Gottes Wirken als Schöpfer usw. zum Inhalt haben, und (e) an Gott als Heil Verleihenden gerichtet sind. ŚarG 9-10 enthält die Bitte um Vergebung von Verfehlungen gegen Gott und seine Bhaktas, ŚarG 11-12 die Bitte um Tilgung falscher Erkenntnis und deren Folgen und schließlich ŚarG 13-16 die Bitte bleibend *śeṣaḥ* und Diener Gottes zu sein.

[412] Dies würde genau der Wertung der *śaraṇāgatiḥ* in der Nītimālā des Nārāyaṇārya entsprechen. Vgl. oben pp. 49ff.

daß das Werk als eine Art „Katechismus“ für alle jene gedacht war, denen der Weg des Bhaktiyoga und das Studium des Vedānta verschlossen war und die dennoch in die Tradition der Schule integriert werden sollten, und der den Glauben und die Spiritualität der Schule einüben sollte, indem er den allen zugänglichen Dvaya-Mantra als Strukturprinzip zugrundelegte.

Seiner literarischen Form nach ist das Śaraṇāgatigadyam aber kein theologisch-scholastisches Werk. Es ist keine gelehrt reflektierende „Erklärung“ des Dvaya-Mantra, auch wenn Veṅkaṭanātha es als ein *vivaraṇam* dieses Mantra bezeichnet. Es ist aber auch keine Hymne (*stotram*), selbst wenn es stotra-artige Sätze enthält, wenn sich der Autor beispielsweise mit Anrufungen an den Gott wendet. Es zeigt einen existenziell-spirituellen Duktus, der am ehesten an ein literarisch stilisiertes Gebet denken läßt, auch wenn der Text hintergründig von einem theologisch-systematischen Denken geprägt zu sein scheint. Der Sprechende wendet sich zunächst direkt an die Göttin, zu der er seine Zuflucht nimmt, um bei Gott Zuflucht zu finden und bleibend „Diener“ (*kaiṅkaryam*) des Gottes zu sein,[413] und anschließend, nachdem die Göttin ihm dies zugesagt hat, an den Gott selbst, der ihm nach seiner Zufluchtnahme (*śaraṇāgatiḥ*) gewährend antwortet.

Charakteristisch ist, daß das Gespräch zwischen dem Autor, dem Gott und der Göttin nicht *über* etwas geht, sondern seinen Bezug als Zufluchtnahme und Gewährung in sich selbst trägt. Dennoch nimmt die literarische Stilisierung mit ihren umständlichen, stereotyp wiederholenden Ausdrucksschemata und ihrer fast pedantisch aneinanderreihenden Sprache dem Werk die persönlich-existenzielle Dimension. So spricht kein Betender mit seinem Gott. Damit scheint es aber wenig wahrscheinlich, daß das Werk das „Memorial“ von Rāmānujas eigenem Akt der *śaraṇāgatiḥ* ist. Durch die literarische Stilisierung erhält das Werk vielmehr einen lehrhaften, überindividuellen Charakter, der verleitet, in ihm eine paradigmatische Darlegung der Gesinnung der Zufluchtnahme und einen ebenso paradigmatisch formelhaften Ausdruck gläubiger Gewißheit der Gewährung zu sehen, so daß man versteht, warum

[413] Bemerkenswert ist, daß er die Göttin nicht als „Mittlerin“ (*puruṣakāraḥ*) bezeichnet, wie dies später in der Schule der Fall ist. Dies könnte darauf hinweisen, daß das Gadyam authentisch ist.

Veṅkaṭanātha zu seiner Wertung des Werkes als „Erklärung" (*vivaraṇam*) des Dvaya-Mantra kommt. Es gibt jedoch in dem ganzen Werk formal keinen Bezug zum Wortlaut des Mantra und Veṅkaṭanāthas Versuch, bestimmte Aussagen des Gadyam mit dem Wortlaut des Mantra in Bezug zu setzen, wirkt künstlich bemüht. Das Problem liegt darin, daß nicht der Wortlaut des Mantra erklärt wird, sondern Abschnitte des Werkes den Wortlaut des Mantra dem Sinn nach und lehrhaft erweitert wiedergeben.

Welche Stelle nimmt das Werk jedoch in der Geschichte der *śaraṇāgatiḥ* als Phänomen der Spiritualität ein? Rāmānuja hat die *śaraṇāgatiḥ* als Ausdruck frommer Hingabe an Gott gekannt. Schon Yāmunamuni spricht von ihr in seinem Stotraratnam, wenn er sich an Gott wendet: „Nicht bin ich im Dharma feststehend, ich bin kein Kenner des Ātmā, noch habe ich [angemessene] Bhakti zu Deinen Lotusfüßen. Ein Nichts [bin ich], ohne anderen Weg, o [meine] Zuflucht! Zu Deinen Füßen nehme ich Zuflucht."[414], meint sie jedoch nicht als Alternative zum Bhaktiyoga, sondern als Ausfluß der Bhakti, wie Vers 31 seines Gītārthasaṃgrahaḥ nahe legt, mit dem er Bezug auf BhG 18, 66 nimmt: „Beginnend mit den [je] eigenen Riten und endend mit Bhakti möge man, indem man, nur aus Liebe tätig bemüht, [deren] Mittel [des Heils Sein] aufgegeben hat, furchtlos dieses [Mittel des Heils Sein] auf Gott übertragen."[415] Hier charakterisiert er im zweiten Halbśloka offenbar nur die Spiritualität, in der der im ersten Halbśloka genannte Weg der Bhakti (vgl. *nityakarmādibhaktyantam*) gegangen werden sollte.

Wenn das oben über die Intention des Śaraṇāgatigadyam Gesagte zutrifft, dann hat er in diesem Werk der *śaraṇāgatiḥ* als Akt frommer Hingabe im Dvaya-Mantra[416] eine überindividuelle Formel verliehen, die bereits den Beginn einer Ritualisierung darstellt, ohne diesen Akt jedoch als eine Alternative zu seinem

---

414 StR 22: *na dharmaniṣṭho 'smi na cātmavedī na bhaktimān tvaccaraṇāravinde | akiṃcano 'nanyagatiḥ śaraṇya tvatpādamūlaṃ śaraṇaṃ prapadye ||.*

415 *nijakarmādi bhaktyantam kuryāt prītyaiva kāritaḥ | upāyatām parityajya nyased deve tu tām abhīḥ||.*

416 P. MUMME (Mumukṣuppaṭi, p. 5) hat darauf hingewiesen, daß der Dvayamantra erstmals im Śaraṇāgatigadyam bezeugt ist.

Bhaktiyoga zu sehen.[417] Vielmehr zeigt er durch seine Interpretation des Dvaya-Mantra eine Spiritualität, in der jene, die keinen Adhikāra für diesen Yoga hatten, diesen gleichsam überspringen können, indem sie mit den Worten dieses Mantra bei Gott „Zuflucht nehmen", und damit das gleiche durch Bhakti zu erlangende Heil erlangen.

In Zusammenhang mit dieser Deutung der von Rāmānuja vertretenen *śaraṇāgatiḥ* ist eine Beobachtung vielleicht nicht uninteressant, nämlich, daß im Text des Gadyam kein wirklicher Hinweis auf ein rituelles Rezitieren des Dvaya-Mantra enthalten ist, sondern dieser lediglich als Ausdruck einer bestimmten Spiritualität dient. Es gibt drei Stellen, an denen vom Rezitieren des Mantra die Rede ist, von denen jedoch zwei (a und b), den Eindruck einer bewußten, wenn auch minimalen späteren Überarbeitung machen, während die dritte (c) das Rezitieren des Mantra nur als Meditationshilfe erwähnt.

(a) Auffallend sind in diesem Zusammenhang die Worte *atra dvayam* zwischen ŚarG 5 und 6 und die Worte *tayaiva sarvaṃ saṃpatsyate* (ŚarG 4), die, wie immer man sie interpretiert, einen Stilbruch darstellen, da sie einer anderen sprachlichen Ebene angehören als der Kontext. Sie stellen eine außerhalb der Sprechsituation stehende, erklärende oder vorschreibende Bemerkung dar.[418] Veṅkaṭanātha kommentiert den Ausdruck *atra dvayam* folgendermaßen: „Der [Ausdruck] ‚Hier der Dvaya-Mantra' ist [sinngemäß] zu ergänzen durch ‚ist der Hauptsache nach erklärt worden', [sein] eigentlicher Sinn wurde aber zuvor dargelegt; oder es [soll zum Ausdruck gebracht werden], daß der Dvaya[-Mantra]

---

[417] Daß es sich nicht um eine solche Alternative handelt, zeigt Rāmānujas Darstellung dieses Yoga als einziges Mittel des Heils (noch bei Nārāyaṇārya und Meghanādārisūri) wie auch die Bitte durch das „Zufluchtnehmen", *parabhaktiparajñānaparamabhaktiḥ* zu erlangen, die für Rāmānuja wohl ein entscheidendes Anliegen auch des „Zufluchtnehmens" ist. Zur Deutung dieser Formel siehe oben p. 86.

[418] Es ist kein Zufall, daß die Worte *atra dvayam*, die zwar durch Veṅkaṭanāthas Kommentar für dessen Zeit belegt sind, von einigen Vertretern der Tradition als nicht authentisch betrachtet wurden. Vgl. beispielsweise ANNAṄGĀCĀRYA, der sie in seiner Ausgabe des Textes (Rāmānujagranthamālā, 3. Teil, p. 174) in eckige Klammer setzt. Sie sind auch durch Sudarśanasūris Kommentar nicht ausgewiesen, der sie nicht erwähnt.

auf diese Weise zusammen mit dem Erwägen [seines] Gegenstandes rezitiert wurde, oder, daß er [nun] zu rezitieren sei."[419] Auch in der Kommentierung durch Veṅkaṭanātha wird deutlich, daß der Ausdruck einer anderen sprachlichen Ebene angehört. Auch für ihn sind die Worte *atra dvayam* nicht Worte dessen, der sich an Gott wendet, und ist die Funktion der Worte im Kontext des Gadyam nicht konsistent. Tatsächlich könnte man die Worte auch weglassen, ohne daß am Text des Gadyam selbst etwas fehlen würde.

(b) Der Dvaya-Mantra wird jedoch nochmals erwähnt und zwar eindeutig als Teil von Gottes Antwort an den Sprechenden, so daß kein Wechsel der sprachlichen Ebene stattzufinden scheint.[420] Dennoch befremdet die Formulierung „der Du in irgendeiner Weise den Dvaya[-Mantra] sprichst", welche die Rede des Gottes mit ihrer eher lehrhaft verallgemeinernden Diktion verfremdet und in einer Erklärung des Dvaya-Mantra, der ihr Strukturprinzip ist, auch nicht erwartet wird. Der sich an Gott Wendende hat außerdem seine Bitte um Gewährung der Zuflucht bereits in einer ganz bestimmten Form vorgebracht. Die Bemerkung *yena kenāpi prakāreṇa* scheint im Grunde der Versuch zu sein, gerade das Fehlen des formal zum Ausdruck gebrachten Dvaya-Mantra in der Bitte des Autors zu verharmlosen, und stellt so letztlich die Sichtweise eines Dritten dar, auch wenn sie dem Gott in den Mund gelegt ist.

Einen ähnlichen Eindruck der sekundären Überarbeitung machen auch die Worte *tayaiva sarvaṃ saṃpatsyate* (ŚarG 4), auch wenn sie Bestandteil der Rede der Göttin sind.[421] Syntaktisch ist das Demonstrativum *tayā* auf die zuvor erwähnte *śaraṇāgatiḥ* bezogen, so daß die Worte ebenfalls eine reflektierende Betrachtungsweise der *śaraṇāgatiḥ* zeigen, die nach dem gewährenden *astu te* (ŚarG 3) eigentlich nicht erwartet wird. Man fragt sich, was denn mit *sarvam* noch gemeint sein könne, nachdem die Göttin die

---

[419] ŚarGBh p. 160, 22f.: *atra dvayam iti asya vyākhyātaprāyam iti śeṣaḥ, tātparyam tu pūrvam evoktam, yad vā dvayam arthānusaṃdhānena saha evam uktam iti vā, vaktavyam iti vā vivakṣitam.*

[420] ŚarG 17: *yena kenāpi prakāreṇa dvayavaktā tvam.*

[421] Sie sind durch den Kommentar Sudarśanasūris bereits für seine Zeit als zum Text gehörig bezeugt.

Bitte des bei ihr Zufluchtnehmenden gewährt hat. Daß dies eine naheliegende Frage ist, bezeugen sowohl Sudarśanasūri als auch Veṅkaṭanātha,[422] die beide das mit *sarvam* Gemeinte problematisieren. ŚarG 4 ist letztlich eine Bemerkung *über* die *śaraṇāgatiḥ*, die deren Bedeutung hervorhebt und in der Dialogsituation nicht erforderlich ist, auch wenn sie in einem eher trivialem Sinne mit dem *astu te* der Göttin in Einklang gebracht werden kann. Tatsächlich gibt es im Śaraṇāgatigadyam außer der erwähnten drei Stellen keine andere Bemerkung gleicher Art, sondern ist die Diktion immer in Übereinstimmung mit der existenziellen Dialogsituation.

Wenn diese Beobachtungen stichhaltig sind, könnten die untersuchten Stellen durchaus sekundär in den ursprünglichen Text eingefügt worden sein. Dabei sollte man vielleicht nicht nur an eine eher zufällige Interpolation in Form einer in den Text aufgenommenen erklärenden Bemerkung am Rande des Manuskripts denken, was bei jeder der besprochenen Textstellen denkbar wäre, sondern unter Umständen an eine bewußte, wenn auch minimale Überarbeitung.

Eine solche Überarbeitung wäre leicht zu erklären, da in einem späteren Verständnis des Textes dieser durchaus im Sinne einer rituell mit dem Mantra vorgenommenen *prapattiḥ* verstanden werden konnte, vielleicht sogar verstanden werden mußte.

(c) Der Dvaya-Mantra begegnet noch an einer weiteren Stelle. Dort allerdings in einem problemlosen Zusammenhang, wenn nämlich der Gott davon spricht, daß sich der bei ihm Zuflucht Suchende, den Dvaya-Mantra zusammen mit dem Erwägen seines Gegenstandes rezitierend, bis zu seinem Tode in Śrīraṅgam aufhalten solle.[423] An dieser Stelle ist jedoch ein rituelles Rezitieren des Mantra im Verlauf der *śaraṇāgatiḥ* auszuschließen. Vielmehr ist das meditierende Rezitieren des Dvaya-Mantra wohl im Sinne einer spirituellen Übung bhakti-hafter Meditation zu verstehen.

---

[422] Veṅkaṭanātha erwähnt drei Interpretationen dieser Stelle (ŚarGBh p. 141, 27ff.)

[423] Vgl. ŚarG 19: *dvayam arthānusandhānena saha sadaivaṃ vaktā yāvac charīrapātam atraiva śrīraṅge sukham āssva.*

Wenn es richtig sein sollte, daß das Śaraṇāgatigadyam sekundär überarbeitet wurde,[424] wäre dieser Umstand neben der Bezeugung durch Śrīviṣṇucitta, Meghanādārisūri und Sudarśanasūri ein weiterer Grund, die Authentizität des Werkes anzunehmen. Eine solche Überarbeitung hätte nämlich nur dann einen Sinn gehabt, wenn das Werk in der Tradition der Schule für wichtig genug gehalten wurde, überarbeitet zu werden, d.h., wenn man es für ein genuines Werk Rāmānujas gehalten hat. Den Text eines jüngeren Autors gleichen Namens hätte man nicht überarbeiten brauchen. Sieht man von den möglichen Überarbeitungen ab, so enthält das Werk keine wirklichen Hinweise darauf, daß es nicht das Werk des Bhāṣya-Verfassers sein könnte. Die Anrufungen der Göttin entsprechen durchaus den Hinweisen auf die Göttin in den anderen Werken Rāmānujas,[425] und es fehlt im Śaraṇāgatigadyam die Vorstellung einer als eigenständiges Mittel des Heils vollzogenen *prapattiḥ*, die sich jedenfalls in der Sanskrit-Tradition der Schule erst seit Nārāyaṇārya nachweisen läßt. Das Werk zeigt lediglich eine vom Gedanken der *śaraṇāgatiḥ* entscheidend geprägte Spiritualität, die als Radikalisierung einer Bhakti-Frömmigkeit, nicht des Bhaktiyoga Rāmānujas, verstanden werden kann, und die der oben[426] vertretenen Intention des Werkes voll entsprechen würde.

In Zusammenhang mit der Authentizität des Śaraṇāgatigadyam bleibt jedoch ein Gedanke problematisch, der dem Autor offenbar am Herzen liegt und von dem R.C. LESTER gezeigt hat, daß er in den anderen Werken Rāmānujas nicht thematisch ist,[427] nämlich das deutlich artikulierte Verlangen, ewig Gottes Diener zu sein.[428] Dennoch ist dieser Umstand noch kein Indiz dafür, daß das Śaraṇāgatigadyam nicht von Rāmānuja stammen könnte. Die Vorstellung des ewigen Diener Gottes Seins (*kaiṅkaryam*) ist kein philosophischer noch notwendigerweise ein theologischer Begriff, sondern eine Vorstellung der Frömmigkeit und der Spiritualität,

---

[424] Diese Überarbeitung müßte jedenfalls vor Sudarśanasūri erfolgt sein, da er den überarbeiteten Text beider unter (b) erwähnten Stellen bezeugt.

[425] Es fehlt bezeichnenderweise der spätere Begriff der *puruṣakāratā*.

[426] Siehe p. 155.

[427] LESTER, Rāmānuja, pp. 174ff.

[428] Vgl. ŚarG 16 *nityakiṅkaro bhavāni* und andere Stellen.

die mit Rāmānujas Denken nicht in Widerspruch steht und deren Fehlen in seinen anderen Werken kein Anzeichen dafür sein muß, daß sie nicht von ihm stammen kann. Sie entspricht vielmehr völlig Rāmānujas relationalem Brahma-Begriff.[429] Sie ist letztlich der spirituelle Aspekt des „*śeṣaḥ* Gottes Seins" des Menschen. Man darf nicht vergessen, daß Rāmānuja seinen *śeṣa*-Begriff gerade am Beispiel des als Sklaven Geborenen (*garbhadāsaḥ*) exemplifiziert.[430] Ganz in Übereinstimmung damit ist der Begriff des *kaiṅkaryam* im Śaraṇāgatigadyam immer im Sinne von Rāmānujas zentralen ontologischen Gedanken, daß alles *śeṣaḥ* Gottes ist, verbunden, insofern der Begriff des „Dienerseins" (*kaiṅkarya*) eindeutig in Beziehung zum *śeṣa*-Sein gesehen ist. Die immer wiederkehrende Formel im Śaraṇāgatigadyam lautet *aśeṣaśeṣataikaratirūpanityakaiṅkaryam* (bzw. *-kiṅkaraḥ*).[431] Das *kaiṅkaryam* ist immer dadurch näher charakterisiert, daß der Zufluchtnehmende einzig und allein seine Freude darin findet, vorbehaltlos *śeṣaḥ* des Gottes zu sein, so daß das *kaiṅkaryam* nichts anderes ist als die spirituelle Entsprechung des philosophisch-theologischen Gedankens vom *śeṣaḥ* Gottes Sein des Menschen.

---

[429] Vgl. dazu GERHARD OBERHAMMER, Zur Relationalität des Brahma bei Rāmānuja, *Wiener Zeitschrift für die Kunde Südasiens* 43 (1999), pp. 199-212.

[430] Vgl. VedS p. 151, 2-6: "Rest ist derjenige, dessen Eigenwesen es ist, gebraucht zu werden, [und zwar] zufolge [seines] Verlangens, der Überlegenheit, die einem anderen zukommt, zu entsprechen. Der andere ist der ‚Rest-Habende'. ... In diesem Sinne ist es das Eigenwesen der als Sklaven Geborenen gebraucht zu werden, [und zwar] zufolge [ihres] Verlangens der Überlegenheit eines bestimmten Menschen [, der ihr Herr ist,] zu entsprechen. In der gleichen Weise ist es das Eigenwesen jedes Realen, sei es geistig oder ungeistig, ewig oder nicht ewig, gebraucht zu werden, [und zwar] zufolge des Verlangens, der Gott zukommenden Überlegenheit zu entsprechen, und daher ist alles ‚Rest' Gottes, und ist Gott der ‚alles zum Rest Habende'." (*paragatātiśayādhānecchayopādeyatvam eva yasya svarūpaṃ sa śeṣaḥ paraḥ śeṣī. ... evaṃ garbhadāsādīnām api puruṣaviśeṣātiśayādhānecchayopādeyatvam eva svarūpam. evam īśvaragatātiśayādhānecchayopādeyatvam eva cetanācetanātmakasya nityasyānityasya ca sarvasya vastunaḥ svarūpam iti sarvam īśvaraśeṣabhūtaṃ sarvasya ceśvaraḥ śeṣīti sarvasya vaśī sarvasyeśānaḥ patiṃ viśvesyetyādy uktam.*)

[431] ŚarG 2; 16; 17; 20.

## *Vom Werden einer spirituellen Praxis*

In der Frömmigkeitsgeschichte des Viṣṇu-Glaubens deutet die Rede vom „Zufluchtnehmen" (*śaraṇāgatiḥ*, *prapattiḥ*) bei Gott schon sehr früh das Eintreten eines grundlegenden Paradigmenwechsels in der Spiritualität Indiens an. Dieser geht zwar Hand in Hand mit dem sich immer deutlicher artikulierenden Monotheismus der religiösen Tradition der Viṣṇu-Verehrer, scheint aber dennoch ein Phänomen zu sein, das auch einer eigenen Gesetzlichkeit folgt.

Schon das älteste literarische Zeugnis, das im Rückblick der Tradition der Śrīvaiṣṇavas als einer der entscheidenden Offenbarungstexte dieser Praxis betrachtet wird, enthält eine erstaunliche Veränderung des Heilsverständnisses und damit der Spiritualität. In einer Zeit, in der den verschiedenen Heilssystemen Indiens die Überzeugung gemeinsam ist, daß der Mensch die Emanzipation aus dem Wesenskreislauf nur durch die geistige Anstrengung der Erkenntnis oder die bewußte Veränderung seiner psychischen Verfassung erlangen kann, legt der Verfasser der Bhagavadgītā Gott (*bhagavān*) die Worte in den Mund: „Nachdem Du auf alle Dharmas verzichtet hast, nimm Deine Zuflucht zu Mir allein. Ich werde Dich von allem Bösen befreien. Sorge Dich nicht!"[432]

Man kann das Neue dieses Glaubens kaum überschätzen, auch wenn die sich in ihm ausdrückende Spiritualität bereits in den theistischen Upaniṣaden anklingt, und es sich bei den Worten des Erhabenen, wie der Kontext nahelegt, lediglich um die persönlich gemeinte Aufforderung an den in der konkreten Situation der beginnenden Schlacht, mit all dem Bösen, das in ihr getan werden muß, ratlosen Arjuna handelt. Denn diese gibt natürlich eine theologische Überzeugung wieder und ist nicht als eine triviale Ermunterung, Vertrauen zu haben, zu sehen. Sie ist aber noch nicht im Sinne eines eigenständigen Mittels für alle zur Erlangung des höchsten Heiles zu verstehen.

Vielmehr scheint in ihr das Wissen um ein ethisches Prinzip, theologisch gewendet, zum Ausdruck zu kommen, das in der Dharma-Literatur überliefert ist, nämlich, daß einem Hilflosen, der

---

[432] BhG 18, 66: *sarvadharmān parityajya mām ekaṃ śaraṇaṃ vraja* | *ahaṃ tvā sarvapāpebhyo mokṣayiṣyāmi mā śucaḥ* ||.

bei jemandem Zuflucht sucht, auf jedem Falle Zuflucht zu gewähren sei.[433] Dies wird durch eine Stelle im Rāmāyaṇam belegt, in der Rāma sich in einer Besprechung mit seinen Verbündeten unter Berufung auf den Dharma heldischer Lebensführung entscheidet, Vibhīṣaṇa, dem Bruder Ravaṇas, der bei ihm Zuflucht gesucht hat, diese zu gewähren[434]: „Ich werde dem trefflichen Wort Kaṇḍus entsprechend handeln, das völlig in Übereinstimmung mit dem Dharma ist. Möge es [mir] zum Ruhme gereichen und [mich] beim Eintreten der Frucht [dieser Taten] zum Himmel führen. (19) Dies ist mein Gelöbnis: Ihm, der mit der Bitte: ‚Dein bin ich!‘ [bei mir] Zuflucht genommen hat, gewähre ich Freiheit von Furcht vor allen Wesen.“[435] In einer Zeit, in der der Held des Rāmāyaṇam zu einer „Herabkunft“ des Gottes Viṣṇu geworden war, wird dieser Text zur göttlichen Zusage der Errettung *jedes*, der zu ihm Zuflucht sucht. Anknüpfend an diese und ähnliche Texte der Überlieferung kommt in der brahmanischen Tradition des Viṣṇuismus die Vorstellung vom „Zufluchtnehmen“ als letzter Ausdruck *bhakti*-geprägten Vertrauens in den rettenden Gott auf und wird mehr und mehr zu einer Formel gläubiger Spiritualität.

Für eine Geschichte viṣṇuitischer Spiritualität verdient es festgehalten zu werden, daß diese Entwicklung älter sein muß als etwa die Tradition der Āḷvārs, die im „erinnernden Rückblick“ der Tradition der Śrīvaiṣṇavas eine beherrschende Rolle spielen und zu recht als ein signifikanter Anfang ihrer spezifischen Spiritualität gefeiert wurden, die aber natürlich auch selbst schon im Entwicklungsstrom herkömmlicher Vaiṣṇava-Frömmigkeit gestanden sind. Diese ältere Form der an der Vorstellung vom „Zufluchtnehmen“ orientierten Frömmigkeit begegnet beispielsweise in zwei Texten, die beide in der Paramasaṃhitā des Pāñcarātra zitiert werden und einer älteren Bhakti-Tradition aus brahmanischem Milieu angehören dürften.[436]

Aus der Erfahrung des auf sich allein gestellten Daseins des Individuums im Wesenskreislauf und der ausweglosen Wiederkehr

---

433 Siehe Anm. 293.

434 Vgl. pp. 100ff.

435 Rām 6, 12, 19f. Für den Sanskrit-Text siehe Anm. 297.

436 Vgl. oben pp. 106ff.

eines unerfüllten und leidhaften Lebens bricht die Erkenntnis auf: „Deshalb verlange ich nach [jener] Zuflucht (*śaraṇam*), wie immer sie ist, die den [Viṣṇu] ausschließlich Ergebenen zuteil wird. (57) Anderenfalls schwindet mir im Wesenskreislauf die Angst nicht. (...) Daher nehme ich bei Dir allein Zuflucht (*tasmāt tvām eva śaraṇaṃ prapadye*), der Du liebevoll bist zu den [Dir] Anhangenden (63cd-64). Ohne Begehren werde ich, der ich in Gedanken, Reden und Tun fest zu [meinen] Vorsätzen stehe, keinen Gedanken irgendwann auf [irgendwelche] Wünsche richten. (65) Was soll mir die [Erfüllung] eines oder auch zweier Wünsche? Das [von mir] Begehrte ist Vollendung (*siddhiḥ*). Daher nehme ich, ohne eine Frucht zu erwarten, [meine] Zuflucht zu Hari. Darin steht mein Entschluß fest in unerschütterlicher ausschließlicher Hingabe (*ekāntadṛḍhayā bhaktyā*)."[437]

Der Text ist bei aller Länge des Zitates als Ganzer eher zurückhaltend reflektierend.[438] Man hat nicht den Eindruck, daß in ihm von einer feststehenden Praxis des Zufluchtnehmens die Rede ist, sondern das „Zufluchtnehmen" eine Formel der religiösen Sprache ist und als persönlicher Ausdruck der Hingabe (*bhaktiḥ*) an Hari, die aus nüchterner, illusionsloser Reflexion des Daseins aufbricht, und nicht aus einem auch emotional getragenen Sündenbewußtsein, wie dies in der späteren spirituellen Literatur der Fall ist.[439]

Eine ähnliche, wenn auch stärker emotional getragene Spiritualität begegnet im zweiten in der Paramasaṃhitā zitierten Text,[440] dem Jitaṃtestotram. Auch wenn dieses Stotram in seiner überlieferten literarischen Form hier nicht näher untersucht werden kann, mag der in der Paramasaṃhitā zitierte Text als Beispiel erwähnt werden. Das Jitaṃtestotram ist auch unabhängig als selbständiger Text überliefert, der in der Schule nach Rāmānuja auch

[437] Vgl. den Text des ganzen Zitates von ParS 30, 37-67 oben Anm. 302.

[438] Vgl. dazu pp. 106f.

[439] Vgl. beispielsweise Rāmānujas Śaraṇāgatigadyam oben p. 146 (ŚarG 10) und 147 (ŚarG 17) und auch Yāmunas Formel StR 22 mit StRBh zu dieser Stelle p. 75, 1-9, sowie oben p. 156.

[440] ParS 29, 21-34. Vgl. dazu auch G. OBERHAMMER, Beobachtungen zur „Offenbarungsgeschichte" der Paramasaṃhitā, in: Studies in Hinduism II, p. 39.

als solcher kommentiert wurde.[441] Dieser Text ist jedoch wesentlich umfangreicher als der in der Paramasaṃhitā zitierte,[442] der um einiges älter als dieser ist. Er ist wohl aus dem Ṛgvidhānam sekundär in diesen übernommen worden, wenn er nicht auf eine gemeinsame Quelle zurückgeht. Denn er stimmt bis auf wenige geringfügige Varianten mit Ṛgvidh III, 33 und 34 überein.[443] Der Text selbst belegt mit seiner trotz einer gewissen emotionellen Tonalität eher zurückhaltenden Sprache eine Spiritualität, in der das „Zufluchtnehmen" zwar eine vertraute Formel der religiösen Sprache und Ausfluß der Bhakti, aber noch kein eigenständiger, rituell vollzogener Weg zur Emanzipation ist:

„Sieg sei Dir, Lotusäugiger! Verehrung Dir, der Du der Ursprung von allem bist! Verehrung soll Dir sein, Hṛṣīkeśa, Du großes Wesen (*mahāpuruṣa*), der [Du] vor [allem] entstanden bist (*pūrvaja*)! (21) [Du bist] Göttern und Dämonen gemeinsam [herrschende] Gottheit. Zuflucht (*śaraṇam*) such ich immerdar bei dem Paar Deiner Füße. (22) Du allein bist es, der die Welt hervorbringt und zerstört. Umhüllt von der Wundermacht [Deiner] Eigenschaften (*guṇamāyāsamāvṛtaḥ*) bist Du der Herr (*adhyakṣaḥ*) und der gnädige Begleiter (*anumantā*). (23) Nur wenn er zu Dir seine Zuflucht genommen hat (*śaraṇaṃ prāpya*), quert der Verständige den furchterregenden Ozean des Wesenskreislaufes mit seinen [zahllosen] Bedrängnissen (*anantakleśabhājanam*). (24) Du hast

---

[441] Vgl. JSt[1].

[442] In ihm wird der Text der Paramasaṃhitā zusammen mit der ihn dort begleitenden Bemerkung zitiert! Vgl. JSt 4, 16 = ParS 29, 34, wobei lediglich JSt 3, 17 nochmals vor 4, 16 eingeschoben wurde. Es scheint das selbständig überlieferte Jitaṃtestotram aus mehreren Texten zusammengesetzt worden zu sein: So ist JSt 1, 38cd-39 kein Text des Stotram, sondern eine Bemerkung zum Stotram im 1. Adhyāya. Auch JSt 5, 25 ist kein Bestandteil des Stotras des 5. Adhyāya, sondern eine Aussage über dieses. Man hat den Eindruck, daß das Stotram, wie es in JSt überliefert ist, eine Sammlung verschiedener mit jeweils demselben Anfangsvers, nämlich MBh 12, 336, 44 (mit kleinen Varianten im 3. bzw. 4. Pāda), beginnender Hymnen ist. Vgl. neben dem Zitat aus der Paramasaṃhitā PādS Cāryapāda 13, 43-57 = JSt 5, 1-15 und PādS Cāryapāda 13, 60-64 = JSt 5, 19-24 jeweils mit überlieferungsbedingten Varianten. Auch SātS 7, 25-28 enthält Verse eines Jitaṃtestotram, die jedoch in JSt nicht vorkommen.

[443] Ich verdanke diesen wertvollen Hinweis der Aufmerksamkeit meiner Kollegin M. RASTELLI.

nicht Form noch Gestalt, Du hast nicht ‚Waffen' noch Standort. Dennoch erscheinst Du den Dir Anhangenden in menschlicher Gestalt (*puruṣākāraḥ*). (25) Es gibt nichts, das Deinem Blick entzogen wäre. Du selbst bist [jedoch] niemandem sichtbar. Nichts ist für Dich unerreichbar (konj. *asiddham*), Du [aber] bist niemandem erreichbar. (26) Du bist die Ursache, die [allem] Gewordenen voraus [liegt]. Du bist das Höchste, das mit Worten genannt werden kann. Du bist die höchste Vollendung (*siddhiḥ*) der Yogins (konj. *yoginām*), die wissen, daß [Du allein] der absolut Höchste [bist]. (27)

Ich habe Angst, Herr der Götter, in diesem Kreislauf der Wesen, in dem große Gefahr [lauert]. Schütze mich, Lotusäugiger. Es gibt keine wirkliche Zuflucht (*śaraṇaṃ param*) in dieser Geburt. (28) Zu jeder Zeit und an jedem Ort, Acyuta, [sei es] in diesem Körper, [sei es] im Tode, wächst groß mir die Furcht. (29) Auch in einer anderen Geburt gibt es außer bei Deinen lotus[gleichen] Füßen nichts, das Ursache des Heils wäre, so daß ich den guten Gang [der Emanzipation] gehen könnte. (30)

Möge mir die Einsicht, die ich erlangt habe, und der Stand, den ich erworben habe, auch in einer anderen Geburt nicht verloren gehen, Gott. (31) Aber auch in einer unseligen Geburt habe ich, falls mein auf Dich [allein] gerichteter Wunsch kein Ende findet, [schon] dadurch [mein] diesbezügliches Ziel für immer erreicht. (32) [Möge] mein Denken, unbefleckt durch anderes Begehren, auf Deine Füße (konj. *pādayoḥ*) gerichtet [bleiben]. In allen Geburten verlange ich nur, den Glauben an Viṣṇu (*vaiṣṇavatvam*) [zu bewahren]. (33)"[444]

---

[444] ParS 29, 21-33: *jitaṃ* (Ṛgvidh *yataṃ*) *te puṇḍarīkākṣa namas te viśvabhāvana | namas te 'stu hṛṣīkeśa mahāpuruṣa pūrvaja* || 21 *devānāṃ dānavānāṃ ca sāmānyam adhidaivatam | sarvadā caraṇadvandvaṃ vrajāmi śaraṇaṃ tava* || 22 *ekas tvam asi lokasya sraṣṭā saṃhārakas tathā | adhyakṣaś* (Ṛgvidh *avyaktaś*) *cānumantā ca guṇamāyāsamāvṛtaḥ* || 23 *saṃsārasāgaraṃ ghoram anantakleśabhājanam* (Ṛgvidh *anantaṃ kleśabhājanam*) | *tvām eva śaraṇaṃ prāpya nistaranti manasvinaḥ* || 24 *na te rūpaṃ na cākāro nāyudhāni na cāspadam | tathāpi puruṣākāro bhaktānāṃ ca prakāśase* || 25 *naiva kiṃcit parokṣaṃ te pratyakṣo 'si na kasyacit | naiva kiṃcid asidhyante* (konj. *asiddhaṃ te*; Ṛgvidh *asādhyaṃ*) *na ca siddho* (Ṛgvidh *sādhyo*) *'si kasyacit* || 26 *kāryāṇāṃ kāraṇaṃ pūrvaṃ vacasāṃ vācyam uttamam | yogānāṃ* (konj. *yogināṃ*) *paramā siddhiḥ paramaṃ te paraṃ* (Ṛgvidh *padaṃ*) *viduḥ* || 27 *ahaṃ bhīto 'smi deveśa saṃsāre 'smin mahābhaye | pāhi* (Ṛgvidh

An diesem Text fällt auf, daß er vor allem in seinem zweiten Teil (v. 28-33) eine große gedankliche und sprachliche Nähe zu jenem bereits erwähnten anderen Text besitzt, der in ParS 30, 37ff. zitiert ist. Auch hier kommt der Entschluß, bei Hṛṣīkeśa Zuflucht zu nehmen, nicht aus der „Armseligkeit" und Fehlerbehaftetheit der Zufluchtsuchenden, wie dies später der Fall ist, sondern aus der Angst im Saṃsāra mit seiner Ausweglosigkeit und Heil-losigkeit. Für eine Einordnung des Stotram in eine Geschichte des „Zufluchtnehmens" möchte man festhalten, daß in ihm jede Erwähnung der Göttin fehlt, aber auch jeder Hinweis auf den Dvaya-Mantra, und daß die Rede vom „Zufluchtnehmen" nicht den Eindruck erweckt, daß es sich um einen spezifischen Akt *ritueller* Frömmigkeit handelt. So setzt der Text nach der Anrufung des Gottes im Grunde ohne begründende Motivierung und ganz allgemein mit den Worten *sarvadā* (!) *caraṇadvandvaṃ vrajāmi śaraṇaṃ tava* ein, gleichsam nur als Andeutung beständig-andächtiger Bhakti. Auch sind die Verse 31ff. im Zusammenhang mit der *śaraṇāgatiḥ* im späteren Sinne unerwartet und stehen in einem gewissen Widerspruch mit dem Glauben an die Wirksamkeit einer solchen.

Beim gegenwärtigen Stand der Forschung kann man nur sagen, daß ein in irgendeiner Form „ritualisiertes Zufluchtnehmen" als definitiver Akt des Heils in der historisch bestimmbaren Sanskrit-Literatur vor Rāmānuja nicht thematisch ist. Noch bei Yāmunamuni gewinnt man den Eindruck, daß bei ihm das „Zufluchtnehmen" bei Gott in einem unspezifischen Sinne als fromme Haltung der Bhakti gemeint ist. Er bezeichnet sich zwar in seiner Catuḥślokī als einen, der bei der Göttin Zuflucht genommen hat: „Preisen will ich Dich furchtlos, einzige Herrin der Welt, [bin ich doch Dein] Diener und einer, der [bei Dir] Zuflucht

---

*trāhi*) *māṃ puṇḍarīkākṣa na jāne śaraṇaṃ param* (Ṛgvidh *paramaṃ padam*) || 28 *kāleṣv api ca sarveṣu dikṣu sarvāsu cācyuta* | *śarīre ca gatau cāpi vardhate* (Ṛgvidh *śarīre jagataś cāsi vartate*) *me mahadbhayam* || 29 *tvat-pādakamalād anyan na me janmāntareṣv api* | *nimittaṃ kuśalasyāsti yena gacchāmi sadgatim* (Ṛgvidh *om.* 30cd) || 30 *vijñānaṃ yad idaṃ prāptaṃ yad idaṃ sthānam ārjitam* | *janmāntare 'pi me deva mā bhūd asya parīkṣayaḥ* || 31 *durgatāyāṃ vāpi jātāyāṃ* (Ṛgvidh *durgatav api jñātasya*) *tvadgato me mano-rathaḥ* | *yadi nāśaṃ na vindeta tāvatāsmin* (Ṛgvidh *asmi*) *kṛtī sadā* || 32 *na kāmakaluṣaṃ cittaṃ mama te pādayāḥ sthitam* (Ṛgvidh *om.* 33ab) | *kāmaye vaiṣṇavatvaṃ* (Ṛgvidh *viṣṇupadau*) *tu sarvajanmasu kevalam* || 33.

genommen!“[445]; aber ist dies mehr als eine fromme Vergewisserung, daß er die Göttin furchtlos preisen darf? Gewichtiger ist StR 22, wo er davon spricht, daß er, ein „Nichts“ (*akiñcanaḥ*), ein Auswegloser (*ananyagatiḥ*), bei den Lotusfüßen Gottes Zuflucht nehme.[446] Dennoch scheint es, gestützt auf Gītārthasaṃgrahaḥ 31[447], richtiger anzunehmen, daß auch Yāmuna das „Zufluchtnehmen“ als Ausfluß der Bhakti und der Überzeugung verstanden hat, daß letztlich auch im Falle des *varṇāśramadharmaḥ* und der spirituellen Haltung der Bhakti Gott allein Heil verleiht und daher nur er im eigentlichen Sinne „Mittel des Heils“ ist.[448]

So scheint das „Zufluchtnehmen“ (*śaraṇāgatiḥ*) bei Gott erst bei Rāmānuja in seinem Śaraṇāgatigadyam[449] eine spirituelle Ausdrücklichkeit und als Phänomen eine klarere Kontur zu erhalten, selbst wenn es auch bei ihm noch nicht als eigenständiger, ritualisierter Akt im Sinne der späteren Tradition faßbar wird. Trotz gewisser Bedenken hinsichtlich der Authentizität des Werkes gibt es keinen überzeugenden Grund, diese zu bezweifeln.[450] Das Werk wird jedenfalls bereits von Meghanādārisūri als ein Werk des

[445] CŚ 2: *tāṃ tvāṃ dasa iti prapanna iti ca stoṣyāmy ahaṃ nirbhayo lokaikeśvari.*

[446] *na dharmaniṣṭho 'smi na cātmavedī na bhaktimān tvaccaraṇāravinde | akiṃcano 'nanyagatiḥ śaraṇya tvatpādamūlaṃ śaraṇaṃ prapadye ||.* P. MUMME hat darauf hingewiesen, daß Yāmuna bei diesem Vers von AhirS 37, 30-31 beeinflußt sein könnte (vgl. MUMME, Mumukṣuppaṭi, p. 11, Anm. 19). Man sollte jedoch nicht völlig ausschließen, daß AhirS 37, 30-31 umgekehrt auf StR 22 zurückgehen könnte. Gerade dieser Abschnitt der Ahirbudhnyasaṃhitā scheint der jüngsten Schichte des betreffenden Kapitels anzugehören (vgl. OBERHAMMER, Ahirbudhnyasaṃhitā 37).

[447] „Von Liebe allein getrieben möge er die ihm von Geburt aus zustehenden Pflichten bis hin zur Bhakti erfüllen. Wenn er aber aufgegeben hat [zu meinen, daß diese] Mittel [des Heils] sind, möge er dies ohne Furcht auf Gott übertragen.“ (*nijakarmādi bhaktyantaṃ kuryāt prītyaiva kāritaḥ | upāyatāṃ parityajya nyased deve tu tām abhīḥ ||*).

[448] Zumal Yāmuna zu Beginn des Stotraratnam den Begriff des *śaraṇaprapadanam* in einem eher allgemeinen Sinne verwendet. Vgl. StrR 2, wo er bei seinem Großvater Nāthamuni ehrerbietig „Zuflucht“ nimmt.

[449] Die Übersetzung siehe auf pp. 142ff.

[450] Vgl. oben pp. 140 und 156ff.

Bhāṣyakāra zitiert und Śrīviṣṇucitta[451], Sudarśanasūri u.a. haben es kommentiert. Für das Aufkommen der Lehre von der *śaraṇāgatiḥ* hat es merkwürdigerweise kaum eine Bedeutung. In den Werken der Sanskrit-Tradition wird es meines Wissens von keinem Autor in Zusammenhang mit dieser Lehre als Autorität erwähnt; tatsächlich enthält es auch nichts, das für die Lehre selbst von Wichtigkeit wäre. Es geht Rāmānuja auch nicht um die Lehre von der *śaraṇāgatiḥ*. Wenn man Sudarśanasūri und Veṅkaṭanātha glaubt, handelt es sich bei diesem Werk um eine Erklärung (*vivaraṇam*) des Dvaya-Mantra[452] und nicht um ein Zeugnis seines eigenen Aktes des „Zufluchtnehmens", wie einige Vertreter der Schule zur Zeit Veṅkaṭanāthas der Meinung waren.[453]

Das besondere Charisma dieses Werkes ist Rāmānujas Genius zu danken, der der Erklärung des Dvaya-Mantra die Form eines direkten persönlichen Gespräches des Zufluchtnehmenden und der Göttin beziehungsweise des Gottes gegeben hat und so gleichzeitig ein Paradigma des „Zufluchtnehmens" liefert, das zwar durchaus auch Rāmānujas eigene religiöse Erfahrung zum Ausdruck bringen mag, seiner ganzen Diktion nach aber allgemein paradigmatisch gemeint ist und in der Gliederung der Anrufungen und deren systematischen Anordnung[454] gleichzeitig eine begrifflich-scholastisch unambitionierte und dennoch theologische Gotteslehre religiös-existenziell vermittelt. Damit gelingt es Rāmānuja aber, den Dvaya-Mantra als Ausdruck des „Zufluchtnehmens" zu vermitteln, in welchem durch seine Erklärung des Mantra das ganze religiöse Denken der Schule enthalten war, und dem „Zufluchtnehmen" des Individuums mit dem Wortlaut des erklärten Mantra eine überindividuell gültige Vollzugsform zu bieten. Gleichzeitig vermag er es dank der durch die literarische Form evozierten existenziellen Bedeutung[455] den frommen Vaiṣṇava in

---

[451] Vgl. ŚarGBh p. 134, 22f., Text und Übersetzung in Anm. 395.

[452] In diesem Sinne charakterisiert Veṅkaṭanātha das Werk auch als *śaraṇāgatidvayamantrasāraḥ saṃvādaḥ* (ŚarGBh p. 126, 2).

[453] ŚarGBh p. 126, 3-6. Text und Übersetzung siehe oben p. 141 und Anm. 392.

[454] Vgl. Anm. 411.

[455] Nicht nur durch die Unmittelbarkeit des persönlichen Gespräches, sondern auch durch seinen Inhalt, beispielsweise das Einbekennen der Schuld

die gelebte „Communio“ der Glaubenstradition der Schule einzubinden.[456]

Dennoch ist das „Zufluchtnehmen“ (*śaraṇāgatiḥ*, *prapattiḥ*) bei Gott bis etwa 1200 n. Chr. in der Sanskrit-Tradition der Schule als spirituelles Phänomen ritueller Praxis nicht belegbar und im Sinne einer Alternative zum Bhaktiyoga keineswegs allgemein anerkannt. Nārāyaṇārya[457] und Meghanādārisūri lehren wie Rāmānuja[458] den Bhaktiyoga als Weg zu Gott und Emanzipation. Nārāyaṇārya erwähnt jedoch die Lehre einiger, daß auch Gott selbst Mittel des Heils sei: „Daher ist auch der Erhabene als Mittel[, das höchste Heil zu erlangen,] anzunehmen. ‚Ihn anzunehmen‘ ist bei ihm Zufluchtnehmen (*prapadanam*). ... Und dieses [Zufluchtnehmen] ist gekennzeichnet durch das allein nach Ihm, dem Mittel [des Heils], Verlangen.“[459] Auch diese Auffassung des „Zufluchtnehmens“ scheint, vor allem, wenn man das im Kontext Gesagte im Auge hat, noch nicht ein Ritual im engen Sinn des Wortes zu meinen, sondern vom „Zufluchtnehmen“ im Sinne einer spirituellen Haltung Gott gegenüber zu sprechen. Es ist für Nārāyaṇārya und wohl auch für die allgemeine Auffassung der Schule seiner Zeit anzunehmen, daß das „Zufluchtnehmen“, das von „einigen“ gelehrt wurde, nur für jene als Mittel (*upāyaḥ*) des Heils Geltung hatte, „deren Geist durch den Saṃsāra geängstigt[460] ist und die nach dem Paar der Füße des Erhabenen verlangen, [aber] Kraft [ihrer] Berechtigung (*adhikāraḥ*) den Wunsch betreffend des zu verwirklichenden Mittels, dessen Merkmal dargelegt wurde (= Bhaktiyoga), nicht aufkommen lassen [kön-

---

Gott gegenüber und den ihm Anhangenden ŚarG 10f.; vgl. auch den Ausdruck spirituellen Strebens, um dessen Erfüllung der Zufluchtnehmende in ŚarG 12ff. bittet, aber auch die Aufforderung des Gottes, den Dvaya-Mantra bis an das Lebensende zur prägenden Form der Frömmigkeit zu machen usw. in ŚarG 19ff.

[456] Vgl. auch oben pp. 154ff.

[457] Zur Lehre Nārāyaṇāryas vgl. oben pp. 38ff.

[458] Siehe oben pp. 23ff.

[459] NM p. 68, 1f. Text siehe Anm. 128.

[460] Vgl. das gleiche Motiv auch im Jitaṃtestotram und dem ParS 30, 37ff. zitierten Text (s. p. 103ff.); anders Yāmuna StR 22.

nen]“[461]. Dies kann wohl nur bedeuten, daß für Nārāyaṇārya nur dieser Bhaktiyoga als Mittel des Heils für die oberen drei Varṇas, welche die Berechtigung zum Veda-Studium besaßen, anerkannt war,[462] und nur Vaiṣṇavas anderer Abkunft das „Zufluchtnehmen“ als Alternative des Heilsweges offen stand. Das „Zufluchtnehmen“ im alten Sinne als Ausfluß der Spiritualität der Bhakti und nicht als eigenständiges „Mittel“ (*upāyaḥ*) des Heils für alle war davon jedoch nicht betroffen, wie das Śaraṇāgatigadyam Rāmānujas nahe legt, der trotz der Hochschätzung des „Zufluchtnehmens“ als spirituelle Haltung in gleicher Weise nur den Bhaktiyoga als zum Heil führende Spiritualität gelehrt hat,[463] ihn aber religiös so verstanden hatte, daß er entsprechend der Spiritualität der Bhagavadgītā letztlich die Haltung des Verzichtes auf alle Dharmas, von denen der Caramaślokaḥ im Verständnis Rāmānujas spricht, impliziert: „Wenn Du alle Pflichten, die Mittel höchsten Heils sind, wie die Anstrengung rituellen Tuns, der Erkenntnis und der Bhakti je nach Berechtigung zu meiner Verehrung mit übermächtiger Freude ausführst, nachdem Du sie durch den Verzicht auf [ihre] Frucht, [durch den Verzicht,] sie als [Dein] Tun und Dich als deren Tuer [zu betrachten], aufgegeben hast, nimm Mich allein als den, der sie tut, [Mich allein] als den zu Verehrenden und den sich Gewährenden, [Mich allein] als das Mittel [des Heils]. Dies ist der Verzicht auf alle Dharmas, von [dem] in der Lehre [der Gītā die Rede ist].“[464]

In der Sanskrit-Tradition der Schule ist es erst Vatsya Varadaguru, der im Rückgriff auf die von Brahmanen getragene orthodoxe Tradition (Upaniṣaden und epische Literatur) und das Pāñcarātra das „Zufluchtnehmen“ (*prapattiḥ*) bei Gott als Paradigma der

---

[461] NM p. 68, 2ff.

[462] Dies bestätigt letztlich Nārāyaṇārya auch NM p. 68, 15ff.; siehe oben p. 47.

[463] Dies hat LESTER (siehe Anm. 387) wohl überzeugend dargelegt. Zu Rāmānujas Bhaktiyoga siehe oben pp. 23ff.

[464] BhGBh (zu 18, 66) p. 492, 16-18: *karmayogajñānayogabhaktiyogarūpān sarvān dharmān paramaniśreyasasādhanabhūtān madārādhanatvena atimātraprītyā yathādhikāraṃ kurvāṇa evoktarītyā phalakarmakartṛtvādiparityāgena parityajya mām ekam eva kartāram ārādhyaṃ prāpyam upāyaṃ cānusaṃdhatsva. eṣa eva sarvadharmāṇāṃ śāstrīyaparityāga iti.*

Spiritualität für alle vertreten und vermutlich unter dem Einfluß der Ritualfrömmigkeit des Pāñcarātra auch schon als Ritualakt, der ein einziges Mal mit dem Dvaya-Mantra vollzogen Heil wirkt, gelehrt hat.[465] Varadaguru interpretiert in seiner Lehre von der *prapattiḥ* als eigenständiges Mittel des Heils letztlich die gesamte vorausgehende Entwicklung, die ihm aus der orthodoxen Vaiṣṇava-Tradition, aber auch aus dem durch diese beeinflußte Überlieferung des Pāñcarātra zugekommen ist, im Sinne dieser Praxis.[466]

Aus der Deutung von TaitĀ 10, 63, 19ff. (= MNārU 24, 1f.) vermutlich durch spätere Exegeten des schwarzen Yajurveda übernimmt er die Vorstellung vom Wandel der Waldaszeten (*vanaprasthaḥ*) als interiorisiertes vedisches Opfer und wendet diese auf den Akt der *prapattiḥ* an, den er so als „Opfer des eigenen Selbstes“ theologisch vertieft[467]: „Mit dem Om[-Laut], der die Form des Dvaya[-Mantra] besitzt, möge man den lebendigen Ātmā (*jīvātmānam*) als Opfergabe (*haviḥ*) im mächtigen Feuer des Brahma opfern ...“[468] Dieser Begriff des „Opfers des eigenen Selbstes“ verschmilzt bei ihm in der Folge mit der Bestimmung der *prapattiḥ* als „Darbringung des Ātmā“ (*ātmanikṣepaḥ*), die schon vor Varadaguru im brahmanischen Milieu entstanden sein dürfte, und von ihm mit einem Zitat des Lakṣmītantram näher erklärt wird: „Daher wird das Aufgeben [jedes] Anrechtes des zu Schü-

---

[465] Nicht entscheiden läßt sich die Frage, welche konkrete Form dieser Akt gehabt hat. Varadaguru spricht jedenfalls von einer „Ausführung“ (*prayogaḥ*) der *prapattiḥ*, vom Dvaya-Mantra als dabei zu verwendenden Mantra und von der rituellen Berechtigung (*adhikāraḥ*) zu seiner Ausführung, von der sechsfachen geistigen Haltung beim Zufluchtnehmen, und die Viṣvaksenasaṃhitā, die Varadaguru gekannt hat, spricht auch von der Erlaubnis des Lehrers zur Durchführung des Aktes: „Wenn er alle Pflichten [und] alle diesseitigen und jenseitigen Wünsche aufgegeben hat, möge er mit Erlaubnis des Lehrers (*ācāryaḥ*) in der vorgeschriebenen Form (*vidhinā*) immer [wieder (?)] das sechsfache Zufluchtnehmen (*śaraṇāgatim*) in der durch das Śāstram erkannten Form (*śāstradṛṣṭena vartmanā*) ausführen.“ (StRBh p. 75, 25f.: *sarvadharmān sarvakāmān aihikāmuṣmikān api | saṃtyajya vidhinā nityaṃ ṣaḍvidhāṃ śaraṇāgatim | ācāryānujñayā kuryāc chāstradṛṣṭena vartmanā |*).

[466] Vgl. PraP 1.

[467] PraP 1, 4ff.

[468] Vgl. oben pp. 66ff.

tzenden auf die Frucht [seiner Werke], das damit endet, daß man [sie] auf Keśava überträgt, [*ātma-*]*nikṣepaḥ* genannt."[469]; eine Erklärung der „Darbringung des eigenen Selbstes", die Rāmānujas Deutung der Worte *sarvadharmān parityajya* aus BhG 18, 66 voll entspricht.

Charakteristisch für Varadagurus Lehre von der *prapattiḥ* scheint die Unterscheidung des „Zufluchtsuchenden" (*prapannaḥ*) in einen „selbst-zufriedenen" (*dṛptaḥ*) und einen „armseligen" (*ārtaḥ*) zu sein, die auf ihn selbst zurückgehen könnte, und die er aus Rāmāyānam 6, 12, 15 ableitet.[470] Der „selbst-zufriedene" (*dṛptaḥ*) ist jener „Zufluchtsuchende", der im Wissen, daß Gott ihn im Saṃsāra trägt und lenkt, mit seiner gegenwärtigen Existenz im Saṃsāra zufrieden ist, und lediglich nach seinem Tode Emanzipation und Vereinigung mit Gott erhofft, während der „armselige" (*ārtaḥ*) aus seiner Sehnsucht nach Gott mit seinem gegenwärtigen Dasein im Saṃsāra zutiefst unglücklich ist, und daher die Befreiung von allem ihn von Gott Trennenden schon unmittelbar erhofft.[471] Dieser Unterschied in der spirituellen Haltung des „Zufluchtsuchenden" bringt jedoch keinen Unterschied im Begriff der *prapattiḥ* mit sich, wohl aber, wenn die hier versuchte Interpretation richtig ist, im Verständnis ihres praktischen Vollzuges.[472]

Man fragt sich nämlich, wozu Varadaguru diese Unterscheidung vornimmt. Wenn man Varadagurus Lehre vom „Zufluchtnehmen" im Kontext des Werdens dieser spirituellen Praxis betrachtet, drängt sich der Gedanke auf, daß Varadaguru hier den Versuch unternimmt, die beiden noch bei Nārāyaṇārya deutlich unterschiedenen spirituellen Ideale des Bhaktiyoga Rāmānujas und des sich verselbständigenden „Zufluchtnehmens" miteinander zu harmonisieren; ein Versuch, der, wenn man seine Bemerkung über die zwei Formen der Bhakti, nämlich die Bhakti als Heilsweg (*upāyabhaktiḥ*) und die Bhakti als das zu verwirklichende Ziel (*sādhyabhaktiḥ*) in PraP 10, 15ff. ernst nimmt, ihm mit Blick auf

---

[469] PraP 2, 21 = LT 17, 74.

[470] Siehe oben pp. 101f., 81ff. und 88f.

[471] Vgl. Śrīnivāsācāryas Erklärung p. 81.

[472] Vgl. oben pp. 90ff.

die Bhakti schon vorgelegen zu sein scheint, und den er an der betreffenden Stelle auf den Bhaktiyoga und die *prapattiḥ* ausdehnt. Wenn dies richtig ist, müßte man die *prapattiḥ* des „Selbstzufriedenen" (*dṛptaḥ*) letztlich als jenes aus der Dynamik des Bhaktiyoga mit seiner lebenslangen Verpflichtung vollzogene bei Gott „Zufluchtnehmen", wie es im Śaraṇāgatigadyam Rāmānujas zum Ausdruck kommt, interpretieren und die *prapattiḥ* des „Armseligen" (*ārtaḥ*) mit jenem selbständigen, neu aufkommenden „Zufluchtnehmen" identifizieren,[473] das noch bei Nārāyaṇārya nur jenen vorbehalten war, die keinen Adhikāra zum Bhaktiyoga hatten, bei Varadaguru jedoch als Ideal für alle gepriesen wird. Damit hätte Varadaguru den Gegensatz zwischen der alten Spiritualität mit ihrem intellektuellen Heilsstreben und der neuen des „Zufluchtnehmens" in einem einzigen Denkmodell aufgehoben, insofern letztendlich in jedem Falle Gott selbst „Mittel" (*upāyaḥ*) des Heils ist und sich als der durch das Mittel Anzustrebende (*upeyaḥ*) selbst gewähren muß.

Der darin zum Ausdruck kommende spirituelle Grundansatz ist bedeutsam, auch wenn er durch die Entwicklung längst vorbereitet war. Noch bei Rāmānuja begegnet der Versuch, die Heilsbedürftigkeit des Individuums, seine schuldhafte Saṃsāra-Verfallenheit mit ihrer vereinzelnden „Gottferne"[474] durch das meditative Vergegenwärtigen (*bhāvanā*) Gottes, das bei entsprechender Intensität „Wahrnehmungscharakter" erlangt, zu überwinden.[475] Gerade durch diesen „Wahrnehmungscharakter" (*pratyakṣarūpatā*), in welchem der meditative Vorgang zur Erfüllung kommt, wird jedoch, religionshermeneutisch gesehen, die Immanenz des Bewußtseins vom Subjekt nicht überschritten, sondern die Transzendenz als Gegenstand der Meditation vereinnahmt, und würde so eine die Vereinzelung durchbrechende „Begegnung" mit der Transzendenz ausgeschaltet. Denn jede Art von Erkenntnis integriert das gegenwärtig Gesetzte durch die vergegenwärtigende Einordnung in das

---

[473] Vgl. dazu auch pp. 88-92, vor allem pp. 90f.

[474] Man vergleiche die fast phänomenologische Analyse des Da-Seins in ParS 30, 37ff, siehe oben pp. 103ff.

[475] Vgl. oben pp. 32f.

Wissbare und Erfahrbare und fordert aus sich noch keine gelebte Relationalität des Subjektes zum Erkannten.[476]

War sich Rāmānuja dessen bewußt und ist dies der Grund, warum er am Ende seiner Besprechung der Bhakti-Meditation jene Stelle aus KaṭhU 2, 23 interpretierend einbezieht, die von der „Erwählung" durch den Ātmā als Voraussetzung der meditativen Erlangung des Ātmā spricht, und von der man nicht recht sieht, wie sie in das Verständnis des Bhaktiyoga einzuordnen ist, von dem Rāmānuja als ein des Gottes Gedenken (*dhruvānusmṛtiḥ*) spricht, das für ihn ein „Gegenwärtigsetzen" (*bhāvanā*) des Gottes erfordert, das zu einer „Schau" Gottes führt?[477] Man möchte dies vermuten, wenngleich natürlich nicht im Sinne einer reflektierten philosophischen Analyse Rāmānujas, sondern aufgrund einer aus religiöser Erfahrung kommenden Nötigung. Es ist kein Zufall, daß Rāmānuja diese „Erwählung durch den Ātmā" im Falle seiner Bhakti-Meditation, theologisch vertieft, darauf zurückführt, daß der Meditierende dem Gott in besonderer Weise lieb ist, insofern der Gott seinerseits diesem besonders lieb ist, und so die „Erwählung" in die Relationalität des Subjektes rückbindet, die in der Liebe aktualisiert wird. Gerade dadurch wird nämlich die Immanenz des Bewußtseins, die im erkennenden Vergegenwärtigen zunächst erhalten bleibt, überwunden. Dem entspricht vollkommen Rāmānujas oben erwähnte Erklärung der Worte *sarvadharmān parityajya* in BhG 18, 66, daß die Dharmas, die als Mittel des Heils verstanden werden, und zwar einschließlich des Bhaktiyoga aufzugeben sind, indem man, obwohl man sie ausführt, sich nicht als sie Vollziehender (*kartā*) usw. sieht, sondern sich Gott allein als den eigentlichen Bewirker (*kartāram*), den sich gewährenden (*prāpyam*) und Heilwirkenden (*upāyam*) öffnen und zuwenden solle (*anusaṃdhatsva*).[478]

---

[476] Darauf hat E. LÉVINAS, wenn auch unter einem anderen Blickwinkel, zu Recht hingewiesen. Vgl. beispielsweise: „La lumière est ce par quoi quelque chose est autre que moi, mais déjà comme s'il sortait de moi l'objet éclairé est à la fois quelque chose qu'on rencontre comme s'il sortait de nous. Il n'a pas d'étrangeté foncière. Sa transcendance est enrobée dans l'immanence. C'est avec moi-même que je me retrouve dans la connaissance et dans la jouissance. L'éxtériorité de la lumière ne suffit pas à la libération du moi captif de soi." (Le Temps et l'autre. [Quadrige 43]. Paris 1983, p. 47).

[477] Siehe oben pp. 35-38.

[478] Siehe oben p. 171 und Anm. 464.

Indem Varadaguru den Bhaktiyoga als *prapattiḥ* eines „Selbstzufriedenen“ (*dṛptaḥ*) bestimmt, wird das „Zufluchtnehmen“ zum entscheidenden Paradigma auch des Bhaktiyoga und wird im Lichte der neu aufkommenden Spiritualität des „Zufluchtnehmens“ dessen Distanz setzende Dimension der Erkenntnis, auch wenn diese als liebende „Schau“ verstanden ist, überstiegen. „Zufluchtnehmen“ als relationaler Akt entkleidet, auch wenn es durch das Erkennen der eigenen Hilflosigkeit und der Fülle göttlicher Perfektionen motiviert ist,[479] die Zuwendung des Subjektes zu Gott jeder erkenntnishaften Distanz und öffnet die einsame Vereinzelung des Individuums im Saṃsāra der Heils*begegnung* mit dem rettenden Gott.

---

Am Schluß dieser Studie, deren Beschränkung mir bewußt sind, die ich aber beim gegenwärtigen Stand der Forschung und meiner Vertrautheit lediglich mit der Sanskrit-Tradition der Schule nicht vermeiden konnte, möchte ich meiner Dankbarkeit Ausdruck geben: Dankbarkeit dafür, daß die Emeritierung mir genügend Freiheit und mehr Zeit zur Arbeit geboten hat, und ich so mein Verständnis der gedanklichen Entwicklung der Schule in der Sicht einer neuen Perspektive vertiefen konnte; Dankbarkeit aber auch dafür, daß das Institut für Kultur- und Geistesgeschichte Asiens der Österreichischen Akademie der Wissenschaften meine Arbeit großzügig unterstützt und in das Arbeitsprogramm des Institutes aufgenommen hat. Persönlichen Dank schulde ich meiner jungen Mitarbeiterin Dr. Marion Rastelli für die große Geduld und Sorgfalt, mit der sie das Werden des Manuskriptes betreut hat. Ihrem verständnisvollen Interesse verdanke ich nicht nur manchen Hinweis auf Inkonsistenzen und Unebenheiten in den Übersetzungen der bearbeiteten Texte. Vielmehr hat sie auch alle Sanskrit-Texte in den Computer eingegeben und die mühsame Überprüfung aller Zitate sowie die Erstellung des Index der untersuchten Texte auf sich genommen. Ohne sie wäre die Aufbereitung des Manuskriptes für den Druck nicht möglich gewesen.

---

[479] Vgl. PraP 2, 6.

*Stellenindex*

Ahirbudhnyasaṃhitā (AhirS)



Bṛhadāraṇyakopaniṣad (BĀU)



Bhagavadgītā (BhG)

Bhagavadgītābhāṣyam des Rāmānuja (BhGBh)



Brahmasūtram (BrSū)



Chāndogyopaniṣad (ChU)



Catuḥślokī des Yāmuna (CŚ)



Gītārthasaṃgrahaḥ des Yāmuna (GītārthaS)



Īśopaniṣad

Jayākhyasaṃhitā (JS)



Jitaṃtestotram



Kaṭhopaniṣad (KaṭhU)



Lakṣmītantram (LT)



Manusmṛtiḥ (Manu)

Mahābhāratam (MBh)



Mahānārāyaṇopaniṣad (MNārU)



Muṇḍakopaniṣad (MuṇḍU)



Nāradīyasaṃhitā (NārS)



Nayadyumaṇiḥ des Meghanādārisūri (NDy)

## Nītimālā des Nārāyaṇārya (NM)



## Nyāyasiddhāñjanam des Veṅkaṭanātha (NyS$_1$)



## Nayaprakāśikā des Meghanādārisūri (NPr)



## Pādmasaṃhitā (PādS)



## Paramasaṃhitā (ParS)

## Prapannapārijātam des Varadaguru (PraP)

Praśnopaniṣad (PraśU)



Rāmāyaṇam (Rām)



Ṛgvidhānam (Ṛgvidh)



Ratnapeṭikā des Kṛṣṇatātācārya



Śaraṇāgatigadyam des Rāmānuja (ŚarG)

Śaraṇāgatigadyabhāṣyam des Veṅkaṭanātha (ŚarGBh)



Sātvatasaṃhitā (SātS)



Śeṣasaṃhitā (ŚeṣaS)



Śrībhāṣyam des Rāmānuja (Śrībh)



Śrīpraśnasaṃhitā (ŚrīpraśnaS)



Śrīraṅgagadyam des Rāmānuja (ŚrīraṅgG)

Stotraratnam des Yāmuna (StR)



Stotraratnabhāṣyam des Veṅkaṭanātha (StRBh)



Śvetāśvataropaniṣad (ŚvetU)



Taittirīyāraṇyaka (TaitĀ)



Taittirīyasaṃhitā (TaitS)



Taittirīyopaniṣad (TaitU)



Tātparyacandrikā des Veṅkaṭanātha (TC)



Vaikuṇṭhagadyam des Rāmānuja (VaikG)



Vedārthasaṃgrahaḥ des Rāmānuja (VedS)

## Viṣṇudharmaḥ



## Yatīndramatadīpikā des Śrīnivāsācārya (YMD)

Gerhard OBERHAMMER – Marion RASTELLI

# Studies in Hinduism III

## Pāñcarātra und Viśiṣṭādvaitavedānta

**2002**
152 Seiten, 24x15cm, broschiert, Sitzungsberichte der philosophisch-historischen Klasse 694, Beiträge zur Kultur- und Geistesgeschichte Asiens 40

**ISBN 3-7001-3065-1**
**€ 36,50**

**Gerhard OBERHAMMER**
war Professor für Indologie der Universität Wien und Direktor des Instituts für Kultur- und Geistesgeschichte Asiens der Österreichischen Akademie der Wissenschaften

**Marion RASTELLI**
ist Mitarbeiterin am Institut für Kultur- und Geistesgeschichte Asiens der Österreichischen Akademie der Wissenschaften, Wien

Der Sammelband schließt sich mit Arbeiten zu den religiösen Traditionen des Pāñcarātra und des Viśiṣṭādvaitavedānta thematisch an die ersten beiden Bände „Studies in Hinduism" I und II, die sich dem Verhältnis zwischen den vedischen und den hinduistischen Religionen bzw. dem Phänomen des Tantra widmen.
Die ersten drei Beiträge des vorliegenden Bandes befassen sich mit der textlichen Überlieferung des Pāñcarātra. M. RASTELLI zeigt anhand des Beispieles des für die Verehrung Gottes verwendeten Thrones *(āsana)* die Art und Weise, auf welche der Text der Pārameśvarasaṃhitā aus früheren Pāñcarātra-Werken kompiliert wurde. M. CZERNIAK-DROŻDŻOWICZ beschreibt die achtteilige religiöse Praxis eines Pāñcarātra-Anhängers, die ein strukturelles Element des Textes der Paramasaṃhitā bildet. In thematischer Nähe dazu steht die Arbeit von G. OBERHAMMER, die sich mit der Struktur und dem Inhalt des 24. Kapitels der Paramasaṃhitā befasst, welches die *vidvatpūjā*, „die von einem Weisen [vorgenommene] Verehrung", beschreibt.
Die anderen drei Artikel sind der Tradition des Viśiṣṭādvaitavedānta gewidmet, die in ihrer historischen Entwicklung eng mit der des Pāñcarātra verbunden ist. G. OBERHAMMER behandelt Meghanādārisūris Lehre von der Göttin und deren ideengeschichtliche Einordung in die Rāmānuja-Schule. H. MARLEWICZ befasst sich mit der Polemik des Viśiṣṭādvaitavedānta gegen die advaitische *akhaṇḍavākyārtha*-Theorie. M. SCHMÜCKER stellt in seinem Beitrag die Kritik der Rāmānuja-Schule an der advaitischen Lehre von der Wahrnehmbarkeit des bloßen Seienden *(sanmātra)* dar.

**Verlag der Österreichischen Akademie der Wissenschaften**
A-1011 Wien, Postfach 471, Postgasse 7/4
Tel. +43-1-515 81/3402-3406, +43-1-512 9050, Fax +43-1-515 81/(3)400
http://verlag.oeaw.ac.at, e-mail: verlag@oeaw.ac.at